地势坤，君子以厚德载物。

太平公主

蒙曼

著

和她的时代

Princess Taiping
and Her Era

浙江教育出版社·杭州

图书在版编目（CIP）数据

太平公主和她的时代 / 蒙曼著 . -- 杭州：浙江教育出版社 , 2022.4（2025.11 重印）

ISBN 978-7-5722-3167-4

Ⅰ . ①太… Ⅱ . ①蒙… Ⅲ . ①公主—传记—中国—唐代 Ⅳ . ① K827=421

中国版本图书馆 CIP 数据核字（2022）第 032982 号

责任编辑	赵露丹		**美术编辑**	韩　波
责任校对	马立改		**责任印务**	时小娟
产品经理	康爱爽		**特约编辑**	孙雨晗

太平公主和她的时代
TAIPING GONGZHU HE TA DE SHIDAI

著者　蒙曼

出版发行　浙江教育出版社

（杭州市环城北路 177 号　电话：0571-88900883）

印　　刷　三河市嘉科万达彩色印刷有限公司

开　　本　880mm×1230mm　1/32

成品尺寸　145mm×210mm

印　　张　9.25

字　　数　240 千字

版　　次　2022 年 4 月第 1 版

印　　次　2025 年 11 月第 10 次印刷

标准书号　ISBN 978-7-5722-3167-4

定　　价　52.00 元

如发现印装质量问题，影响阅读，请联系 010-82069936。

序 言

　　南朝宋人虞通之在其所著的《妒记》中讲过一则有趣的故事：东晋谢安的妻子刘夫人生性嫉妒，不许谢安纳妾。谢安的子侄都很替他不平，有一天相约来劝刘夫人。怎么劝呢？他们在刘夫人面前大谈《诗经·螽斯》。《螽斯》不是通过昆虫螽斯的擅长生育来赞美文王的妻子不嫉妒，所以文王才能子孙成行吗？刘夫人听来听去，明白孩子们的意思了，就问："这首诗是谁写的呀？"孩子们回答："周公写的。"刘夫人笑着说："周公是个男人，自然这么说，如果让周姥写，恐怕就不会这么说了！"其实，就唐朝，乃至从古到今的整个中国社会而言，无论是制礼作乐还是讲经修史的人，不都是"周公"而非"周姥"吗？正因为有这样的文化传统，所以我们在史册中看到魏元忠激烈地反对安乐公主当皇太女时，会视他为忠臣烈士；而看到祝钦明主张让韦皇后充当祭天亚献时，则斥之为奸佞小人。甚至，这个拥有皇太女和亚献皇后的时代，也被我们称为乱世，打入另册。

然而，所谓乱世，不正是异端思想的发源处吗？在武则天成功打破女子不得称帝的规则后，更多的女性认为，女人和男人一样，也可以拥有公权力。唐中宗一朝，垂帘听政的韦皇后上表，请求所有不是因为丈夫或儿子的功劳而获得封爵的妇女，都可以把封爵传给子孙；与此同时，姝秀辩敏的安乐公主则要求唐中宗立自己为皇太女！也许，无论是韦皇后还是安乐公主，都只是想循着武则天的足迹成为女皇，但是，从思想史的角度看，这却是一些颠倒乾坤的要求。韦皇后的请求意味着，女性可以传授政治权力；而安乐公主的要求则意味着，女性也可以继承政治权力！这样的要求，其实是想把武则天的超常发挥常规化；这样的想法，也不啻是中古中国的男女平权宣言。

　　如果女皇成为可能，那么，女性入朝为官不也就是顺理成章的事情了吗？聪明如上官婉儿，未尝没有这种想法。中唐诗人吕温写过一首《上官昭容书楼歌》，诗的起首便是："汉家婕妤唐昭容，工诗能赋千载同。自言才艺是天真，不服丈夫胜妇人。"婉儿号称"内宰相"，然而，内外之间的界限一定就如此严格吗？

　　毫无疑问，韦皇后等人的女性意识与她们的政治企图紧密相关，但这并不代表女权本身的虚妄。事实上，一个与唐代的社会现实相违背的普世价值——男女平权观念正隐藏在丑恶的政治斗争中。同样吊诡的是，也正是政坛红妆们的理想与奋斗，使得当时的政治斗争更加丑恶。

　　假如她们成功了又如何呢？虽然人们常说历史不容假设，但我还是忍不住玄想。我觉得，历史曾经有多种可能，就像人生也可能有多种际遇一样，人类所作出的一切选择，都只能是实然而非必然。但是无论如何，有选择就会有牺牲，牺牲掉的可能风光旖旎——如同那些薄命的红颜；然而，换来的也许更加波澜壮阔——如同令人低回不已的锦绣盛唐。其实，历史的矛盾性与复杂性不也正是历史的生命所在吗？

可能有读者注意到了，我的序言中唯独没有提到太平公主。不错，因为正文中有更多她的故事，请您耐心地往下翻。

目录

第一章　红妆时代·001

一、年少入道·005

二、自求驸马·008

三、举案齐眉·010

第二章　初涉政坛·015

一、薛绍之死·016

二、梅开二度·020

三、初露锋芒·024

第三章　威风八面·029

一、心系李家·031

二、神龙政变 · 034

三、春风得意 · 041

第四章　韬光养晦 · 045

一、主弱臣强 · 046

二、武氏重兴 · 052

三、明哲保身 · 056

第五章　重俊政变 · 059

一、清洗功臣 · 060

二、后院起火 · 062

三、祸起萧墙 · 065

四、身陷危局 · 071

第六章　母女乱政 · 073

一、韦后崛起 · 074

二、安乐弄权 · 083

第七章　中宗之死 · 089

一、新好男人 · 090

二、享乐皇帝 · 095

三、糊涂天子 · 097

四、暴崩之谜 · 100

第八章　韦后专权 · 105

一、立储难题 · 106

二、婉儿草诏 · 108

三、韦后坐大 · 114

第九章　山雨欲来 · 119

一、姑侄联手 · 120

二、运筹帷幄 · 124

三、引爆政变 · 127

第十章　唐隆政变 · 133

一、玉殒香消 · 134

二、薄命红妆 · 136

三、追歼余党 · 142

第十一章　睿宗登基 · 147

一、皇位归属 · 148

二、父子相峙 · 150

三、李旦即位 · 154

第十二章　　重福叛乱·163

一、真命天子·164

二、洛阳起事·169

第十三章　　姑侄斗法·177

一、第一回合·178

二、第二回合·189

第十四章　　睿宗传位·193

一、皇帝难做·194

二、让位太子·198

第十五章　　太平重振·207

一、睿宗收权·208

二、男宠登场·211

三、招揽才俊·215

第十六章　　剑拔弩张·221

一、谋臣现身·222

二、政变流产·227

三、形势陡转·231

第十七章　太平之死·235

　　一、构陷太平·237

　　二、先天政变·239

第十八章　走向开元·249

　　一、无缘女皇·250

　　二、政坛流星·253

　　三、红颜绝唱·257

附录：一代才女上官婉儿·263

后记·281

第一章

红妆时代

历史本来是在不间断的时间里所上演的不间断的事件。但是，存在于我们记忆之中的历史，却往往是一些跳跃的闪光点。比如，我们常常觉得，秦皇之下即是汉武，雄汉之后便是盛唐。其余的，恐怕就"何足道哉"了。落实到我所感兴趣的唐朝，又何尝不是如此呢？我们能轻而易举想起的，恐怕只有百世帝范唐太宗、一代女皇武则天和风流天子唐玄宗了。可是，在巅峰之间的历史又是怎样一副面貌呢？我常想，历史的魅力其实就在于它的曲折性。换言之，只有看到波谷的存在，我们才能真正认识波峰的价值；也只有深究波谷的秘密，我们才能领悟如何能够达到波峰。

本书讲的就是从武则天铁血统治结束到唐玄宗开元盛世到来这八九年的历史。毫无疑问，这是绵长近三百年的唐朝历史上的一段波谷，但也是盛世华章到来之前的一段充满阴谋、鲜血与希望的前奏。极其不同寻常的是，这段上层统治飘摇动荡的年代，也是一个女性在政坛上闪亮登场、尽展娉婷的红妆时代。

先看动荡。一代女皇武则天的统治结束后，唐朝一下子进入了最动荡的一段时期。在八年多的时间里，一共爆发了五次宫廷政变，两个皇帝（武则天、唐殇帝）被迫退位，一个皇帝（唐中宗）死得不明不白，还有一个皇帝（唐睿宗）被逼无奈当了太上皇。为什么会有如此混乱的局面？

冰冻三尺，非一日之寒。这接踵而至的混乱有其深刻的历史根源，这是武则天数十年统治积累的结果。半个世纪以来，武则天以一个女人的身份，手握权柄，君临天下；武氏一族也随之扶摇直上，鸡犬升天。女性与外姓这两大"异端"力量共同冲击着李唐王朝家天下的统治，引起了皇位继承的空前混乱。在武则天从政治舞台上谢幕之后，各种政治势力轮番登场，更多的女性和外姓做起了皇帝梦。觊觎皇位想当皇帝的人多了，政变自然也就成了家常便饭。一时间，"问苍茫大地，谁主沉浮"？

再看红妆，就更有意思了。武则天不是一个真正的女权主义者，她的统治也找不出什么"女权主义"的元素，可是，她的成功颠覆了时人心目中只有男人才能当皇帝的传统观念，也刺激了一批宫廷女性的政治野心。榜样就是力量。在她的带动下，那些曾经在她身边生活过、目睹了她惊人成功的女性，都把她当成了自己的楷模，如飞蛾扑火一般，前仆后继地追逐着最高权力。在这些宫廷女性中，有四个人最为著名。哪四个呢？武则天的儿媳韦皇后、武则天的孙女安乐公主、武则天赏识提拔的才女上官婉儿，还有武则天的亲生女儿太平公主。

韦皇后是武则天的三儿子唐中宗李显的皇后，此人在历史上以淫荡和狠毒著称。根据现存史书记载，她不仅在丈夫活着的时候就不守妇道，包养男宠（就是现在的情人），还丧心病狂，为了能早日当皇帝，不惜痛下杀手，毒死自己的丈夫。

再看安乐公主，关于她的描述之词可真不少。她是唐朝历史上最美丽的公主，号称"光艳动天下"；她也是唐朝最得宠的公主，父皇母后对她千依百顺；她还是唐朝最有野心的公主，居然大胆提出要当"皇太女"，以后要接班当皇帝；她也是唐朝最狠毒的公主，史书说她竟然和母亲合谋毒死了自己的亲生父亲唐中宗李显。

再说上官婉儿，她和武则天本有不共戴天的杀父之仇，却又深得武则天的赏识信任；她虽然出身于掖庭女奴，却能品评天下才子；更为传奇的是，她为皇帝起草诏书，号称"女中宰相"，风光无限，最后却又机关算尽，抱着自己起草的诏书悲惨地死去。

2013年9月，位于陕西省咸阳市渭城区的一座唐代墓葬因为建设施工重见天日。墓葬被盗严重，幸运的是墓志保存完整，正是这方墓志让我们知道，这座唐墓的主人便是传奇女性上官婉儿。墓志揭开了上官婉儿更多的秘密，其中之一便是她和本书第一号人物太平公主之间的密切关系。

太平公主无疑是中国历史上最传奇的公主——她有一个皇帝父亲（唐高宗）、一个皇帝母亲（武则天）和三个皇帝哥哥（孝敬皇帝李弘、唐中宗李显、唐睿宗李旦），但是，她最大的理想还是自己当皇帝。她参与推翻了一个皇帝（武则天），拥立了两个皇帝（唐中宗、唐睿宗），可最后还是逃脱不了悲剧命运，死于曾与自己同仇敌忾的皇帝（唐玄宗）之手。

本书讲的这个时代，就是从她参与的一场政变开始，又以针对她的一场政变告终。这些充满传奇的女性，尽管出身不同，性格各异，但是她们都有一个共性，就是无视男主外、女主内的性别分工和妇女不得参政的禁令，公开追逐那些被视为禁脔的政治权力。遍观中国历史，从来没有哪个时期有如此多的女性同时投身于激烈复杂的政治角逐，所以说它又是一个前无古人、充满魅力的红妆时代。

但是，这些给历史增添浓重华彩的宫廷贵妇，无论是想当女皇帝的，还是想当女宰相的，最后都一一失败了。在这些人之中，最后一个结束自己梦想的就是太平公主。对于这样的结局，我们可能会充满好奇和疑问。按理说，在这各色女人中，太平公主和武则天应该是最为接近的，她出身贵于其母，容貌、性格酷似其母，才智、能力不逊其母，为什么武则天能够渡尽劫波，最终荣登大宝，尽享九五之尊，而太平公主却连安享太平也未能做到？为什么她虽然一度叱咤风云，最终却只能以三尺白绫结束性命？她们之间所差的，究竟是个人素质，是历史机遇，还是什么更深层次的原因呢？同样是政治女性，为什么武则天在中国历史上有如恒星，始终焕发着夺目的光芒，而太平公主却像一颗流星划破夜空，虽然一度光华璀璨，却又转瞬即逝？

太平公主死后，唐朝历史上的红妆时代也随之结束，但是，李唐王朝却进入最为繁荣富贵的开元盛世，这究竟意味着这些女性的个人失败，还是意味着时代的必然选择？

正是萦绕在太平公主身上这些徘徊不去的疑问，和历史上所有的翻云覆雨，以及无数个才子佳人一起，构筑了我们的历史，也构筑了我们的心灵。尽管褒贬不一，我们却都得承认：这真是一个令人驻足神往又令人扼腕叹息的红妆时代。既然以红妆参政为特色，那么，作为这个时代的标志性人物——太平公主，是否就是一个天生的政治动物呢？她究竟有着怎样的童年和少女时代？

一、年少入道

太平公主究竟是个什么样的女人呢？史书评价她"多权略""频著大勋"。按照今天的讲法，就是她是既有政治抱负又有政治能量的政坛女强人。不过无论我们用什么语言来概括她，其实都是按照她最终的政治身份和形象来给她定位的。但是，太平公主真的一生下来就是个政治动物吗？实情并非如此。事实上，太平公主在童年和少女时代，完全是按照从孝女到贤妻再到良母的传统女性标准模式来打造的。

史书中记载，太平公主的第一个形象就是模范孝女。根据《新唐书·公主传》的记载，她在很小的年纪，为了替母亲武则天给外祖母杨夫人尽孝，出家当了女道士。这位杨夫人出身高贵，四十多岁嫁给武则天的父亲武士彟，为他生了三个女儿。杨夫人不仅给了武则天生命，更成了她政治生涯的最早帮手，无论武则天是入宫还是当皇后，背后都有这位杨老太太的身影。她也算是为武则天鞍前马后，出力多多。

公元670年，杨夫人去世，武则天失去了一个心灵的依傍，备感神伤。怎么表达对母亲的无尽哀思呢？李唐皇室一向标榜自己是道教始祖太上老君的后人，所以信仰道教。而当时道教认为，如果家里有晚辈入道，当个道士，就会给死去的亲人带来福气，让他们在阴间过得更好。

按照这种理念，作为女儿的武则天此时如果出家当女道士，就能给母亲杨夫人修得冥福，这可是个不错的尽孝办法。可是武则天与唐高宗并称"二圣"，身为国母，哪能说出家就出家呀。那怎么办呢？武则天想到了她的掌上明珠、可爱的小女儿，就让她替母亲尽孝吧。于是，她就让小女儿替她出家当了女道士。

当然，这个小女儿当时可不叫"太平公主"。既然当了女道士，就得起个道号，这道号就是"太平"。我们现在习惯称她为"太平公主"，其实就是从这儿来的。从这个道号我们可以看出，唐高宗和武则天对这个唯一活下来的女儿倍感珍惜，无论是在家还是出家，他们都希望这个宝贝女儿能太太平平地度过一生。

在汉语里，孝顺连称，顺即为孝。一个小公主能够顺从母后的心愿，出家给外祖母修冥福，这当然是模范孝行。

那么表现出如此优秀传统品质的太平公主当时多大年纪呢？中国的历史文献尽管卷帙浩繁，可惜，女性的空间总是被一再压缩，即便是曾经差不多拥有天下的太平公主，她的出生年月在史书中也没有任何记载。不过，我们还是可以依据她哥哥们的情况大体推测一下。太平公主最小的哥哥李旦生于公元662年，按照他的年龄推算，太平公主最早应该生于663年，那到670年，她最大也只有七岁，还是个小孩儿。这么小的孩子哪里懂得什么道教呀，所以当道士只是顺从母命走走过场而已，偶尔出席几次活动秀一秀，基本上属于"玩票"性质。

既然是"玩票"，那就并没有真正离开父母身边。可是在中国古代，女孩子一般是不能在娘家终老一生的，长大成人之后就要出嫁了。那么太平公主嫁给谁了呢？

说来令人难以置信，她差一点成了吐蕃人的媳妇。这是怎么回事呢？

　　众所周知，吐蕃是中国古代藏族政权，和唐朝差不多同时崛起。它与唐朝毗邻，势力强大，为了维护关系，唐太宗曾经派文成公主和亲，让她嫁给吐蕃赞普（国王）松赞干布，这也是汉藏民族友好往来的一段佳话。

　　和亲是古代中原王朝安抚周边少数民族政权的常用手段。当年汉高祖刘邦率大军攻打匈奴，在白登山（今天的山西大同）被围七天，几乎丧命，后来贿赂匈奴阏氏（王后）才得以解围。刘邦脱险后，把汉朝的公主嫁给匈奴单于，这才赢得了汉初北部边疆的和平。

　　刘邦开创了中原王朝嫁女和亲的传统，唐太宗又开创了唐朝和亲吐蕃的传统，到唐高宗一朝，这个传统又要发挥作用了。话说吐蕃在唐朝的西南边境越来越强大，到了唐高宗时期，经常在现在甘肃、青海一带攻城略地，让唐朝这个"常胜将军"大丢面子。

　　当然，吐蕃毕竟地瘠民贫，国力远不如唐朝，也难打持久战，于是就请求与唐朝和亲，缔结友好关系。那时候，唐高宗在世的女儿一共有三个，老大、老二都是被武则天害死的萧淑妃所生，当时早已经出嫁了。唐高宗身边待字闺中的只有小女儿太平公主，十二三岁的年纪，按照唐朝人的标准，已经到了适婚的年龄。吐蕃人事先已经摸清了情况，口气很大，开口便要太平公主和亲。

　　要不要安排太平公主远嫁呢？这下，唐高宗和武则天犯难了。照理说，和亲是一件好事，边疆可以安宁，战士可以回家，这是所有人都愿意看到的。但是吐蕃实在太远了，当时也没有青藏铁路啊，那可真是"一帆风雨路三千，把骨肉家园齐来抛闪"了，武则天怎么舍得让唯一的亲生女儿嫁到那么远的地方呢？

在国家统治和慈母情怀之间，武则天选择了当慈母。可是吐蕃那边又不好直接拒绝，怎么办呢？太平公主幼年时，不是半真半假地当过女道士吗？干脆让她正式入道算了。道教崇尚宗教独身主义，总不能要求女道士成婚吧？于是武则天下令，马上给太平公主修建一座道观，就叫太平观，让她搬进去住。于是十几岁的小太平当了观主，而且像模像样地举行了受戒仪式，出家了。这样一来，吐蕃没话说了，和亲的事情也就不再提起。

虽然太平公主真的出家了，不过按照唐高宗和武则天当时的想法，恐怕也只是暂时避避风头而已，一旦吐蕃彻底死心，还是要让女儿还俗的。可是，当时已经是唐高宗统治的后期，高宗的身体每况愈下，而武则天忙着积聚势力夺权，两个人都没有心思管小女儿的事情了。另外，当父母的总觉得儿女是小孩子，特别是太平公主又是最小的女儿，也许潜意识里希望她在身边多留几年吧。可是，春花秋月等闲度，美眷如花，流年似水。道观中的太平公主，眼看着自己的大好青春悄悄溜走，心里难免有些着急，但父皇母后就是不提还俗出嫁的事。

二、自求驸马

那么，太平公主会不会就这样在道观里终老一生呢？当然不会。太平公主等来等去，终于等得不耐烦了，幸福要掌握在自己手中，有什么要求还得自己提。

怎么提呢？直接说我想要个驸马，这多不好意思呀！想了又想，怎么才能让父母明白呢？终于，她想出了一条妙计。

有一天，唐高宗在宫中设宴，宴请亲族，太平公主忽然从天而降，她身穿紫袍，腰围玉带，头戴黑巾，手持弓箭，走到唐高宗和武则天面前，深施一礼，说："父皇母后，我给你们跳舞助兴吧。"说罢，载歌载舞起来。看着女儿英姿飒爽，一身青年武官的打扮，唐高宗和武则天哈哈大笑，说："你一个女孩子家，又不是武官，怎么打扮成这样？"太平公主马上说："既然我不适合这样打扮，那把这身行头赐给我的驸马好吗？"高宗夫妇一听，这才恍然大悟，是啊，女儿已经十七八岁了，该出嫁了。

就这样，给太平公主选驸马被提上了议事日程。可以看出来，少女时代的太平公主，是个敢于大胆追求个人幸福的女孩子，这与年轻时果敢英气的武则天如出一辙。

说到这里，有人可能就费解了，太平公主想要驸马，为什么要打扮成武官的样子呢？咱们看戏、读小说经常见的不都是"中状元，招驸马"吗？她为什么不扮成一个白面书生呢？这就是对唐朝的时代特征不了解了。

所谓"中状元，招驸马"，那主要是宋朝以后的事情。宋朝以降，文化教育更为发达，科举考试成为选拔政府官员的主要途径，如果在科举考试中表现出色，之后就能平步青云了。在这种情况下，科举不仅与仕途联系在一起，也和美满婚姻联系在一起，正所谓"洞房花烛夜，金榜题名时"。

而唐朝尚武，驸马大多数从功臣勋贵人家挑选，而且一旦当了驸马，常常被委以重任，担任禁军将领，帮助皇帝稳定统治。

所以，太平公主这样一番表演，说明她当时的想法还是相当"主流"的，她也希望得到这么一个英雄的驸马，帮助父亲保卫李唐江山。

那么，唐高宗给太平公主选中的驸马到底是谁呢？此人姓薛名绍。唐高宗夫妇为了给她选这个驸马，可是煞费苦心。为什么呢？薛绍特别符合理想驸马的标准，他有三大优点，无人能及。

首先，薛绍出身河东大族薛氏，他的父亲也是驸马，当过左奉宸卫将军。而母亲则是唐太宗和长孙皇后的亲生女儿，也就是唐高宗的亲姐姐城阳公主。出身皇室，又是亲戚，可谓门当户对。其次，薛绍的父母出身高贵，但是当时都已经去世，所以娇生惯养的太平公主不用费心处理和公婆的关系。最后，薛绍本人年轻英俊，和太平公主又是姑舅兄妹，就像《红楼梦》里的贾宝玉和林黛玉，没准儿也是青梅竹马，两小无猜。

这个选择，很可能征求了太平公主的意见。因此对这个驸马，太平公主无疑非常满意。

三、举案齐眉

驸马人选确定了，再经过一番紧张筹备，开耀元年（681年）七月，高宗夫妇为太平公主举行了盛大而隆重的婚礼。

这可是唐朝第一个超豪华婚礼，场面蔚为壮观。根据《新唐书·公主传》的记载："假万年县为婚馆，门隘不能容翟车，有司毁垣以入，自兴安门设燎相属，道樾为枯。"婚礼的礼堂设在万年县的县衙。

当时首都长安一共有两个直辖县，一个叫长安，一个叫万年。这规格已经够高了吧，但是，太平公主的婚车太豪华、太庞大了，万年县衙的大门根本进不去，怎么办呢？这点小事还能难倒高宗和武则天这对强人夫妇吗？他俩立刻决定，拆墙！把墙给拆了不就进去了吗？

按照唐朝风俗，婚礼都在晚上举行，可是当时街道也没有路灯啊，只能点火炬。结果从长安城东北的大明宫兴安门出来，一直到城东南的万年县衙，一路上火炬点成了一条火龙，把道边的槐树都给烤焦了。这种规格的婚礼在以前是想也不敢想的啊。

当年，太宗皇帝和长孙皇后的爱女长乐公主出嫁的时候，太宗想多给她一点陪嫁，魏徵在旁唠叨个不停，讲礼制如何规定，明君应如何以身作则等大道理，最后唐太宗只能作罢。太平公主的婆婆城阳公主出嫁的时候，本来算卦的说，根据两个人的命理推算，晚上结婚不吉利，想要改在白天举行，结果又被大臣劝谏了一番，还是按老规矩办了。之后唐高宗的另外两个女儿，因为是萧淑妃所生，接近三十岁才匆匆出嫁，所嫁的驸马出身也不高，婚礼当然更是马马虎虎。

现在太平公主可是武则天唯一的亲生女儿，掌上明珠，怎么宠爱都嫌不够，当然要大操大办；另外国家也富裕了，用不着再为花销斤斤计较。所以这场婚礼虽不是绝后，但绝对空前。要是有摄像的话，不用剪辑，不用特技，就比得上一部好莱坞大片。

看到最小的女儿出嫁，唐高宗心中异常欣慰。他不是爱好文学吗？于是诗兴大发，亲自作诗一首志喜，诗名就叫《太子纳妃太平公主出降》，最后一句是"方期六合泰，共赏万年春"。希望这场婚礼能够给全国都带来福气，让这样繁盛的场面持续千秋万代。

中国不是讲究好事成双吗？太平公主出嫁了，正好她的哥哥李显的原配妃子几年前得罪了武则天，被武则天饿死了，如今李显已经当了太子，还没有正妻，也该给他再娶个妃子了。于是择高门之女配给李显，婚礼与太平公主的婚礼同时举行。

那么和太平公主同一天结婚的这个嫂子是谁呢？她就是后来大名鼎鼎的韦皇后。日后，她将和太平公主在权力场上争得你死我活。但是，那时候的她们不过是两个花季少女，都在享受着新婚的幸福，谁能预见到多年之后的事呢？

豪华的婚礼一过，太平公主的少女时代也就结束了。我们究竟应该怎样总结她的童年和少年生活呢？有四个特点格外值得关注。

第一，作为皇帝的女儿，太平公主的生活从一开始就跟政治密切相关。无论是出家还是出嫁，都要遵从父母的政治利益。第二，尽管无法脱离政治，但是在当时，她和政治的关系毕竟还不太紧密，也不太直接。在可能的情况下，她还是充分享受着来自父皇母后的关心呵护，生活也非常平静幸福。第三，在这样的环境之下培养起来的太平公主，虽然有一定的政治敏感度，但是也还和大多数传统的中国妇女一样，把一生幸福主要寄托在婚姻和家庭上，这从她请求招驸马的举动上可以看得一清二楚。第四，太平公主和年轻时代的武则天一样，既聪明又泼辣，勇于追求个人幸福，也善于追求个人幸福。

就这样，聪慧而又纯情的太平公主，通过自己的一番努力，终于如愿以偿，嫁给了自己喜欢的贵族少年。如果政治稳定，内外无波，她应该像童话中说的那样，从此过上幸福的生活吧。

事实上也确实如此，婚后的太平公主一心享受着甜美的家庭生活，与薛绍和睦恩爱，举案齐眉，在当上薛家的贤妻之后，很快又当上了良母。

光阴荏苒，几年之间，四个儿女相继出生了。假如不出意外，这几个小儿女也会循着她和薛绍那样的道路，女儿可能嫁给某个皇子，儿子也许又给她娶回下一代公主，她的日子也就这样太太平平地过下去，直到人生的尽头。

但是，太平公主毕竟不是一般的公主，她是武则天的女儿。武则天走的是一条离经叛道的路，她的所有儿女，也都因此被绑上她的战车，逐渐偏离预定的人生轨道。

史载薛绍的哥哥因为太平公主的背景太好了，不免感到深深的忧虑。没办法，只好向经验丰富的老族长问计。这个老族长叹了口气说："帝甥尚主，国家故事，苟以恭慎行之，亦何伤！然谚曰：'娶妇得公主，无事取官府。'不得不为之惧也。"什么意思呢？说皇帝的外甥娶皇帝的女儿，这是咱们国家的惯例，亲上加亲，一直如此。因此这门亲事也是不可避免的，以后只要谨慎行事，对公主客客气气，应该也没什么大问题。但是，你把这个公主娶回家，以后和官府打交道恐怕就是不可避免的了，还是令人担心啊。那么这个老族长的担心有没有道理呢？还是非常有道理的。

果然，七年之后，已经和薛绍生育了四个子女的太平公主，终于被卷入政治之中，她的生活随即发生了重大改变，随之改变的还有她的性格和整个人生轨迹。究竟是一桩什么样的事故降临到这个和美的家庭？太平公主之后的命运又会有怎样的波折呢？

太平公主到底叫什么名字？

太平公主虽然大名鼎鼎，但是，和大多数唐代公主一样，她的闺名在史书中没有记载。

台湾学者雷家骥根据《全唐文》崔融《代皇太子上食表》"伏见臣妹太平公主妾李令月，嘉辰降嫔公族"这句话，考证她的闺名叫作李令月，并且把这个名字和武则天的小儿子李旦（本名旭轮）联系起来，说这两个名字一日一月，和武则天后来给自己改的名字"曌"（日月当空）可以对应，反映了武则天的政治理想。

但是，我认为，雷先生这样断句是错误的，正确的断法应该是"伏见臣妹太平公主妾李，令月嘉辰，降嫔公族"。为什么这样断句呢？理由有三个：第一，唐代公主给皇帝上书时候自称"妾李氏"是一个规矩，不需要写出名字；第二，"令月嘉辰"是一个比较固定的说法，是指一个好月份好时辰，不需要拆开；第三，"令月嘉辰，降嫔公族"这样的说法符合当时通用文体骈文的行文规范。把"令月"两个字提到前头，作为太平公主的名字并不妥当。

这样看来，太平公主和她的母亲武则天一样，也是一个"无名英雄"。

第二章
初涉政坛

有一句俗语叫作"男怕入错行，女怕嫁错郎"。因为在中国古代，职业和婚姻都比较稳定。一旦选择了一个职业，或者嫁了一个人，就都是一辈子的事情了，所以要慎之又慎。

但是在唐朝，社会观念比较开放，离婚的事情也并不少见。

在敦煌出土的民间离婚文书里，甚至写道"愿妻娘子相离之后，重梳蝉鬓，美扫娥眉，巧逞窈窕之姿，选聘高官之主"，说希望娘子和我分手之后，开始新生活，风姿绰约地再嫁一个有身份、有地位的好夫婿。这样的祝词，还颇具绅士风度。

在皇室之中，离婚、再婚的情况同样比比皆是。换言之，一旦觉得嫁错了，还是有更改余地的。前文讲到，太平公主嫁给了自己的表哥、城阳公主的儿子薛绍。这次婚姻没过几年，就被认为是个大错误，需要改正了。只不过认为嫁错的，并不是太平公主本人，而是她的母亲武则天。这是怎么回事呢？

一、薛绍之死

　　事情还要先从唐高宗说起。唐高宗死后，武则天称帝就进入倒计时了。在高宗死后的几年时间里，武则天先后废黜了她的三儿子中宗李显（当时叫李哲），软禁了四儿子睿宗李旦，镇压了徐敬业领导的扬州叛乱，又通过所谓的裴炎谋反案，肃清了军政系统的反对派。她紧锣密鼓，一步一步，离皇帝的宝座越来越近。但是，中国古代王朝可都是一家一姓，要想改李唐为武周，要调换的其实不光是皇帝，还有整个皇族。所以，武则天想当皇帝，还得把李唐宗室清理一下。武则天是怎么办的呢？她搞了一个阴谋。

　　当时，为了给武则天改朝换代做舆论宣传，武则天的侄子武承嗣伪造了一块带有"圣母临人，永昌帝业"字样的宝石，谎称是从洛水打捞出来的，并说这代表着上天降下的祥瑞，派人献给了武则天。根据传统的儒家信仰，"河出图，洛出书"，这可是"天将降大任于斯人"的重要标志，属于国家一级祥瑞。这杜撰出来的祥瑞正合武则天的意，她立刻决定，大张旗鼓地操办一下这件事，让全国人民都知道，她当皇帝可是天意！怎么操办呢？她把这块石头命名为"天授宝图"，又给自己加了一个尊号"圣母神皇"，同时宣布要在十二月的时候亲临洛水，举行受图大典，并在明堂里接受百官朝贺。为了办好这件盛事，她诏令各州的都督刺史以及皇亲国戚都在典礼举行之前的十天到洛阳集合。集合宗室、外戚是要做什么呀？很多人都猜测，武则天想利用这个国家礼仪工程，把李唐势力一网打尽。

李唐宗室当然也是这么想的。这个诏令一出来，李唐宗室马上慌作一团，他们相信，武则天来者不善，肯定是想把他们集中到洛阳，然后瓮中捉鳖，一举消灭！越想越紧张，怎么办呢？与其坐以待毙，不如铤而走险。

就在这种恐慌情绪支配下，宗室成员开始彼此联络，密谋造反。造反者都包括什么人呢？首先当然是前几代皇帝的儿子、孙子等男性成员，另外，唐代还未流行"嫁出去的女儿泼出去的水"这样的观念，女儿也是娘家人，所以，几代皇帝的公主也都接到了通知。但是，出于叛徒告密等种种原因，这次造反被迫提前举行，而且造反者也从整个李唐宗室萎缩成了越王李贞和琅邪王李冲父子俩。这样的小打小闹哪里是朝廷的对手，很快就被武则天镇压下去了。但是，剿灭李唐宗室的有生力量本来就是武则天的既定目标，让他们到洛阳集合也是引蛇出洞的一种策略，现在蛇都出来了，怎么能再让他们缩回去呢？于是，镇压了李贞父子之后，武则天开始顺藤摸瓜，大肆株连，把很多宗室都给牵扯进这桩宗室谋反案之中，一大批宗室皇族的成员被下令处死，武则天血洗李唐宗室的目的便达到了。而她的女婿、太平公主的丈夫薛绍和他的哥哥薛顗居然也在其中！

女婿薛绍想造岳母的反，事情看起来真是触目惊心。但是，考虑到武则天诛杀宗室是个政治阴谋，我们不免要怀疑一下，薛绍兄弟到底有没有谋反呢？

对于这件事，史书中本来就有截然相反的两种记载。一种是出自《新唐书·公主传》，说："琅邪王冲起兵，顗与弟绍以所部庸、调作兵募士，且应之。冲败，杀都吏以灭口。事泄，下狱俱死。"按照这种说法，薛绍兄弟确实已经出钱招兵买马，准备造反，可惜李贞父子太窝囊，还没等他们响应就失败了。这时候薛家兄弟为了掩盖罪行，又杀了手下的具体执行人员灭口，所以被处死也算罪有应得。

但是，对于同样一件事的记载，《旧唐书》却大相径庭。《外戚传》中说："绍，垂拱中被诬告与诸王连谋伏诛。"也就是说，薛绍本来没有谋反，说他谋反是一种诬陷。那么哪一种记载可靠呢？

我个人认为，真实情况很可能是薛绍的哥哥薛顗参与了谋反，但是他并没有联络薛绍，因此薛绍本人并不知情。为什么这么说呢？

首先，李贞、李冲父子起兵之前确实曾经广泛发动宗室，几代公主都在联络之列，薛顗作为城阳公主的儿子肯定曾被发动。其次，薛顗跟武则天有私人恩怨，两个人在太平公主嫁给薛绍之前就已经结了仇。这是怎么回事呢？前面不是说过薛绍的家庭条件优越，特别适合当驸马吗？武则天本来对这桩门当户对的婚事也非常满意，可是，就在婚礼即将举行的时候，武则天忽然发现问题了，怎么薛绍的两个嫂子——一个成氏，一个萧氏，不是大族出身呀？和这样小门小户的人当妯娌，这不是辱没我的女儿吗？于是，武则天马上发难了，找到薛家说，这两个乡巴佬的女儿怎么配和我的女儿做妯娌呢？不如把她们休了吧。这不是叫人家妻离子散吗？所幸有人出来打圆场说，这姓萧的嫂子，也就是薛顗的太太，出身于江南贵族兰陵萧氏，也是大族，而且祖上也和皇室联姻过，是国家的老亲，还是算了吧。薛绍的两个嫂子这才逃过一劫。这样一来，虽然并没有真的休妻，但薛颛还是和武则天结了怨，现在宗室联合造反，薛颛在群情振奋的气氛下准备响应，这并不奇怪。

但是薛颛想要起兵，是不是就一定要告诉他的弟弟薛绍呢？我认为他应该没有告诉，而且还要尽可能地避免让弟弟知道。为什么呢？很简单，因为薛绍当时已经是太平公主的驸马了，而太平公主又是武则天的掌上明珠，母女俩感情甚笃。如果他把起兵计划透露给薛绍，薛绍再不小心透露给太平公主，那不等于自投罗网吗？

可能有人会说，哥俩儿住在一块儿，这边招兵买马，紧锣密鼓，那边怎么可能一无所知呢？这还真有可能。因为按照唐朝的惯例，公主出嫁之后是由国家单独建造府邸，不跟夫家住在一起。换言之，薛绍、薛颛两个人虽然是亲兄弟，但是他们的住宅却可能相隔甚远。这样一来，薛颛向弟弟隐瞒造反的事情也并不困难。如果这番推理成立，那么说薛绍造反就是一桩冤案了。

冤枉与否暂且不管，眼看着薛绍身陷囹圄，太平公主怎么办呢？她肯定要积极营救啊。俗话说一日夫妻百日恩，太平公主和薛绍是结发夫妻，何况已经生了四个孩子，怎么能让孩子这么小就失去父亲呢？所以，太平公主便跑到武则天面前哭哭啼啼，动之以情，晓之以理，苦苦哀求母亲看在她们母女情深的面子上饶过薛驸马。

她说，您看我们俩刚刚结婚七年，感情这么好，最小的一个孩子才满月，您怎么忍心把他杀死呢？再说您说他谋反，证据在哪儿啊？您仅仅怀疑他，就要把他杀死吗？太平公主肯定是跟武则天摆事实、讲道理，而且讲感情。按照她的想法，既然她是母亲唯一的女儿，母亲又那么爱她，怎么会置她的幸福于不顾呢？那么武则天到底有没有给太平公主这个面子呢？在江山稳定和女儿的感情之间，武则天选择了前者，最终还是把薛绍以谋反罪论处了。但是太平公主毕竟求了情，所以薛绍没有被直接斩首，而是被打了一百大棒，扔进监狱里饿死了，好歹保存了全尸。那一年，太平公主刚刚二十五岁。

那么，既然薛绍没有谋反，而且自己的宝贝女儿太平公主又这么苦苦哀求，为什么武则天非要置薛绍于死地呢？问题的关键在于，武则天认为太平公主嫁错了郎。当初太平公主嫁给薛绍，是因为他的母亲是唐高宗的姐姐，这门婚事的意义在于巩固李唐江山。而现在，武则天要改李唐为武周，需要加强武家的力量，这时候太平公主要承担新的政治使命，所以薛绍必须让位。换句话说，对于野心勃勃的政治家武则天而言，太平公主也不过是她手中的一颗棋子，可以这样走，也可以那样走，目的无非是为她的政治利益服务。这样一来，薛绍刚死，武则天就开始给太平公主张罗再嫁的事情了。而在挑选这个新驸马时，得满足一个条件——必须姓武。

二、梅开二度

到底谁是合格的驸马候选人呢？武则天提出的第一候选人是武承嗣，他是武则天同父异母的哥哥武元爽的儿子，从辈份上来说，是武则天的大侄子，当时袭爵周国公，是武则天父亲的继承人。武承嗣为武则天改朝换代立下汗马功劳，是武周王朝的功臣，也是武则天的重点培养对象。把宝贝女儿嫁给最有政治前途的侄子，这是武则天打的如意算盘，而且，在武则天心中，曾经也考虑过将自己的皇位传给这个侄子，那女儿就可达到一个女人一生的顶点——皇后，这也是对女儿的爱护啊。

而武承嗣方面，他要想再往上攀一步，也需要抓住这样的良机。所以，他肯定也愿意答应这门亲事。刚开始太平公主也答应了，但是，出人意料的是，就在婚礼即将举行的时候，太平公主忽然变卦，当了"逃跑新娘"。

而武承嗣这个候选人也奇怪地被淘汰出局，取而代之的是武则天伯父武士让的孙子武攸暨。这是怎么回事呢？史书的解释是武承嗣身患"小疾"，关键时候身体闹毛病了，太平公主这才变卦。如果真是这个原因，我们也能理解，太平公主当时刚刚二十五岁，按我们现在的眼光看，还是一个年轻姑娘嘛，凭什么让人家嫁给一个病秧子啊？俗话说身体是革命的本钱，如果武承嗣活不了多久，这婚姻缔结得还有什么意义呢？但是，这两个候选人之间的转换其实没那么简单。我个人认为，淘汰武承嗣、改嫁武攸暨反映的是太平公主内心的真实意愿，其实太平公主并不愿意嫁给武承嗣。

为什么这么说呢？首先我们必须要确认，武承嗣的病是否严重到不能结婚的程度。显然没有。因为武承嗣死于圣历元年（698年），距离太平公主第二次择婿已经过了十年之久，而此前武承嗣一直在积极谋求太子之位，表现得生龙活虎，根本没有多病的记载。就算是在圣历元年去世，也是因为武则天最终选择了李显做自己的接班人，武承嗣半生心血化为乌有，心理打击太大，因此郁郁成疾，才一命呜呼。可见在垂拱四年（688年），就算是武承嗣有病，也只是一些小毛病而已，大约感冒发烧一类的，不应该影响婚姻大局。这样看来，所谓武承嗣有病，只是一个借口。

既然武承嗣没什么大病，太平公主为什么不愿意和他结婚呢？我觉得，太平公主不满意他主要有两点原因。第一，对于薛绍之死，武承嗣有间接责任。第二，武承嗣离政治核心太近，她缺乏安全感。太平公主和薛绍是结发夫妻，两个人感情很深。因此，对于薛绍之死，太平公主心里肯定是百转千回，无法释怀。

薛绍为什么会死呢？直接的推理是，薛绍之所以被处死，是因为李唐宗室联合谋反。李唐宗室之所以想要谋反，是因为武则天要他们到洛阳集合。武则天之所以要他们到洛阳集合，是因为有了那块写着"圣母临人，永昌帝业"的宝石，而这块宝石，恰恰就是武承嗣炮制出来的。当然，太平公主心里肯定非常清楚，母亲才是整个事情真正的主谋。但是对于母亲，太平公主的感情非常复杂，可以说是爱恨交织，母亲生她养她，她不能完全去恨母亲，而且母亲是那么强势，她也不敢去恨母亲。因此，只能迁怒于武承嗣。在她心里，武承嗣成了替罪羊。就是他害死了薛郎，害死了我那几个孩子的父亲！一想到这儿，心里都不舒服，又怎么能再跟他夫唱妇随同床共枕呢？

此外，对于刚刚经历了丧夫之痛的太平公主来说，既然政治已经夺走了第一任丈夫的生命，她不愿意第二任丈夫再卷入政治旋涡。而武承嗣显然离政治核心太近，也太热衷政治投机了，跟这样的人生活没有安全感。经过这样一番比较，太平公主便不愿意嫁给武承嗣这样一个政治狂人了。所以最后她就以武承嗣身体有病为借口，拒绝了这门婚事。

那太平公主为何最终选择武攸暨做自己的驸马呢？武攸暨和

武承嗣有共同的优点，都是武家的人，政治可靠，能够让母亲放心满意。另外，武攸暨还有武承嗣所没有的优点。第一，他跟薛绍之死无关，跟他结婚没有什么感情上过不去的地方。第二，他与武则天的亲属关系比较远，相对来讲，离政治核心也就比较远；而且他生性恬淡，沉谨和厚，不会主动参与政治斗争。第三，武攸暨还是一个标准的美男子。反正是政治婚姻，既然无法以感情为前提，那么选一个顺眼的也没什么错。所以太平公主对母亲说，我要嫁给武攸暨。

既然太平公主提出了武攸暨作为驸马候选人，武则天在非原则性问题上一向是尊重女儿意见的，所以她满口答应。可是在武则天和太平公主双方对这门婚事都首肯之后，又有一个新的问题出现了。什么问题呢？武攸暨既不是单身，也不是离异或者丧偶，他当时是有妻子的，而且妻子还很年轻，很健康。这可怎么办？这点小事可难不倒武则天。几天之后，她派一介使臣到武攸暨家去，宣太后令，给武攸暨的妻子奉上了三尺白绫，您啊，自尽吧。这样一来，武攸暨就立刻恢复了单身汉的身份。经过如此一番紧锣密鼓的安排，薛绍死后不到一年，太平公主梅开二度，再嫁武攸暨。此后不久，武则天正式改唐为周，登基称帝，实现了她的女皇梦。

毫无疑问，太平公主的再婚之路是在母亲的强权压迫之下，由薛绍和武攸暨前妻的鲜活生命铺就的，这样的婚姻让太平公主怎么还敢再奢望幸福呢？可是，太平再嫁与否，原本就与婚姻本身无关啊。

薛绍之死与再嫁武攸暨，对太平公主的一生产生了重要影响。她丢掉了对生活的浪漫幻想，明白了几个冷冰冰的道理。第一，作为身处政治核心的公主，她不可能真正脱离政治，去做一个普通的贤妻良母。第二，如果说她的第一次婚姻体现了父亲唐高宗的利益，那么第二次婚姻无疑体现了母亲武则天的利益。薛绍的死让她明白，从此以后，母亲才是她生命中最重要的人物。第三，感情在政治面前是相当脆弱的，如果没有政治权力，生命甚至都难以保障，感情更是无从谈起。所以，无论是母子亲情还是夫妻恩情，面对政治利益时，都是不堪一击的。

这三点认识，让太平公主的思想发生了根本的改变。她从一个娇媚纯真的少妇一下就转化成了一个心机深沉的女人。母亲武则天遗传给她的政治家潜能被激发出来了。

三、初露锋芒

俗话说，人在江湖，身不由己。既然母亲才是生命中最重要的人物，太平公主也就只能积极投身于母亲麾下，为母亲服务了。从此，她渐渐参与到武则天的决策之中，成了武则天的心腹。史载太平公主"多权略""每预谋议"，那她都谋议了什么事情呢？根据现存史料记载，她至少干了三件大事。

第一件大事是处死冯小宝。冯小宝是武则天的第一任男宠，原本是江湖小混混出身。当年为了抬高他的身份，武则天曾给他改名为薛怀义，还让太平公主的前夫薛绍认他做叔叔。可是，冯小宝得宠时间一长，就渐渐恃宠而骄，不知道自己几斤几两了，为了跟武则天撒娇赌气，他甚至放火烧了武则天得天命的象征——明堂。虽然这个巍峨的建筑物是冯小宝呕心沥血监督建造的，现在放火烧掉也不过是"我自得之，我自失之"，但它可是武则天政权合法性的符号。武则天怎么能够容忍他烧毁明堂呢？非但如此，冯小宝还在寺院里纠集了一些不法分子整天舞枪弄棒的，为了防备他丧心病狂突然袭击，武则天甚至被迫挑选了一百多个健壮的宫女在身边护卫，以防不测。冯小宝在武则天心中的地位早就大不如前了，这样一来，更使得武则天必欲除之而后快。

怎么办呢？公布他的罪行然后处死？不行，那会影响武则天的形象。所以只能搞暗杀。

派谁去执行呢？太平公主当时是武则天的心腹，有谋略，办事又可靠，当然就成了首选。太平公主接到任务后，马上想出了一个非常周密的方案。她派人去冯小宝那里假传圣旨，说武则天宣他到瑶光殿相会，同时又派自己的心腹乳母张夫人率领壮士到瑶光殿埋伏起来。冯小宝听了心里很高兴，以为武则天要和他重修旧好，没有任何防备就如约而至。结果等待他的不是武则天，而是一群大内高手。可怜的冯小宝，别看平时也会几下花拳绣腿，但在乱棒面前毫无还手之力，没过几分钟就一命呜呼。太平公主派人把尸体运到冯小宝当住持的白马寺，在那里焚尸造塔。一个大活人几个小时之内灰飞烟灭，整件事情办得干净利落，不辱使命，让武则天非常满意。

第二件大事是推荐张氏兄弟。太平公主自从第二次结婚之后，其实对感情就看淡了。什么感情啊！都是政治利益的产物。所以她开始包养男宠。她自己这儿男宠一大堆，而她的母亲，自从失去了冯小宝，身边无人，肯定很寂寞，当女儿的怎么能够不体贴这一层呢？俗话说，帮人帮到底，送佛送到西。所以，在处死冯小宝后不久，太平公主就把自己的得意男宠张昌宗推荐给了武则天。

张昌宗是太宗朝宰相张行成的族孙，贵族公子哥出身，又长得面若桃花，而且擅长吹拉弹唱，可谓优雅脱俗、色艺俱佳，一到武则天身边马上赢得了"莲花六郎""神仙童子"等种种美誉，让武则天好不得意。

后来，张昌宗又引荐了自己的亲哥哥张易之一起伺候武则天。两兄弟默契配合，互相取长补短，把武则天迷得神魂颠倒，成了晚年武则天的回春妙药。

这步棋一走，太平公主在武则天心目中的地位更高了，武则天觉得还是女儿贴心啊。这就叫作打感情牌，太平公主非常自然地赢得了母亲的好感和信赖。同时，太平公主把自己的男宠推荐给母亲，也不乏希望男宠能够不忘旧情，时常在武则天面前美言几句的意思。所以说在心机方面，太平公主绝对是深得母亲真传。

太平公主办的第三件大事是参与扳倒来俊臣。来俊臣是武则天亲手提拔起来的王牌酷吏，武则天利用他来打击反对派从来没有失手过，算是武则天的一员爱将。

酷吏的职责就是纠察谋反案，这种工作在武则天称帝之初曾红极一时。可是随着武则天统治日渐稳定，有谋反嫌疑的人变得越来越少了，这让来俊臣渐渐产生了失业的恐慌。怎么办呢？没有谋反者，那就制造谋反者吧。情急之下，他居然打起了武则天亲人的主意，诬告她的儿子、女儿、侄子统统谋反。

武则天心思是何等周密啊，对于来俊臣的用心早就洞若观火，知道他不过是狗急跳墙，所以并没有当真。但是事情传到武承嗣的耳朵里可就不一样了，不怕一万，就怕万一啊，万一哪天武则天当真了呢？为了确保无虞，武承嗣决定先下手为强，反告来俊臣。可是，既然来俊臣是武则天的爱将，仅凭他武承嗣一个人的力量恐怕难以撼动。

这时候，武承嗣就想到太平公主了。太平公主虽然没能当上他的夫人，但表妹的身份并没有变，她是武则天的爱女，因为诛杀冯小宝、推荐张昌宗这几件事，正得武则天的宠爱，让她也在控告来俊臣的上书里签一个名，然后再私下找武则天沟通一下，这不是更好吗？事关切身利益，太平公主慨然允诺，参与到"倒来"的运动中来，这在一定程度上促成了来俊臣的倒台和武周酷吏政治的结束。

通过这三件事，我们应该怎样评价初涉政坛的太平公主呢？首先应该承认，此时的太平公主确实已经显露出政治权谋，什么样的事情该参与、以什么方式参与，她都拿捏得很准。其次，太平公主为人处世非常谨慎，参与的任何秘密政治活动都从不向外泄露，值得信任。所以，虽然史书记载太平公主常常参与谋议，但是，我们今天知道的，也就只有这么一点蛛丝马迹。武则天认为太平公主像她，绝非虚言。最后，此时太平公主参与政治的程度还相当肤浅。杀死冯小宝、推荐张昌宗，都还属于武则天的私生活范围；即便是扳倒来俊臣，也仅仅是一种自保的行为，而且也没起什么关键作用。

为什么会如此呢？我想，最重要的原因是武则天当时还牢牢控制着权力，不容许任何人染指。虽然太平公主表现出了让她欣赏的政治才华，虽然她也会和太平公主谋划一些事情，让太平公主知道一些心腹机密，但是，她永远不会忘记警告太平公主，这是大内秘事，绝不能泄露出去！

另一方面，太平公主也从薛绍之死中体会到，母亲的绝对权威不容挑战。她虽然贵为第一公主，但也只能是尽力取悦母亲。因为有这样的认识，所以对这个时候的太平公主，史书的评价是"畏惧自检"，小心翼翼，不敢露出半点锋芒。这样的态度让她赢得了武则天的认可，她的封户从出嫁时的三百五十户涨到了一千二百户，后来又涨到三千户，是其他公主的十倍。太平公主也利用这些资产求田问舍，生活过得相当滋润。

此时的太平公主，既没有走上政治前台的机会，也没有走上政治前台的打算。不过，这一时期在武则天监控下的参政，还是给了太平公主很多的经验。武则天日复一日，逐渐衰老，而太平公主正处在锦绣年华，这对她来说意味着什么呢？

在儒家传统礼数里，明堂是天子布政之所，是有道之君合法性与神圣性的最高象征。公元699年，武周都城洛阳的明堂里上演了一幕喜剧。这天，武则天新立的太子李显、相王李旦、太平公主，以及武则天的侄子武三思、堂侄武攸暨与另一个堂侄武攸宁，分左右两排站定，祭祀上天，发誓李、武两家今后要彼此扶持，互相帮助，和平共处。

发誓完毕后，双方还煞有介事地把誓文刻在铁板上，收入史馆，即当时的国家档案馆中。这个仪式的主持人就是女皇武则天。一套程序折腾下来，这位七十五岁的老太太显得有点疲惫，可是她还是露出了久违的笑容。李、武两家的这场立誓究竟有什么深意呢？

当初，因为武则天的政治需要，太平公主的第一次婚姻以悲剧收场，相夫教子的宁静生活被打破，太平公主也就此踏入政坛。

初涉政坛的太平公主，虽然工心计、多权略，但是，在相当长的时间里，慑于母亲的天威，她都小心翼翼，不敢露出半点锋芒。然而，这种局面从圣历年间开始发生显著的变化，变化的原因就是武则天一日比一日更加衰老，走到了英雄的暮年。老病缠身的武则天对权力的控制能力日渐下降，原来紧密团结在她周围、看起来像是铁板一块的朝廷，也就随之出现了分化，逐渐形成了三种势力。

哪三种势力呢？第一种是内廷势力。其中最引人瞩目的当数武则天的男宠张易之和张昌宗兄弟。他们是晚年武则天接触得最多、最为宠爱与最信任的人，因此两人身边聚集了一批急于进取的官僚，对朝政有相当强的影响力。第二种是李家势力。武则天经过百转千回的思索，终于选定三儿子李显做接班人，把他从房陵召回洛阳，立为太子。武则天的这些举动表明，她已明确了回归李唐的政治方向。与此同时，老四李旦也结束了十多年的软禁状态，被封为相王，担任军队统帅。李家的势力有了显著回升。第三种是武家势力。武周时代，武家的子孙都被封为王，担任军政要职，培养了相当强的势力。武则天虽然决定回归李唐，但还是希望在她死后仍然维持武家权势不衰，所以武家兄弟虽然失去了皇帝候选人资格，但是势力并没有受到打压。

这三方势力到底各自扮演了什么角色呢？仔细想想可以发现，张氏兄弟虽然是外人，但其实就是武则天的耳目喉舌，恰恰代表的是武则天本人，是她自身势力的一种延伸。年迈的武则天希望通过他们继续掌控朝廷。如果借用佛教的说法，那么二张兄弟就是现世佛，代表着当下的力量；而李家和武家则代表着武则天死后国家的政治走向，是决定着整个国家前途命运的未来佛。

对于李家和武家这两方势力，武则天打的是什么算盘呢？史学大师陈寅恪先生提出过"李武韦杨婚姻集团"的说法，认为经过武则天多年的统治，李、武两家早已形成"你中有我，我中有你"的局面，因此在未来也还是会紧密结合。另一位唐史研究前辈黄永年先生在此基础上，又修正了这种观点，提出"李武政权"的说法，认为武则天在晚年实际上想要建立一个由李家当皇帝担虚名，而武家掌实权任将相的联合政权。

这些说法是否正确，属于学术争论范畴，在此我们姑且不论，但是要说武则天晚年最重要的政治任务，就是协调李、武两家的关系，这并没有错。刚才提到的立誓明堂，就是武则天在这方面的努力举措之一。既然李、武两家都是左右未来的政治势力，而两家的关系对于政治走势又至关重要，那么太平公主的身份与地位就非常微妙了。她既是李家的女儿，又是武家的媳妇，她到底算是哪边的人呢？

一、心系李家

要想知道太平公主属于哪一边，我们需要看一看她在这一时期参与了哪些政治活动，她是以什么身份参与这些政治活动的，担当的又是什么角色。太平公主在这一时期涉入了三次重大的政治事件。

第一件事就是发生在圣历二年（699年）六月的明堂立誓。这次活动最有趣的地方，就是太平公主和武攸暨都出席了。在中国传统的家庭角色关系中，男主外，女主内，像盟誓这样重大的政治活动，武攸暨自然要作为一家之主出席，可是太平公主也出席盟誓，这就有些不同寻常了。很明显，这种安排意味着在武则天心目中，太平公主是被当作李家人来看待的。太平公主与武攸暨虽然是一家人，可那只是在平时的生活中，在政治角色和阵营的划分上，两人就各自归属不同阵营了。而从盟誓的过程也可以看出，对于太平公主政治角色和阵营的分配，李、武两家似乎都没有什么异议，可以说，太平公主在政治上属于李家阵营，这是李、武两家的共识。

第二件事则发生在长安二年（702年）八月，太子李显、相王李旦与太平公主联合上表，请求封武则天最宠爱的张昌宗为王。当时武则天已经率领朝廷从洛阳回到李唐旧都长安，表现出了回归李唐的态势，但是，当时张昌宗兄弟在政治上的力量已不可小视，他们的介入，加重了政治上不稳定的因素。李氏三兄妹请求封张昌宗为王，这葫芦里卖的是什么药呢？目的很明显，是为了讨好张氏兄弟，进而讨好武则天本人，希望借此能够顺利完成权力交接，使太子李显能顺顺利利地登上皇位。这是李氏三兄妹的第一次联合行动。太平公主选择和两个哥哥一起上表，这意味着她本人也选择了加入李氏一方。

第三件事则没有前两件那么好玩和轻松了，因为太平公主是被动卷入的。长安三年（703年）九月，张昌宗状告当朝宰相，同时也是李显的下属、太子左庶子魏元忠与太平公主的情夫司礼丞高戬，说他们共同商议"皇帝年老，不如侍奉太子长久"。张昌宗的直接控告对象虽然是魏元忠和高戬两人，但是很明显，矛头直指幕后的太子李显和太平公主兄妹。张昌宗的目的是告诉武则天，太子想要联合妹妹抢班夺权。这件事表明，李氏兄妹想要讨好张昌宗，但是张昌宗并不领情，非但如此，他还抢先发难，构陷李氏兄妹。不过另一方面，这件事也反映出，在政敌心目中，太平公主是被视为李家人的。

把这三件事结合在一起，我们就能得出结论了。虽然太平公主嫁给了武家，她从第一次婚姻到第二次婚姻的转变也是以脱离李氏、融入武氏为旨归的，但在关键时刻，她还是被各种政治势力视作李家的女儿，而不是武家的媳妇。这其实是由唐朝的时代特点所致。

和后世不同，在当时，即便已经出嫁，女儿仍然被界定为主要从属于父亲，而不是从属于丈夫，这种先天身份是终生不可改变的。另外，和两个哥哥站在同一阵营，也是太平公主本人的选择。她的这一选择对于时局发展可谓至关重要，因为当时武则天已经日薄西山，政治博弈到了关键时候，各方的势力对比将会直接影响日后的政治走向。太平公主在武周一朝一直得宠，特别是在圣历之后，她参政程度日益加深，比起从房陵回到首都不久、立足未稳的李显，以及长期遭软禁、早被吓得战战兢兢、不敢轻举妄动的李旦，她政治经验更加丰富，也更有权势。这对于增强李氏一方的实力，意义非凡。而李家阵营当时正在谋划一件大事，是什么事呢？

二、神龙政变

这件大事就是政变。这场军事政变发生在神龙元年（705年）。宰相张柬之等人筹划并联合太子李显兄妹发动了这场政变，政变中他们杀死二张兄弟，逼迫武则天退位，拥立李显复位。这场政变史称"神龙政变"。

当时武则天卧病在床，身边侍奉的只有二张兄弟，局面让人非常紧张。无论是李家兄妹，还是朝廷大臣，最害怕的就是在武则天极端衰弱，甚至是突然死亡的情况下，党羽众多的二张兄弟可能会"挟天子以令诸侯"，假传圣旨，自己当皇帝。当然，他们也害怕二张兄弟与武家联合起来，结成统一战线。虽然二张和武家兄弟也有矛盾，但是，在武则天晚年，武则天的侄子武三思和二张兄弟的关系相当不错。武三思曾经夸张昌宗是神仙王子晋的化身，这王子晋是什么人呢？

王子晋是周灵王的太子，生性好道，贵为太子，却清心寡欲。后来，他舍去王位，到嵩山修道。几十年后的七月七日，王子晋驾一只白鹤，飘然升天而去，远近的百姓都大为惊讶。从此之后，"王子登仙"就成了凡人修得不老之身的美丽幻想。

武三思把张昌宗比作驾鹤游仙、风流倜傥的王子晋，张昌宗当然开心，也赶紧投桃报李，把武三思推为当时"十八高士"的榜首。所谓"十八高士"，当然模拟的是当年唐太宗李世民登基之前的秦府十八学士，十八学士当年可都是像房玄龄、杜如晦这样的重量级政治家，现在用他们来比武三思，他能不高兴吗？一时间，张、武两家简直是"你侬我侬，忒煞情多"，关系好得似蜜里调油。

一旦二张兄弟和武家强强联手，传位方向就很有可能会发生惊天大逆转。无论是传位二张兄弟，还是传位武家，对于李氏三兄妹来讲，都是灭顶之灾。因此，在这种情形下，要想顺利接班掌权，只有一条路可走，那便是除掉二张兄弟。当然，除了这些与争夺权力、复兴李唐相关的原因之外，太平公主也在打着自己的小算盘。其实，她对二张兄弟一直挺不满的。

　　想当初，张昌宗是她的男宠，是她推荐他们兄弟俩到武则天身边工作，怎么说她也有提携之功吧。没想到这两个人恩将仇报，竟陷害起她来，这口气如何咽得下？公仇私恨夹在一起，李氏三兄妹决定发难。再加上当时以张柬之等五大臣为首的一批文官武将，也非常厌恶二张兄弟插手朝政，陷害忠良，因此，他们很快酝酿出了一场以"诛杀二张、还政李唐"为目标的政变，这就是导致武则天提前结束统治的神龙政变。

　　在神龙政变中，以张柬之为首的大臣是策划政变的中坚力量；皇太子李显是政变的旗帜，要通过他的号召力来聚拢人心；相王李旦则负责领兵维持长安城的治安。那么，太平公主在其中发挥了什么作用呢？在我看来，太平公主实际上发挥了三方面的作用。

　　首先，在监控武则天的动向上，太平公主功不可没。武则天身体状况到底如何，对传位的态度有没有改变，这些无疑是政变者最关心的问题。但是，偏偏在这个时候，身患重病的武则天心情烦躁，索性谁也不见，身边只留下张昌宗兄弟侍奉。虽然有大臣曾经向武则天提议，"皇太子、相王，仁明孝友，足可亲侍汤药。宫禁事重，伏愿不令异姓出入"（《旧唐书》卷九十一），意思是说，您的这两个儿子，无论是皇太子还是相王都非常孝顺，他们可以侍奉床前，端汤喂药，希望您让他们伺候您，别再让外姓（张昌宗兄弟）在您身边待着了，但这一建议被武则天一口回绝了。所以即便是李显、李旦兄弟，也并没有多少机会接近武则天，其他大臣更是几个月都难见皇帝一面。

在这种情形下，怎样才能知道武则天的一举一动呢？此时在政变阵营中，唯一有可能接近武则天的便只有太平公主了。前面提过，太平公主曾给武则天出谋划策，也算得上是武则天的心腹之一，并且在三个子女中，她最得武则天的宠信和疼爱。另外，李显和李旦是儿子，其实也就是母亲权力潜在的竞争者，因此武则天一直对他们有所防范，尤其是在自己来日无多的情况下，不免会想，自己一死，曾经拥有的一切权力与享乐就是他们的了，现在他们往身边跑，难道是嫌自己死得不够快吗？所以她对儿子充满了抵触情绪。而太平公主是女儿，没有继承权，因此不会引起武则天的猜忌，在感情上比较亲近，还能聊上几句推心置腹的话。所以在政变密谋期间，太平公主有更多的机会接近武则天，自然也就承担起了监控武则天动向的间谍工作。

其次，太平公主利用自己武家媳妇的身份，第一时间掌握武家的最新举动。当时武家的势力非常强大，虽然武家最有实力的武承嗣已经病死了，但是，武则天的另一个侄子梁王武三思很快接替了他的位置。

根据史料记载，武三思"性倾巧便僻，善事人"，他善于谄媚巴结，因此特别讨武则天喜欢。武则天晚年不轻易出门，但是几次出门都是到武三思家里去。对武则天来讲，这叫作回娘家。而且武则天晚年的几项大的国家工程，也都是由武三思主持的。

那么，在武则天病重的微妙局势下，武三思有什么举措没有？是不是在跟姑姑套近乎啊？武则天有没有可能在这紧要关头一糊涂，忽然动了让武三思接班的念头？这些也都是政变者关心的问题。

那么，监控武家的工作由谁来完成最合适呢？当然还得是太平公主，她是武家的媳妇，方便走动。说到这里，我们就不得不佩服当年太平公主挑选丈夫的眼光了。武攸暨确实是一个与世无争、从不介入政治的人，虽然妻子忙里忙外，到处活动，但是他显然没有进行任何干涉，也没有向武家其他人透露太平公主的任何动向。从这方面看，这个婚结得还是相当有远见的。武攸暨的不作为，恰好成全了太平公主的作为。她能够有效地监控武家的一举一动，这对政变取得成功，无疑是一个重要的保障。

最后，太平公主做的是安排内应。政变如果能做到里应外合，当然最为保险，而且政变一方需要随时掌握武则天的最新情况。虽然太平公主作为武则天的爱女可以出入宫廷，但是她毕竟住在宫外，不能天天蹲守。怎么办呢？从种种迹象来看，太平公主这时候可能还和一个关键人物有过沟通。这个人是谁呢？上官婉儿。

上官婉儿可是唐朝第一号才女，和太平公主年纪相仿。上官婉儿的祖父是唐高宗时候的宰相上官仪，此公乃是文人型官员，不太擅长政治权谋。看到武则天专权擅政，有违儒家理想，就撺掇唐高宗废掉这个皇后。没想到武则天眼线众多，上官仪刚刚把废后诏书起草好，武则天已经从天而降，和唐高宗一番交流之后和好如初。上官仪就成了他们夫妻反目的替罪羊，以谋反罪被处决。

当时，上官婉儿还在襁褓之中，就随着母亲郑夫人一起没入掖庭,当了宫廷小婢女。不过,是金子总要发光的,婉儿虽然在掖庭长大,但是,她继承了爷爷上官仪的诗人基因,又有出身贵族、知书达理的母亲郑夫人教养,很快便崭露出文学才华。据说有一首五言诗《彩书怨》是婉儿少女时代的作品,诗是这样写的:

> 叶下洞庭初,思君万里余。
> 露浓香被冷,月落锦屏虚。
> 欲奏江南曲,贪封蓟北书。
> 书中无别意,惟怅久离居。

这是一首情诗,表达了独处深闺的妻子对远方丈夫的思念。当时还是小孩子的上官婉儿当然没有这样的生活经验,全凭想象进行创作,居然也写得情真意切,确实是个天才少女。

在婉儿十四岁的时候,才名传到了武则天那里。武则天当面考她,结果她文不加点,简直像早就构思好了那样,高水平地完成了考试。武则天不是爱才吗?她大喜过望,就把婉儿从掖庭里提拔出来,留在自己身边,当了贴身秘书。

要是只看传统史料,我们对上官婉儿的早年经历也就了解到这里了,可是,新出土的上官婉儿墓志却写出了让我们大跌眼镜的一笔。什么事呢?"诗书为苑囿,捃拾得其菁华;翰墨为机杼,组织成其锦绣。年十三为才人。"这段话真是让我们刷新了对武则天的认识。她赏识上官婉儿,赏识到什么程度?武则天可不仅仅是让上官婉儿当秘书,她给了婉儿一个名分——才人!才人是皇帝的五品小妾,有着一步一步向上走的广阔空间,更重要的是,当年,武则天刚进宫的时候,就是唐太宗的才人啊!

面对聪慧的上官婉儿，武则天仿佛看到当年的自己，就让她从自己当年的起点做起吧，这难道不是武则天对上官婉儿最大的认可吗？！我们讲武则天的用人政策，常常会提到英雄不问出处。其实，在上官婉儿身上，这句话才得到最充分的体现——什么仇人的孙女，什么掖庭的女奴，都见鬼去吧，我就是爱才，我就是要提拔这个才女！有这样的知遇之恩，上官婉儿也就有自己的国士之报，她慢慢成长为武则天的心腹。

圣历以后，武则天精力逐渐减退。而这时，上官婉儿经过多年的宫廷历练，政治上逐渐成熟，武则天开始让她参决群臣奏议，同时起草诏书。另外，武则天晚年不是沉迷各种风雅的享乐活动吗？她经常组织文学沙龙，让文人们比赛作诗。这赛诗会由谁来主持呢？就由上官婉儿来主持。婉儿聪慧过人，才思敏捷，优游其中，不亦乐乎。既能陪领导工作，又能陪领导娱乐，当然堪称秘书的楷模啦。她和太平公主是同龄人，待在武则天身边的时间比太平公主还长，在武则天心目中，恐怕也会渐渐对她产生一种类似于母亲对女儿的感情。既然如此，那么让婉儿监控武则天，组织宫女里应外合，当然也就成为最理想的选择。

我在《武则天》这本书里曾经写过，当时有一些宫女参与了这场军事政变，还有好多人在战斗中牺牲了性命。那么这些宫女是由谁安插的呢？恐怕婉儿功不可没。为什么说太平公主有可能和上官婉儿有过沟通呢？我们可以从三个方面进行推测。

第一，上官婉儿在神龙政变后未经任何政治审查，马上得到了火箭式的提拔：先拜三品婕妤，又升为二品昭容，而且专掌诏令，受重用程度远超武则天时期。如果不是在政变中为李氏兄妹立过大功，如何能够平步青云？

第二，上官婉儿的身世与当时的处境也决定了她绝不会拒绝与李家合作。上官婉儿的家族毁于政治斗争，而她的一生也都掌握在当权者手中，她没有任何依靠，只能自己保护自己。这个时候，武则天已经气息奄奄，威风不再，因此上官婉儿需要为自己寻找新的出路，那么，投靠现在的太子、未来的皇帝这一派应该是顺理成章的选择。这就好比武则天当年在唐太宗的病榻前和太子李治偷情一样，都是为了给自己找新的下家以保全自身。以婉儿敏锐的政治判断力，她很清楚站在哪一方对自己有好处。

第三，太平公主和上官婉儿有相互联系的感情基础。两人势力的真正崛起都是在武则天晚年，又差不多同时扮演着武则天的朋友、女儿和高级参谋的三重角色。无论是为武则天参决朝政，还是陪武则天饮酒赋诗，基本都能看到两人双双出场的身影。交往较多，感情基础自然深厚，这就是合作的根基。此时，太平公主有在武则天身边安插内应的需要，而上官婉儿也需要寻找一个新的下家，两人正好一拍即合。

有了上官婉儿的暗中帮忙，太平公主在宫里开展工作就顺利多了。因为上官婉儿日夜住在宫里，又是宫女的实际领袖，由她来负责组织发动宫女们在宫内响应，不就事半功倍了吗？

神龙政变是太平公主第一次正式的政治表演。虽然她并没有出现在前台，但所起的作用相当关键，她灵活的政治手腕和左右逢源的社交能力得到了充分的展现。就这样，依靠主要大臣的周密布置和李氏三兄妹的有力配合，神龙政变一举成功。张昌宗兄弟被顺利拿下；武则天被迫退出了政治舞台；长久以来一直被压抑的李显，也如愿以偿地第二次荣登大宝，位列九五之尊。在整个政变中，太平公主是一个不可或缺的关键人物，那么，论功行赏，李显会怎样奖赏这个立下大功的妹妹呢？

三、春风得意

　　此时的唐中宗相当大方，在论功行赏时，把太平公主的政治地位、经济待遇和生活待遇都照顾到了，让太平公主相当风光。

　　在政治地位方面，神龙政变刚一结束，太平公主就被晋封为镇国太平公主，和她的哥哥安国相王李旦的封号对应，一个"镇国"，一个"安国"，这不仅是表彰二人在政变之中安国镇国的功劳，也显示出这两个人"一人之下，万人之上"的特殊地位。另外，太平公主的丈夫武攸暨也跟着沾光，由"安定王"受封为"定王"，从"安定"到"定"，别看只是一字之差，政治待遇可是大不相同。"安定"是郡名，"定"是国名，这意味着，他由郡王被提升为亲王了。而从魏晋分立亲王、郡王以来，亲王就只封给皇子或皇帝的兄弟，郡王虽然也非常高贵，但是立下大功的文臣武将可以封郡王，却不能封亲王。从封武攸暨为亲王这一特例可以看出，唐中宗李显对于太平公主一家的高规格对待。

　　第二年，唐中宗李显又颁下诏令，让太平公主开府，设置官署。这项待遇可太不同寻常了。本来，唐朝制度规定，只有亲王，也就是皇子才能够开府设置官署，比如相王就有相王府，相王府里还有长史、司马一类官员。因为王是男性，需要办公，而公主作为女性，没有公事要办，所以是不开府的。

　　在太平公主以前，唐朝只有一位公主曾经开府。谁呢？唐高祖的女儿平阳公主。当年她帮高祖一起打天下，率领赫赫有名的娘子军在长安周围发展势力，确保了李渊的军队顺利挺进长安，为李唐王朝的建立立下了汗马功劳，所以李唐建国之后她能够开府设官，这是特例。而神龙年间，太平公主居然也开府设官，仪比亲王，这不仅表明她特殊的政治地位，同时也等于认可了她对国家公务的参与权。而太平公主也可以借着开府设官的权力，发展自己的个人势力。

在经济待遇方面，唐中宗李显登基之后，马上宣布，将太平公主和相王李旦的实封都涨到五千户。所谓实封，就是国家赐给功臣贵戚的封户。享受多少户的实封，就等于能向多少户人家征收租税。太平公主有五千户实封，就意味着这五千户人家从此不必向国家提供税收，直接给太平公主就可以了。

那么五千户实封多不多呢？列举两个数据大家就明白了。第一个数据，当时唐朝一共有六百一十五万户，其中能够向国家提供赋税的不超过三百万户，太平公主一个人就占了国家全部收入的六百分之一。第二个数据，按照唐高宗时期的制度规定，亲王应该享受实封八百户，最多不能超过一千户；而公主只能享受三百户。以此推算，太平公主一个人的经济待遇，就等于十六七个一般公主的经济待遇。更厉害的是，不仅太平公主本人有实封，她和薛绍生的两男两女，和武攸暨生的两男一女，一共七个孩子，也都享受实封。而赏赐给她的珍宝更是不计其数，她一家的经济实力，真可以说是富可敌国。如果那时也有类似今日的财富排行榜的话，太平公主一家毫无疑问是全国首富。

最后看看生活待遇。唐中宗规定，太平公主府和相王府一样，都派卫士昼夜保卫，每十步设一个岗，由卫兵带武器巡逻值班，保卫的规格和皇宫完全一样。

如此看来，神龙政变不仅实现了"诛杀二张，还政李唐"的愿望，也使太平公主的势力有了长足的增长，太平公主真可谓威风八面，不可一世。但是，我们在《武则天》里说过，神龙政变留下了许多后遗症，概括成一句话就是：群雄并起，主弱臣强。除了在政变过程中立下大功的相王李旦、太平公主这样的皇族成员在政变之后实力大增之外，策动政变的一些大臣也以功劳自傲，对朝政的发言权进一步增强。这样的政权很不稳定，唐中宗自然也不会满意这样的局面。那么，在这个复杂的新政权里，威风八面的太平公主还能继续威风下去吗？

第四章
韬光养晦

　　神龙二年（706年）的一天，声威赫赫的太平公主忽然因为一件民事纠纷被告上了法庭。这是怎么回事呢？原来她和长安城一座寺院里的和尚争夺一个磨面用的水碾，硬说这个水碾是她的。这太欺负人了，这水碾和尚们已经用了好几十年，而太平公主刚刚从洛阳搬到长安，水碾怎么可能是她的呢？面对这等不平之事，法官顶住压力，主持公道，判太平公主败诉，水碾归寺院所有。

　　听到审判结果，太平公主不仅没生气，反倒露出了笑容。有人可能就要产生疑问了：第一，太平公主既然已经富可敌国，何必还要争这种蝇头小利呢？第二，这蝇头小利没争到，她为什么倒高兴了呢？要拨开这层层疑云，还得先看看神龙政变后的政局以及太平公主的政治处境。

一、主弱臣强

神龙政变是以张柬之等大臣为主导、李氏兄妹三人合伙参加的一场政变。政变结束之后，李显当了皇帝，当然要给立功之人论功行赏了。他是怎么论功行赏的呢？

先是嘉赏功臣集团。政变的组织者张柬之、桓彦范、敬晖、袁恕己和崔玄暐等五人都官封宰相，爵赐郡公，控制了中央政府。其他参加政变的武将也都加官晋爵，赏赐不计其数。紧接着是奖赏相王李旦，政变刚一结束，他就被封为安国相王，官拜一品太尉、知政事；没过多久，中宗又提出来立他为皇太弟。至于太平公主，前面已提到，她被封为镇国太平公主，实封五千户，而且特许开府设置官署，公开参政。应该说，中宗对功臣的奖赏力度是相当大的。

可是在把这几方势力安顿妥帖之后，唐中宗李显觉得有些不太对劲，这其中有问题。什么问题呢？他发现自己的势力太薄弱了。有人可能会问，皇帝位列九五之尊，力量怎么可能会弱呢？不是说"普天之下，莫非王土；率土之滨，莫非王臣"吗？其实，这只是一种抽象的原则。在真正的政治运作中，皇帝也是要讲实力的。比方说，当年唐太宗李世民当皇帝，班底就很硬，文有秦府十八学士，武有秦琼、尉迟敬德等一班武将，如此一来，李世民当皇帝就很踏实，腰杆子自然也很硬。那么唐中宗李显有没有自己的嫡系大臣呢？从理论上讲，太子府的班底就应该是以后皇帝的基本班底。

那当年李显太子府的官僚都有谁呢？头号种子选手为魏元忠，但他在武则天晚年因为遭张易之、张昌宗兄弟诬告，已经被贬到岭南，不在身边。第二号人物是崔玄暐，他因为一直跟着张柬之策划神龙政变，与功臣的关系比跟李显还要铁，已经被划入功臣集团了。第三号人物是杨再思，他曾经因为夸奖张宗昌为莲花六郎，饱受舆论耻笑，人称"两脚狐"。此时二张倒台，他受到牵连，也被贬官了。总之，太子府的官僚分散得七零八落，而且有的属于拥张派，有的属于倒张派，派系林立，根本就做不到"心往一处想，劲往一处使"，都无法让唐中宗李显委以重任。

难道李显手中无棋可用了？还有什么人靠得住呢？从李显早年的经历中我们知道，李显比较相信太太的娘家人，将他们都视作自己的心腹。他第一次当皇帝时就曾大力提拔岳父韦玄贞，还说出过要把天下让给韦玄贞的话，结果被武则天抓住把柄，把他从皇帝宝座拉下，贬到房陵。可是这次，他想再次提拔岳父都不可能了，为什么呢？他的岳父韦玄贞当年受他连累，被流放到广西钦州，因为受不了南方的暑热、瘴气，早就死了。不仅岳父遭殃，几个小舅子也纷纷罹难。当时，钦州的少数民族首领要娶韦家的女儿，也就是韦皇后的妹妹。但韦家是京兆大族，门第观念比较浓厚，不答应这门亲事。那个首领一气之下，把韦家的四个兄弟都杀了。所以到李显第二次当皇帝时，韦家已经没人可用了。这让李显非常郁闷。一方面，自己没有靠谱的私家班底；而另一方面，功臣倒是势头很盛，君弱臣强的态势立刻就显现出来了。

该如何把皇帝的位子坐稳呢？李显决定自力更生，赶快加强自己的力量。为此，他一鼓作气，做了四件大事。

当务之急，就是加强皇后韦氏的权力。韦氏就是和太平公主同一天结婚的那个嫂子，是李显的第二任妃子。当年她和李显一起被流放到房陵，吃尽了苦头。患难夫妻恩情重，李显和韦氏的感情相当好，而且，韦氏的性格也比李显要强悍一些，因此李显对她很是倚重。当年在房陵的时候，每次听说武则天派人来探望他，李显都觉得来者不善，肯定是来要他命的。与其让杀手折腾死，还不如自己了断呢。所以一听使者来，李显就张罗着要自杀。每当这时，韦氏就在旁边劝他，说咱们宁可被杀死，也不能被吓死呀，再说，天下事祸福难料，没准带来的还是好消息呢！就这样连哄带劝，韦氏不断地给李显打气鼓劲，终于熬过了那段不堪回首的日子。

正因为如此，李显在精神上非常依赖韦氏，简直把她看作母亲一般，曾对她信誓旦旦地承诺：如果咱们还能重见天日，我一定让你随心所欲，绝不约束你！现在果然重见天日了，李显信守诺言，马上立韦氏当皇后，还让她像当年的武则天那样，垂帘听政，参与政事。在李显看来，皇后和自己是一体之人，加强皇后的力量就等于加强自己的势力。

紧接着要做的，就是提拔自己的太子府官僚。太子府成员不是都已经七零八落了吗？没关系，有罪的赦免，无罪的加官，赶紧让他们都往朝廷聚拢。就这样，魏元忠和杨再思都被召回中央，其他几个下属也都被提拔了。本来按照李显的如意算盘，是想让他们当宰相的，但是当时功臣势盛，宰相的位置都被功臣集团占据了，没有空缺。无奈之下，李显只好先让他们当同中书门下三品，表面上没有宰相的正式名分，但是有参政议政的实权。

唐中宗李显做的第三件大事比较有意思，他提拔了几个左道之人。

所谓左道，当时指的是和尚、道士、方士这一类人。和尚、道士如果潜心修行，那绝不叫左道之人，但是如果他们越出宗教的范围，动了干政的凡心，人们就觉得他们不走正道了，这才把他们称为左道之人。

李显当时就提拔了几个政治和尚、政治道士，整天让他们出入宫禁，横议朝政。按照《资治通鉴》的记载，李显上台不久，就颁下敕书，任命术士郑普思为秘书监，道士叶静能为国子祭酒。

在唐太宗贞观年间，担任秘书监的可是大名鼎鼎的政治家魏徵，而当国子祭酒的则是孔子之后、饱读诗书的学者孔颖达。到了唐中宗李显这儿，秘书监和国子祭酒降格了，居然被歪门邪道所把持！更可笑的是胡僧慧范，凭借三寸不烂之舌，在二张兄弟当政之时就红透半边天；现在二张伏诛，李显却说他也参与了讨伐二张，论功行赏，应该加阶为银青光禄大夫，赐爵上庸县公！有了皇帝撑腰，慧范便大摇大摆地出入宫掖，而李显反倒小心翼翼地去他家微服私访，真是颠倒乾坤！

李显为什么这么做呢？其实是因为他需要舆论支持。唐朝宗教气氛浓厚，这些左道之人手里都掌握着不少社会资源，李显岂能放着这样的力量不用？想当初武则天当皇帝时，不是也需要这些人造社会舆论吗？

最后一件需要做的事，便是推尊武则天，而且是一而再，再而三地提高武则天的地位。大家可能觉得奇怪，武则天不是他推翻的吗？不破不立，按道理，他应该贬低武则天才能突出自己的英明正确啊！怎么还会使劲儿提高武则天的地位呢？其实，李显推尊武则天，那叫作"醉翁之意不在酒，在乎山水之间也"，李显是想通过证明武则天的合法性来证明自己太子身份的合法性，再通过太子身份的合法性推理出自己当皇帝的合法性。换言之，他只有证明武周政权是完全合理合法的，才能够说明武则天立他当太子是符合礼法的，进而再证明他由太子晋升为皇帝也是顺理成章的。既然要推尊武则天，那就得贬低神龙政变，淡化神龙政变的意义。所以，这个时候的李显忽然像患上了失忆症，绝口不提自己的逼宫往事。而且，他还营造出这样一番景象：我因为受到了皇帝母亲的器重和赏识，所以才遵从母命，接受禅让，荣登大宝。既然是禅让嘛，所以不仅我是皇帝，母亲也继续是皇帝，而且不是一般的皇帝，是"则天大圣皇帝"。

其实，李显淡化神龙政变除了证明自己的合法性之外，还有一个用意，那就是打压一下因为政变而羽翼丰满的功臣势力。潜台词则是，你们以为搞了政变就有功吗？我李显根本不承认有什么政变！

李显这样做无非是想要加强皇权，使自己坐稳位子。这时候作为功臣应该怎么办呢？功臣如果知趣，就应该默念"狡兔死，走狗烹；飞鸟尽，良弓藏；敌国破，谋臣亡"的古训，赶紧功成身退，解甲归田，以避可能招致的杀身之祸。那么张柬之等人是不是这样做的呢？有句话叫作"身后有余忘缩手"，他们和古往今来的大多数功臣一样，贪恋权位，不忍放手。既然放不了手，那怎么做才能巩固权力呢？

功臣们在这一时期主要做了与皇帝李显针锋相对的四件事。首先，他们上疏皇帝，希望韦皇后专居中宫，不要到外朝干预国政。接着，他们请求皇帝把以和尚慧范为首的左道之人统统杀掉。此外，还请求皇帝降低武家人的官爵，抑制他们的势力，以防武家东山再起。最后一件事，功臣们使劲提拔自己的亲信。比如桓彦范，他一上台就谎称自己的大舅子赵履温也参与了神龙政变谋划，要求论功行赏。这简直把李显给气坏了。赵履温当时担任易州刺史，这大老远的，怎么可能谋划政变？这不明摆着撒谎吗？可是迫于功臣们的压力，他也只好把赵履温调到中央，官封司农少卿。赵履温这人不傻，当然明白他能升官是谁的功劳，所以马上投桃报李，买了两个绝色的婢女送给桓彦范。

那么，功臣们这样做对不对呢？当然不对，而且简直是大错特错。这实际上是无视长孙无忌加上官仪的前车之鉴了。当初，长孙无忌结党营私，而且还想杀人立威，上官仪则让皇帝别信任皇后，信任自己，最后两个人不都没有好下场吗？居功自傲、目无主上，这对于臣子来说已经很危险了，对于功臣来说就更加危险了。正所谓功高震主，臣子功劳太大会让皇帝觉得受制于人。彼此身份变了，关系也就变了。打江山的伙伴一下子变成了巩固江山的障碍，当年温良恭俭让的二太子也就变成了冷酷无情的皇帝。可是尽管李显想要打击功臣，可他的实力还不够强大啊，怎么办呢？那么必须先确定谁是敌人，谁是朋友。该是李显寻找朋友的时候了。

谁是朋友呢？相王和太平公主是不是呢？他们不是。因为他们也是立功之人，同样存在震主之嫌。另外，相王李旦当年也做过皇帝，在武则天时期还当了十几年的皇嗣，其实资格比李显还老。如果说几个大臣是让李显觉得自己不像个皇帝的人，那么相王李旦就是一个实实在在让李显觉得自己有可能当不成皇帝的人。因此，对于这两个人，只能防范，不能利用。那还能依靠谁呢？

这时候，一支势力浮现在唐中宗李显的脑海之中——武家。

有没有可能把武家当作朋友呢？答案是肯定的。为什么呢？首先，武家和功臣集团的关系不好，功臣们整天撺掇中宗李显清除武家的势力，而武家兄弟对他们也早已恨之入骨。正所谓敌人的敌人就是朋友。其次，经过武则天一朝的培养，武家的羽翼已经很丰满，而且在神龙政变中毫发无伤，因此有能力抗衡功臣集团。同时，武家和李显还是儿女亲家。武则天晚年不是想要让李、武两家精诚团结吗？李显的女儿永泰公主就嫁给了武承嗣的儿子武延基，虽然这两个孩子都因为议论武则天而死于非命，但姻亲关系并没有变。此外，武则天的死，使武家成为政治上的失意派，他们也正急着寻找新靠山。李、武两家可以说是互相需要，完全可以合作。心动就要行动，李显坐不住了。

二、武氏重兴

既然决定和武家合作，共同打击功臣，李显就要开始积极拉拢武家人了。当时，武家的政治代表就是武则天的侄子武三思。为了拉拢这个人，李显可是煞费苦心。他多方突破，使出了三个手段。

第一，亲自出马。神龙政变结束不久，唐中宗李显就几次来到武三思家微服私访，二人觥筹交错，大有相见不晚、相知恨晚的意思。李、武两家的关系搞得比武则天在位的时候还要热络。

第二，夫人外交。李显的夫人外交是从上官婉儿开始的。上官婉儿什么时候成了夫人了？前文提过，上官婉儿在武则天手下干活时就已参与朝政，只是当时并没有名分。后来，因为在神龙政变中立功，中宗即位后，就把这一篇翻过去了，得重新给她一个名分。给什么名分呢？让她当宰相，这不合制度；让她当个宫廷女官吧，唐朝女官最高的品级也就是五品，跟才人一模一样，级别太低，不能用来赏功。怎么办呢？李显干脆把她拜为三品的婕妤，让她成了自己的一个妾，这不就是夫人了吗？有人说，这不是和他的父亲唐高宗娶武则天一样，属于子纳父妾吗？确实是。不过唐中宗也有自己的理由。什么理由？他觉得，上官婉儿和当年的武则天不一样。所谓的高宗才人只是个名分，婉儿真正的职业并非高宗的小妾，而是武则天的秘书，既然名不副实，自己也就不必计较什么子纳父妾的嫌疑了。何况，就算子纳父妾，自己的老子做得，自己怎么就做不得？就这样，上官婉儿摇身一变，从唐高宗的才人变成了唐中宗的婕妤。

上官婉儿可是个八面玲珑的人物，在武则天统治末期，她一方面归心李氏，参与政变，另一方面，则与武三思私通。她这么做，无非是狡兔三窟，多为自己找一把保护伞。现在唐中宗想要拉拢武三思，马上就利用婉儿的这层关系了。有人可能就要问，自己的小老婆跟别人私通，唐中宗难道不嫉妒吗？他根本没有必要嫉妒，因为婉儿的婕妤身份只表明她的品级，并不代表真正意义上的婚姻关系。

不过，仅仅从婉儿这里入手来拉拢武三思，毕竟级别不够。于是，在唐中宗的授意下，上官婉儿又把武三思引荐给了韦皇后。武三思和韦皇后一见如故，马上成了好朋友，亲密程度甚至超过了他和上官婉儿。借助韦皇后的关系，武三思开始频频入宫。据《资治通鉴》记载，韦皇后与武三思一起下棋、打双陆，唐中宗李显就站在旁边拿着筹码算输赢。韦皇后跟武三思交往频繁，外界不明就里，一时间议论纷纷，说武三思和皇后淫乱，许多大臣甚至公开上书，要求皇帝调查严惩。对于提出如此请求的大臣，唐中宗李显一律严惩不贷。这样的行径让传统史学家非常郁闷，两《唐书》与《资治通鉴》都认为中宗特别窝囊，被皇后戴了绿帽子。其实，唐中宗一点都不窝囊，因为整件事情都是在他的授意下进行的，他知道韦皇后和武三思经营的不是爱情，而是他们共同的事业。

第三，结成儿女亲家。联姻是中国古代政治结盟的一种主要方式，当年，永泰公主不就嫁给了武承嗣的儿子吗？现在要想拉拢武三思，公主可是一种宝贵的政治资源。可是，时光不等人，到了李显想要用女儿去联姻的时候，他的所有女儿都已经出嫁了。这怎么办呢？有武则天让太平公主改嫁的先例，这点事难不倒李显。神龙元年（705年），李显的两个女儿先后离婚，其中，中宗和韦皇后生的安乐公主改嫁给了武三思的儿子武崇训，另一个女儿新都公主也改嫁给了武三思的侄子武延晖。

经过这样一番感情攻势，唐中宗和武氏马上亲如一家，武三思官拜司空，当了宰相。太平公主的丈夫武攸暨也跟着沾光，官拜司徒，晋爵定王。为了给武氏一族的加官晋爵找理由，唐中宗甚至颁布诏令，说武三思和武攸暨也参与了神龙政变，把他们和张柬之等人一起算作立功之人，赐给他们丹书铁券。这丹书铁券能够保证他们只要不犯谋反罪，其他的死刑都可以赦免十次，不予追究。

皇帝这么提拔武家的人，朝廷里的野心家马上就看出门道来了，纷纷改换门庭，依附到武三思身边来。那些趋炎附势之徒究竟会怎样攀附呢？举两个例子。第一个例子与崔湜有关。崔湜这个人我们以后还要反复提到。他是当时的一个活跃人物，也是个风度翩翩的美男子，本来与几个政变功臣是一伙的。当时功臣们和武三思正势不两立，敬晖觉得崔湜机灵，就派他到武三思身边卧底，打探情报。崔湜倒是足够机灵，可是却没什么政治节操，一看皇帝亲近武家，疏远功臣，都不做任何心理挣扎就反水了，把他所掌握的功臣情况统统向武三思报告。堡垒最容易从内部攻破，这内部情报太珍贵了，崔湜立此大功，便一下子成了武三思的心腹爱将与得力高参。

第二个例子说的是郑愔的事。郑愔本来是二张余党，神龙政变后，二张党羽纷纷贬官，郑愔也被贬到了南方。在南方，天高皇帝远，没有政治前途啊，郑愔是一个有野心的人，他心有不甘，就趁人不备，偷偷跑回了洛阳。他一回到洛阳，就先去拜访武三思。见到武三思，郑愔既不行礼，也不叙旧，忽然大嘴一咧，号啕大哭起来，哭得肝肠寸断，死去活来。武三思不明就里，以为出了什么大事，正要劝劝呢，谁知郑愔忽然又笑了起来，笑得手舞足蹈，眼泪都快流出来了。这可把武三思给吓坏了，对郑愔说："老兄，你不是精神病发作了吧？"谁知郑愔马上换了一副严肃面孔，说："非也。我开始见到大王您哭，是因为我可怜您就要被杀，且九族不保啊。那后来为什么又笑了呢？我是替您高兴，恭喜您终于得到我郑愔这么一个高人指点啊。大王您想一想，皇帝现在虽然器重您，但是那五个大功臣可是恨透了您呀。他们五个都是宰相，又胆略过人，废掉则天皇帝都易如反掌。大王您觉得自己比则天皇帝如何？难道您还不知道害怕吗？难道不想听我说说怎样才能除掉这五个人吗？"武三思哪里经得住郑愔这般忽悠，一听大为震撼，马上把郑愔安排到自己身边，任命他为自己的高参。看到崔湜和郑愔跟随武三思之后都升了官，好多官员也就认准了武三思这条终南捷径，纷纷巴结，其中有五个人巴结得太露骨了，别人都管他们叫"五狗"。

这一时期，武氏一族既有皇帝信任，又有百官巴结，自己还身居高位，日子过得比在武则天时期还滋润。与此同时，中宗李显推尊武则天的举措也颇有成效，武则天的地位扶摇直上，武则天当年为了建立统治，不是改过十七个汉字吗？这些文字在神龙政变之后一度废弃不用。但此时，唐中宗一改初衷，下令重新使用。而神龙政变也被一笔抹杀，甚至连"李唐中兴"这样的话都说不得，一说都成政治错误了，儿子接母亲的班哪能叫中兴啊，中宗规定，顶多只能叫"龙兴"。

三、明哲保身

这样一来，因为神龙政变后复杂的形势，中宗时期整个政坛显得相当诡异。本来随着武则天倒台，武家势力应该逐渐萎缩才对，怎想到在新形势下反而重新扩张。中宗想要借助武家的力量打击功臣的态势相当明显。那么在如此波诡云谲的局势下，太平公主在干什么呢？那时，无论是太平公主还是相王，都觉得寒意凛凛。三兄妹共同打江山的时代过去了，想在这个江山之中分一杯羹，似乎并不容易。在外人看来，中宗给了太平公主很高的地位与待遇，但她对形势是心知肚明的，很清楚自己也遭受猜忌。在这种进退两难的情形下，如何才能明哲保身呢？

此时，太平公主不慌不急，运筹帷幄，颇有谋略地做了三件事。她首先要做的便是韬光养晦。这就是在前面提到的那一幕。神龙二年(706年),太平公主与庙里的和尚争夺水碾,有的法官慑于她的公主地位,想要判给她,也有的法官非要主持公道,一定要判给和尚。事情闹得沸沸扬扬,最后水碾还是判给了寺院。太平公主为什么要与和尚争水碾啊?这其中自有玄机。原来,这是她自导自演的一出好戏。这出戏一上演,就实现了两个目的,可谓"一箭双雕"。一方面,她成功地制造了这么一种假象,即让中宗觉得,太平公主就是这么一个胸无大志的人,只认识钱,而且还特别贪婪,给多少都填不满她的贪欲。对于皇帝来说,功臣爱钱远比爱权更让人放心,看看宋太祖"杯酒释兵权"就知道了。另一方面,她还给中宗这么一个错觉,那就是她根本没有势力,连一个水碾都搞不定,官员都不买她的账,因此,她肯定兴不起什么风浪。这就叫韬光养晦。

太平公主做的第二件事是延揽人才。唐中宗不是给了太平公主很多钱吗?钱是不是好东西,关键看怎么用。太平公主是怎么用这笔钱的呢?她拿这些钱结交了士大夫。当时的士大夫和现在的知识分子一样,一般都比较穷,太平公主非常体恤他们,经常给他们赞助费,简直就像《水浒传》里的及时雨宋公明。这样一来,许多士大夫都成了她的"铁杆粉丝"了,按照当时的说法,叫作"远近翕然响之"。

太平公主这一番举动非常具有政治家的远见卓识,一下就显出了她的政治素质,比中宗李显和武三思都强多了。李显虽然经过二十年的磨炼,但是和第一次当皇帝相比,并没有多少进步,一上来还是先提拔老婆,再提拔手下,这样做怎么能让天下归心呢?而武三思就更差了。当时不是好多人巴结他吗?他一得意,说出了一句名言:"我不知代间何者谓之善人,何者谓之恶人;但于我善者则为善人,于我恶者则为恶人耳。"(《资治通鉴》卷二○八)这句话是什么意思呢?意思就是我不知道天下人管什么叫好人,管什么叫坏人。反正我觉得,只要跟我好的就是好人,不跟我好的那就是坏人。这可不是一个政治家应该说的话呀,只认利益,不分善恶,这样的价值选择标准注定他的路走不长远。

太平公主做的第三件事是联合相王。武则天时期,太平公主和相王李旦都生活在武则天身边,两人的关系本来就比较亲密。神龙政变中,他俩又一起立功,更是被划入了一个阵营。如今,中宗咄咄逼人,这对兄妹也就只能联合自保了。但是,这种联合又不能太明显。如何是好呢?前面不是提到中宗李显利用公主出嫁去拉拢武三思吗?相王李旦也有女儿,也可以好好利用一番。在神龙年间,李旦一共嫁出了两个女儿,一个嫁给了太平公主前夫薛绍的堂弟,另一个则嫁给了太平公主的"铁杆粉丝"薛伯阳。太平公主虽然改嫁给了武攸暨,但是和薛家并没有断了往来。就是通过这样隐蔽的渠道,她和相王李旦暗通声气,休戚与共。

在花尽心思做了这么多铺垫工作之后,太平公主开始对前途比较有信心了。毕竟她是女性,不是哥哥皇位的竞争者,哥哥应该不会对她猜忌太深;而且,她还是武家的媳妇,可以在李、武两家左右逢源。那么,复杂的中宗朝政局又会向何处发展呢?太平公主果然就没事了吗?

第五章
重俊政变

　　神龙二年（706年）的一天，唐中宗李显正在披阅奏书，忽然一双柔软的小手蒙上了他的眼睛。李显笑了，他知道，这是他最宠爱的安乐公主又来和他提要求了。每次安乐公主想要任命什么人，都是这样自己先写好制书，然后要么蒙上他的眼睛，要么蒙上制书的内容，让他签署。一般李显也愿意满足她那些小小的无理要求。虽然如此，李显在落笔之前还是问了一句，这次又是什么事情呀？安乐公主娇滴滴地说，请父皇立我当皇太女。李显一听，一下子就把蒙在自己眼睛上的手拿下来了，说，自古只有皇太子，哪听说过什么皇太女？太胡闹了！这下安乐公主可不高兴了。她说，则天太后不过就是山西商家的女儿，最后还能当皇帝，我是父皇您的女儿，为什么不能当皇太女？中宗没办法，只好说，好好好，就算让你当皇太女，我也得和大臣商量一下呀！连哄带劝，把安乐公主打发走了。中宗接着看奏章，并没有把她真当一回事。可他万万没想到，就是这么一件小事，却引发了一场大祸，差点要了他的性命。这是怎么回事呢？

一、清洗功臣

唐中宗和韦皇后为了巩固统治，联合以武三思为首的武家力量，借助他们打击功臣，同时遏制弟弟相王和妹妹太平公主的势力。有了武三思帮忙，中宗马上制定出一套方案，分三个步骤打击功臣。

第一步，明升暗降。政变不是在神龙元年（705年）二月发生的吗？到五月，武三思就向中宗献计献策了。他说，现在五个大功臣都当宰相，他们恃功专权，恐怕对国家不利啊。那怎么办呢？您可以以尊崇功臣的名义把他们的爵位从公提升为王，给他们荣誉，但是同时罢免他们的宰相职务，去除他们的实权。中宗一听很有道理，马上照办。这是第一步。

第二步，一再贬官。剥夺了功臣的实权之后，武三思又接连炮制出所谓的"王同皎谋反案"和"天津桥匿名信案"两起大案，说部分功臣内外勾结，对皇帝和皇后图谋不轨。通过这两宗案件，许多功臣被贬到地方当刺史，后来一贬再贬，最后都流放岭南了。

这"王同皎谋反案"是怎么回事呢？王同皎本来是李显的女婿，长安年间，李显还当太子的时候，王同皎娶了李显的女儿安定郡主。翁婿一家亲嘛，所以到神龙政变的时候，他也追随李显参与政变，成了功臣。

李显当了皇帝后，提拔他为右千牛将军，掌握兵权。可是，神龙年间李显的主要工作不就是打击功臣吗？眼看着武三思掌权，功臣失意，王同皎愤愤不平，就和人一起密谋暗杀武三思。可是，密谋强调的就是"密"字，王同皎最大的问题也出在这里。

他太天真，对谁都轻信。当时，他好心收留了一个落难诗人宋之问，商量暗杀的时候并没有特别对宋之问保密。没想到文人无行，宋之问恩将仇报，马上告密，结果，王同皎密谋中的暗杀计划胎死腹中，武三思倒反咬一口，说王同皎想拥兵废黜皇后。唐中宗当时本来就害怕功臣，一心倚重韦皇后和武三思，怎么能容忍王同皎的行为呢？当即下令将王同皎斩首，并大肆捕杀同党，一批功臣因此被牵连进来，贬往地方。

那么，"天津桥匿名信案"又是怎么一回事呢？当时功臣不都反对韦皇后干政，而且对韦皇后和武三思的交往颇有微词吗？这件事情人尽皆知，搞得武三思非常不爽。怎么才能扳倒功臣呢？武三思灵机一动，暗中命人写了一份传单，传单上开列韦皇后和武三思淫乱的种种秽行，结尾大书：这样的皇后纯粹是给国家丢脸，还不如废黜了事！然后把传单贴在了洛阳的交通要道天津桥。这份传单杀伤力太大了，又有黄色内容，又有政治宣言，一时间观者如堵，议论纷纷。这中宗哪里受得了啊？马上命人追查。追查来追查去就查到张柬之等功臣的头上了。当时谁都知道功臣和皇后以及武三思有仇啊，所以张柬之等人百口莫辩，都被流放到岭南瘴疠之地去了。

第三步，肉体消灭。按道理讲，贬到岭南已经是九死一生了，但是武三思还不放心，唯恐有一天这些人东山再起。斩草就要除根啊，否则就有"春风吹又生"的危险。怎么办呢？武三思请求中宗派了一个御史到功臣的流放地，把他们就地结果。这个御史到岭南之后一看，五个功臣之中，张柬之和崔玄暐年龄大，体力差，在路上就已经被折腾死了。那就拿剩下的三个开刀吧。这三个侥幸活下来的人可倒霉了：敬晖直接被千刀万剐了。桓彦范被抓住之后绑在竹搓板上，来回拖拉，最后把肉都刮掉了，只剩下骨头，居然还有一口气。怎么办呢？酷吏接着再用大棒将他打死。还有一个袁恕己，平时喜欢养生，整天修炼，吞食黄金，希求长生不老，怎么把他弄死呢？派来的这个杀手对药物学很有研究，知道野葛汁和黄金相克，于是就给袁恕己灌下好几斤野葛汁。袁恕己喝下之后，毒性发作，腹痛如绞，满地打滚，用手抠地到把指甲都磨尽了。而后，杀手又将他捶杀。

就这样，几个大功臣先后命丧九泉，唐中宗彻底没了后患，心里终于踏实下来。

二、后院起火

收拾功臣其实也是在敲山震虎。耳闻目睹神龙政变的功臣都先后惨死，相王兄妹果然被震慑住了，说话办事更加低调。看到自己立威有效，中宗李显总算长长地舒了一口气。可是他万万没想到，刚刚解决了外面的问题，自己家后院又起火了。火源出在太子李重俊身上，李重俊觉得自己太子之位不稳，企图纠集武装力量清洗宫廷，除掉己不利的人。好端端的太子，为何不安其位呢？

原因首先在于韦皇后看不上这个太子。太子李重俊并非韦皇后亲生，他的母亲只是后宫的普通宫女。中国古代皇位继承原则是嫡长子继承制，李重俊既然出身这么低微，他怎么能够当上太子呢？关键是韦皇后的亲生儿子当时已经死了。韦皇后的亲生儿子名叫李重润，在武则天晚年因为议论二张专权，被武则天逼死了。所以李重俊就捡了个便宜，以庶子的身份当了太子。他高兴了，韦皇后心里可是非常不舒服，每次一看到李重俊，就想起自己可怜的孩子，这些荣华富贵本来都应该是他享受的呀，怎么就便宜了李重俊这小子呢，所以整天给他脸色看。

韦皇后冷言冷语、话里带刺也就罢了，更让李重俊不能忍受的是，安乐公主也欺负他，每次相见，都不拿正眼看他。尤其让人忍无可忍的是，安乐公主居然管他叫奴才。这安乐公主是何许人啊？她就是我们在开头说到的那个公主。她可是唐朝历史上一个大名鼎鼎的人物。根据《新唐书·公主传》记载，她是有唐历史上最漂亮的公主，当时号称"光艳动天下"。按照今天的说法就是风华绝代，天下耸动。

本来唐朝就是个盛产美人的时代，中国古代四大美人之一的杨贵妃，就生在唐朝。可是连杨贵妃都没得到过这样高的评价，可见安乐公主有多么令人惊艳！但同时，她也是唐朝历史上苦难最深的公主。怎么回事呢？安乐公主出生的时候，正赶上唐中宗李显最倒霉的时候。当时，李显声称要把天下让给岳父韦玄贞，被武则天抓住了把柄，武则天不光把李显赶下皇位，还把他们全家贬往房陵（就是今天的湖北房县），安乐公主就生在他们前往房陵的路上。一个被赶下台的皇帝能保住命就算不错了，哪里还有什么好待遇？必要的行李、随从一无所有，眼看着小女儿呱呱坠地，可李显连一块包裹她的褓褓都找不到！看着一丝不挂、冻得哇哇大哭的孩子，李显含着眼泪，脱下自己身上的袍子，把小女儿包裹起来。所以，这个可怜的公主小名就叫裹儿。正因为有这样苦难的经历，她又成了唐朝历史上最得宠的公主。一般帝王家的孩子从小和父母很少接触，但是安乐公主却是中宗和韦后亲自带大的，感情特别深。想着女儿小时候一天好日子都没有享受过，中宗夫妇对她不免有负疚之感。两个人也是暗中发誓，一旦有出头之日，绝不让这孩子再吃一点苦。现在李显苦尽甘来，当了皇帝，对安乐公主当然是百依百顺。

安乐公主除了是最漂亮的公主、苦难最深的公主、最受宠爱的公主之外，她还是整个大唐历史上婆家最有势力的公主。安乐公主的婆家是什么人家呢？安乐公主的丈夫叫武崇训，她的公公武三思，是唐中宗最重要的政治盟友。因为有武三思儿媳这么一层身份，安乐公主不但得到父母的宠爱，而且还被父母高看一眼。恃宠而骄是人类最容易犯的错误，安乐公主有了这么多优势，自然骄傲得就像开屏的孔雀一样，哪里还把庶出的太子李重俊放在眼里？太子、三哥一类的称呼一律免掉了，就直接管他叫奴才，还让自己的驸马武崇训也这么叫。这可把李重俊气坏了。

生气归生气，这些李重俊都还能忍，最让他不能容忍的是安乐公主居然要求皇帝立她当皇太女，这不是明显要抢他的位子吗？而皇帝居然也没教训她，还说什么要去征求大臣的意见！这下李重俊可真坐不住了。父皇不会真的要立安乐当皇太女吧？他觉得自己的地位岌岌可危了！

为什么安乐公主这么嚣张呢？李重俊思来想去，觉得皇帝和韦后之所以娇纵她，固然有感情因素，但主要还是因为她是武家的儿媳妇。武三思位高权重，炙手可热，恐怕正因为这层关系，中宗才对她如此纵容吧。换句话说，武三思父子就是安乐公主的后台。再联想到素日里驸马武崇训对自己的欺凌，李重俊对武三思父子更是恨之入骨。

不过，让李重俊琢磨不透的是，武则天被迫退位，武氏本来不是应该在受打击之列吗，怎么现在反而又耀武扬威起来了呢？别忘了，李重俊当时不过是个十几岁的孩子，考虑问题并不成熟，他哪里清楚父亲的政治困境，只是觉得这所有的一切都是上官婉儿惹的祸，说到底还不是因为上官婉儿跟武三思私通？因为他们有这层关系，所以中宗上台后，婉儿极力提携武三思，武三思父子才会东山再起。所以罪魁祸首就是上官婉儿这个坏女人！

另外，这个可恶的上官婉儿替皇帝起草诏书的时候，每次都极力推尊武氏，贬低李家，这真是太让人气愤了！这样想来想去，李重俊心中的敌人逐步明确了：第一，武三思父子；第二，上官婉儿。就是这些坏人让他这个太子当不安生！可能有人怀疑，李重俊难道就不恨中宗、韦皇后和安乐公主吗？毫无疑问，他对中宗夫妇也心存不满，对安乐公主更是没有好印象，但是，他们毕竟是他的父母、妹妹，是皇帝、皇后和公主，李重俊对他们的名分有畏惧之心。另外，他觉得只要把武三思父子和上官婉儿除掉，中宗夫妇不再受这些坏人蛊惑，也就会回心转意。安乐公主没有了后台，也就不会那么骄纵了。敌人明确了，怎么才能结果了他们呢？李重俊头脑一热，心想，干脆搞一场政变吧。三年之前，父亲不就是通过政变，除掉了张易之兄弟，然后才当上皇帝的吗？

三、祸起萧墙

既然要搞政变，那就不是一个人的事了。他得找到支持者。谁是支持者呢？当时有两拨人和他一样，对武三思恨之入骨。第一拨是当年的政变功臣。张柬之等五大臣都被武三思迫害死了，剩下的那些人虽然没死也饱受武三思的打压欺凌，心中很是不平。当时，功臣的代表人物是左羽林大将军李多祚。当年，就是李多祚为神龙政变提供了军事保障。政变之后，他眼睁睁地看着老朋友都死得这么惨，心里很难过，一直想找机会替他们报仇，出一出胸中的那口恶气。李多祚手握禁军兵权，太子向他表明心意，他也愿意冒死再发动一场政变。

另一拨就是残存的李唐宗室。李唐宗室在武则天掌权的时候是九死一生，好不容易盼到云开日出，又是李家的江山了。可是现在看来，这李家王朝的主宰者居然是武三思！他们心里也很不平衡，好不容易收回的江山怎么又转到武家手里了呢？宗室的代表人物是成王李千里，他当时正担任左金吾大将军，既然有太子挑头，他也愿意出兵帮忙。

政变参与者找好了，具体怎么操作呢？李重俊决定兵分两路。一路是主力部队，由太子李重俊本人率领，左羽林大将军李多祚直接指挥，负责消灭李重俊心目中的敌人。另一路是辅助力量，由左金吾大将军李千里率领，负责占领宫城的各个城门，给主力部队的进宫扫清障碍。看起来，这场政变基本上就是模仿神龙政变，到此为止也算干得有条不紊。

经过一番联络安排，神龙三年（707年）七月，李重俊终于发难了。按照计划，李千里很快率兵占领了宫城的大门。李多祚手下的士兵也准备就绪。可是，接下来政变出问题了。出什么问题了呢？李重俊的敌人不止一个，武三思和上官婉儿这两个敌人，一个住在长安城南的家里，一个住在城北的宫里，先杀谁合适呢？想来想去，李重俊觉得武三思父子是主要敌人，应该先杀他们。主意已定，李重俊和李多祚率领三百多个羽林兵，浩浩荡荡直扑城南武三思的住宅去了！到了武家，正是深夜，武氏一家人都在睡梦之中，毫无防备。李多祚和他的士兵手起刀落，武三思父子糊里糊涂就成了刀下之鬼。其他亲戚朋友被杀的还有几十人。我们说过，安乐公主是武三思的儿媳，她在不在被杀之列啊？应该说，虽然李重俊畏惧她公主的身份，但是羽林军的刀剑可是不长眼睛的，如果安乐公主被羽林军发现，肯定也是凶多吉少。不过，上天保佑李裹儿，她这天到宫里去了，根本没有回家住，因此也就躲过一劫。

杀死武三思父子，李重俊和李多祚掉转马头，直扑皇宫。因为事先安排了李千里占领各个宫门，所以入宫相当顺利。三百多羽林军一进后宫，中宗夫妇马上就被外面的喧闹惊醒了，只听见外面的士兵乱喊：交出上官婉儿！正在这时候，上官婉儿和安乐公主闻声也跑了进来，都气喘吁吁，衣冠不整。唐中宗李显一看到上官婉儿那是眼睛一亮，心想，怎么说曹操曹操就到，婉儿啊婉儿，今天我只好对不起你了！

上官婉儿是何等聪明的人，她一看到唐中宗这副表情，马上就明白了，这个糊涂皇帝想要把我给卖了！这还了得！没等中宗开口，婉儿就先说话了。她说："如果交出婉儿能够平息祸乱，婉儿万死不辞！就怕太子得到婉儿之后，会接着要皇帝和皇后的性命！"这番话一下子把中宗给点醒了。是呀，开弓没有回头箭，自己当年搞政变也并没想把武则天怎么样，但是杀了张家兄弟后，不也马上就逼武则天退位了吗？这时候让步，只能是自毁长城！但是，外面的喊杀声已经越来越近，不交出婉儿怎么办呢？这时候，上官婉儿又说话了："玄武门坚固，又有禁军保卫，请皇帝、皇后和公主随我来，到玄武门楼上暂避兵锋！"几个人跌跌撞撞地爬上玄武门城楼，这时候，另一个羽林大将军刘景仁得到叛乱的消息，赶紧率领一百多没有被李多祚带走的士兵赶到玄武门保卫皇帝。

这边护卫皇帝的士兵刚刚列好阵，太子和李多祚的人马就冲过来了，双方就在玄武门城楼下对峙。从李重俊这个角度讲，他怎么办才是正确的策略呢？他应该毫不犹豫地立刻展开强攻。因为他手里有三百多人，皇帝这边只有一百多人，可以乘胜追击，以多胜少。可就在这个时候，李重俊犯错误了。他迟疑了。为什么呢？因为在他的原定计划中，没有打皇帝这一项，他只想杀掉上官婉儿。可现在上官婉儿和皇帝在一起，他是调整计划连皇帝一块儿打呢，还是跟皇帝交涉一下，让他交出上官婉儿呢？两个念头在他脑子里打架了。

大家都知道一句成语叫作兵贵神速，李重俊这一迟疑可是个致命的错误，因为就在他这么一迟疑的工夫，玄武门楼上有一个宦官杨思勖看出门道来了。这个杨思勖长得高大威武，性格强悍，当宦官实在是有些屈才。他对中宗说：陛下，等我下去取他的首级！说完提着刀就冲下来了。还没等李重俊他们看清来人是谁，杨思勖刀锋一闪，一下子就把李重俊的前军总管斩于马下，这真是百万军中取上将首级，如探囊取物，简直就是关公温酒斩华雄的翻版。李重俊的前军总管也是一员猛将，而且还是李多祚的女婿，他这一死，李重俊这边的军心立刻就动摇起来。这边李多祚所率的士兵军心乱了，那边玄武门城楼上，唐中宗的底气也就足了。他趁着手下旗开得胜，趴在玄武门城楼的栏杆上，对着下面的乱军高声喊道："诸位将士听着！你们都是朕的宿卫战士，为什么要跟李多祚谋反？现在你们如果能阵前起义，杀死谋反者，朕保证对你们既往不咎，并保你们享受荣华富贵！"这些士兵本来也都是乌合之众，没有什么坚定的政治理想，他们跟随李多祚替李重俊打仗，一是慑于将军的威风，另外，也是想以后跟着太子混一点荣华富贵。可是现在，无论是太子还是将军，都不如皇帝官大啊，皇帝都许诺他们荣华富贵了，那当然得跟着皇帝走了。所以马上一大半人都倒戈了。兵败如山倒，顷刻之间，李多祚等几个重要将领就人头落地了。

太子李重俊一看事态不妙，赶紧带着几个随从杀出乱军，向南一路狂奔，跑到了终南山。终南山在唐朝的时候山高林密，是个打游击的好地方。太子想在这儿暂时躲一躲风头，然后看看能不能重整旗鼓。可是他好不容易才逃离险境，刚刚下得马来，坐在一棵松树下面想要喘口气的时候，他的一个随从过来，一刀下去，就把他给结果了。这样一来，整个政变彻底失败。

那么，李重俊政变为什么会失败呢？直接原因是他在军事指挥上有两大失误。哪两大失误呢？第一，他没有直扑玄武门，进入皇宫，相反，他绕了一个大弯子，先到城南去了，从城南再杀到城北，失去了宝贵先机。第二，他在玄武门楼下没有实施强攻，而是犹豫不决，反倒被中宗这边先下手为强，最终一败涂地。

那他为什么连犯如此严重而愚蠢的错误呢？这就涉及李重俊的个人素质和人才储备情况了。首先，李重俊还年轻，缺乏政治经验，头脑也不够聪明，政变之前缺乏整体规划，也缺乏应急预案；其次，他没有一帮得力的谋士。以前神龙政变之所以能够成功，主要是依靠张柬之等几个大臣的缜密部署和安排，但是，李重俊没有这样的高参。他仅有的几个太子府官员都是贵族少年，纨绔子弟，除了斗鸡走狗一无所知，根本帮不上他的忙。最后，也是最重要的，是这场政变缺乏后续考虑。固然，李重俊和他的两个将军都只想把武三思父子和上官婉儿干掉。但是他们也应该意识到，一旦兴兵宫阙，也就是与皇帝为敌了。因此，虽然他们主观上可能并不想杀死皇帝，但在客观上，必须把皇帝也作为政变目标。必要时，杀掉皇帝也在所不惜。可是李重俊他们没有这种考虑，他们还天真地想和皇帝寻求妥协，这就注定了他们的失败。

这场政变说白了就是一个孩子的简单大脑指挥武将发达四肢的产物，它仅仅是一场激变，不是蓄谋已久的夺权，所以一遇到问题立刻全线崩溃。

虽然重俊政变失败了，但是对中宗李显夫妇的心理打击还是相当大的。危机刚过，中宗就抱着韦皇后泪如雨下，说，皇后啊，咱们险些就到了阴间呀！一定要严惩这些叛乱分子！怎么严惩呢？中宗命人把太子李重俊的头砍下，先到太庙昭告祖宗，然后到武三思父子的灵柩前祭奠冤魂。这就叫作大义灭亲，法不容情！亲生儿子都这样毫不留情地严肃处理了，其余同党就更不能轻饶了，所有跟这次政变有关的人都必须一网打尽！既然中宗定下了这样的原则，那司法部门就只能是扩大搜索范围，宁可错杀千人，不可使一人漏网。

四、身陷危局

这样一审不要紧，有一个犯人受刑不过，交代说：相王李旦和太平公主也跟李重俊同谋！大家知道，中宗老早就在猜忌他们兄妹，听到这个犯人的供词，马上下令给御史中丞萧至忠，让他审问相王李旦和太平公主兄妹。这下气氛可就紧张起来了，因为一旦走司法程序，就难免会屈打成招，情况非常凶险。所以，此时此刻，无论是相王李旦还是太平公主，都遇到了空前的危机。他们能否躲过这场灾难呢？

前文讲过，相王李旦从武则天时期就小心谨慎，与世无争，大臣对他都充满同情；而太平公主得了中宗的诸多赏赐后，乐善好施，许多官员都是她的粉丝，对她充满了钦敬之情。给这样两个人定罪，官员们不同意啊！

御史中丞萧至忠本来就是太平公主的粉丝之一。接到中宗的命令，萧至忠的眼泪都流下来了，他说："陛下富有四海，怎么就容不下一个弟弟和一个妹妹呢？陛下觉得他们像是谋反的人吗？请陛下想一想，当年您刚刚从房陵回到洛阳，那时相王可还是皇嗣呀，是他跟则天皇帝苦苦哀求，一定要把太子的位子让给您。则天皇帝不同意，他就连续几天绝食，这件事天下人无人不知，无人不晓。他那个时候都不想和您争皇位，现在怎么会参与叛乱呢？"

紧接着，右补阙吴兢也上书说："宗室可是陛下的依靠啊。现在陛下骨肉凋零，身边能够帮忙的只有一个弟弟了，陛下难道还要把他除掉吗？自古信任外姓、疏远骨肉的人可都没有什么好下场呀！"唐中宗一看，大臣们反应如此强烈，他心里也迟疑了。

想来想去，中宗觉得对弟弟妹妹以谋反罪论处难以服人。他们现在已经是安国相王和镇国太平公主了，功格天地，位极人臣，就算是再参加一场政变也不可能得到更多的好处，何必冒这么大风险白给侄子打工呢？既然说这对兄妹参与叛乱不能让天下人信服，中宗也就只好继续表现出友爱的样子，不再追究了。

看起来，太平公主也好，相王李旦也好，这次又逢凶化吉、遇难呈祥了。但是，这件事对他们的触动太大了。本来，兄妹俩都已经决定扮演鸵鸟了，不招惹是非，拼命把头压低。可是，即使把头压得再低，该找上门的事情照样会找上门。那么，太平公主还会遇到什么风浪呢？

第六章

母女乱政

有道是"锦上添花易，雪中送炭难"。正因为有难易的差别，所以大家都喜欢结交能够在关键时刻雪中送炭的朋友，而不太愿意要那种只会锦上添花的泛泛之交，因为在一般情况下，共欢乐总比共患难更容易一些。不过历史上也有相反的情况，有人可以和你共患难，但是却很难和你共欢乐。韦皇后无疑就是这样的人。当年唐中宗被流放房陵，她一路相伴，夫妻俩相濡以沫，吃尽了苦头，共同熬过了那段最艰难的岁月。可是等中宗终于苦尽甘来，咸鱼翻身第二次做了皇帝，韦皇后也夫贵妻荣，登上皇后宝座时，她反倒不愿意好好跟他过日子了。这是怎么回事呢？

一、韦后崛起

太子李重俊发动政变，却因为政变前考虑不周，先期准备不足，政变中又连犯错误，最后以失败告终。可是尽管如此，这次政变在一定程度上还是取得了一定成果，那就是把武三思父子给干掉了。

武三思之死，对于太子李重俊来说，自然可以算是局部胜利，但是对于唐中宗李显来说可就是重大损失了。所以政变平息之后，唐中宗李显给武三思父子举行了隆重的葬礼，而且拿李重俊的人头做祭品来祭奠武三思父子，并追赠武氏父子俩为王，还为他们辍朝五天，就是五天不上班，表现出一副痛失良臣的样子。

唐中宗李显如此悲痛，那么，韦皇后对武三思父子的死又有什么样的反应呢？有些人觉得，韦皇后一定更悲痛啦。因为武三思是她的闺中密友，虽然当初是为了工作需要而打交道，有点逢场作戏的性质，但是后来接触多了，难免日久生情。现在武三思突然命丧黄泉，连句遗言都没给她留下，韦皇后内心难道不难过吗？要是这么想就大错特错了。事实上，武三思一朝身死，没人比韦皇后更开心了。为什么呢？因为她终于可以有出头之日了。这到底是怎么回事呢？

前面说过，为了打击功臣势力，震慑相王李旦和太平公主兄妹，唐中宗李显先是和韦皇后通力合作，然后又一起拉拢武三思，组成了李、武、韦三家政治联盟。在这三方联盟中，李家有名分，武家有实力，那么韦家又有什么呢？韦家在名分上不及李家，在实力上不及武家，在三方联盟中其实是最弱的一方。虽然韦皇后当时也效法武则天垂帘听政，同时开始拼命提拔自己的娘家人，比如让自己的两个堂兄和两个妹夫都当了三品高官，还嫁了两个公主到韦家去，一时间闹得韦家也似烈火烹油，花团锦簇。但是无论怎么折腾，韦家毕竟人员寡少，根基浅薄，在这个联盟中还是处于劣势的。

其实要是换个角度想的话，处于劣势也不打紧，古代不是讲夫妇一体吗，她这一方虽然有点劣势，可是加上李显这方比较强势，夫妻结合起来不还是强势吗？可是韦皇后却并不这么想。这位韦皇后是个极有政治野心的女人，她不想一辈子仅仅给李显当贤内助。十几年的流放生活让她想明白了一个道理——权力这东西太可贵了，如果没有权力，甚至连生命都不能保障。另外，这么多年的共同生活也让她把中宗李显这个人给看透了，这家伙就是个窝囊废，自己比他强一大截呢，为什么一定要去辅佐他，当他的贤内助呢？与其辅佐他，做他背后默默无闻的小女人，还不如干脆自己做皇帝，也尝尝当家做主的滋味。所以韦皇后一直想要出头，并视她的婆婆武则天为偶像。虽然武则天当年曾让她吃尽了苦头，害得她父母双亡、四个弟弟全部夭折，可是一旦自己也当了皇后，处在风口浪尖上高处不胜寒时，韦皇后还是立刻明白了武则天，而且还忍不住把武则天当作自己的楷模，想当个武则天第二。可是理想归理想，现实情况却是，只要有武三思在，似乎就轮不到她出头，她的理想就只能是空想。现在武三思一死，武家势力严重受损，三方联盟的力量对比随之发生了变化，她终于看到了机会。所以，对于武三思的死，韦皇后虽然表面上故作悲戚，背后却幸灾乐祸。

正是在这种"有意栽花花不发，无心插柳柳成阴"的微妙局势下，李重俊政变成了韦皇后势力崛起的一道分水岭。在此之前，她还相对比较收敛；而在此之后，她马上就嚣张起来。政变消弭后，韦皇后和唐中宗李显分别得到了一个尊号，唐中宗被尊为应天神龙皇帝，韦皇后则被尊为顺天翊圣皇后，如果仔细回味一下的话，就会发现这两个尊号与当年唐高宗和武则天并称天皇天后，何其相似乃尔。得到了新的尊号，韦皇后马上信心百倍，高调登场了。那么韦皇后在政治舞台上都有怎样的表演呢？

首要的大事就是积极培植亲信。韦皇后心里很清楚，要想真正掌权，在朝廷里必须有人支持自己。重俊政变之后，高层出现了一些空缺，韦皇后马上安排了自己的堂兄韦温和族人韦安石、韦巨源当宰相。一时间，韦氏一族赫赫扬扬，势头堪比武则天当政时期的武氏家族。

可是，光任用娘家人、任人唯亲也不行啊。韦皇后自己也明白，如果想慑服众臣民，还得施展手段，笼络一些能够得到公众认可的大臣。为了达到这个目的，韦皇后可谓用心良苦，费尽心机。当时有一个大臣叫窦怀贞，读书人出身，早年声望极高，也算是士林领袖之一。韦皇后看中了他的声望和影响力，很想把他纳入麾下，让他成为自己的亲信。怎样才能把窦怀贞笼络过来呢？韦皇后使出了绝招——美人计。

景龙二年（708年）的除夕，唐中宗召集一些亲信大臣一起守岁。长夜漫漫，难免要喝上几杯酒。喝到高兴之处，中宗李显就对窦怀贞说："听说爱卿的夫人已经去世好久了，爱卿难道不寂寞吗？身边也一定缺人打理吧。我已经帮你选好一个新夫人了，今天就是良辰吉日，新夫人已经在里面准备好了，现在我就来给你们主持婚礼！"话音未落，就见殿中重帘一掀，两队宦官举着烛台、锦帐、宫扇等一应器具，走了出来。宫扇的后面站着一个新嫁娘。这新嫁娘凤冠霞帔、大红礼服，脸虽然被宫扇挡住了，但是仍能够看见满头的金钗。见此情状，窦怀贞简直幸福得快晕过去了，皇帝亲自给选的媳妇，那肯定是百里挑一的大美人啊，想不到自己一大把年纪还有如此艳福。这时候宦官把新嫁娘带到窦怀贞面前，随后就都闪到一旁，只剩下一对宫扇和新嫁娘了。窦怀贞也准备好了，看到扇子徐徐张开，赶紧满脸堆笑地凑上前去。可是只看了一眼，他脸上的笑容就凝固了，差点没背过气去。怎么回事呢？原来，扇子后面不是什么温柔俏佳人，而是一个十足的老太太，脸上的皱纹比他本人的还多呢。看到窦怀贞脸色阴晴不定，傻傻地愣在那里，中宗发话了："窦爱卿啊，这位夫人是翊圣皇后的老乳母，是皇后提议把她许配给你的！"窦怀贞一听对方来头这么大，脸上的笑容立刻又重新绽放了，心里盘算着："这老太太虽说老点儿、丑点儿，但是后台硬啊。有她从中斡旋，我就能和皇后拉近关系。这样一来，以后在朝廷里不也就坐稳位置了吗？背靠大树好乘凉，难得皇后抬举，岂有不从之理！"窦怀贞马上又欢天喜地了，当即拉着这个老新娘一拜天地，二拜中宗、韦皇后，然后夫妻对拜，结成了一对老鸳鸯。

就这样，韦皇后通过这么一个老美人计就把窦怀贞给笼络了。按唐朝人的习惯，管奶妈的丈夫叫"阿奢"，从此以后，窦怀贞每次写奏疏都落款"皇后阿奢"。当时有些正人君子很看不上他这种做派，就讽刺他，管他叫"国奢"。窦怀贞不仅不惭愧，反倒是欣然接受，得意非凡。就这样，韦皇后通过种种努力，不光得到了自家人以及原来亲信的支持，甚至连本来依附武三思的那帮人也都陆续聚拢到她的麾下。比如说，当时有一个叫宗楚客的宰相，此人本来是武三思的表弟，这时候也成了韦皇后的心腹。经过这么一番拉拢，韦皇后在朝廷里的势力逐渐壮大了起来。

虽然在朝廷里安插了不少人，也拉拢了一些支持者，但韦皇后还不满足。她从武则天的所作所为中懂得了，后宫也是一条重要战线，在后宫里她也得有人才行。那么，当时后宫里都有什么人才值得她笼络呢？她思来想去，觉得上官婉儿就是头号人才。婉儿聪明能干，在武则天手下办事多年，头脑机警，行政经验丰富，而且在朝廷里也有广泛的人脉。自从中宗李显上台之后，婉儿就开始给中宗做秘书，负责替中宗起草诏书，所以当时有"内宰相"的称号。韦皇后觉得，自己以后肯定用得着她，因此也得把她拉拢过来。

怎么笼络她呢？当时婉儿已经是二品昭容了，从职位提拔的角度考虑，上升空间不大。既然政治渠道不好走，那就从生活上多多关心她吧。韦皇后对上官婉儿的一些生活秘事早有耳闻，知道她生性多情浪漫，在朝臣之中颇有一些密友，只是因为住在宫中，不方便和这些情人约会。于是，韦皇后就向中宗建议，干脆让婉儿住到宫外去吧。她虽然名义上是你的昭容，是你的姬妾，可是实际上咱们都清楚，你跟她的关系也就是工作关系。既然如此，就算给她一点儿私生活空间也没什么不好呀。中宗一想，也是啊，我何必白占着这么一个人呢？于是就下旨，在宫外奖给上官昭容一套豪宅！就这样，上官婉儿以昭容的身份公然搬到了宫外居住，虽然名义上是唐中宗的姬妾，而且还是二品的妾，可实际上倒像是朝九晚五的上班族，每天下班就回家了。这不仅在唐朝历史上是独一份，在整个中国历史上那也是独此一家，别无分号。

那上官婉儿有没有接受韦皇后的好意呀？按照新出土的《上官婉儿墓志》，婉儿对韦皇后母女可没什么好感。据墓志记载，就在安乐公主当皇太女这个问题上，上官婉儿还曾拼死力争，甚至不惜饮鸩自杀，对韦皇后的安排当然也应该坚决拒绝。不过，我们必须知道，所谓逝者为大，墓志一定是要帮死者说话的，因此不可全信。事实上，有充足的证据表明，虽然在太子重俊政变之后，上官婉儿对自己追随韦皇后的事情有所反省，但是，韦皇后给她的好处她还是笑纳了，毕竟自由太可贵了，何况住到外面，还可以更方便地结交大臣呢！

成功地解决了上官婉儿生活上的一个大问题，从而笼络了上官婉儿后，韦皇后觉得还不够。国家的文治武功两手都要硬，后宫也不例外呀。文的已经有婉儿了，武的也得提拔。宫里女人中能有什么武将可提拔呢？但是在刻意搜寻之下，韦皇后还真找到一个另类。当时有一个五品的女官，姓贺娄，从姓氏上就知道这是一位少数民族女性，长得高大威猛，有中性之美。韦皇后很欣赏她，封她为内将军，也就是自己贴身卫队的队长。当然了，既然是公职人员，又有婉儿的先例，这位贺娄警卫长也得到了特别的恩赏，在宫外分到了一套住宅，也成了上班族。就这样，通过类似的手段，韦皇后在宫里头也没少安插人手。

经过对后宫和朝廷里里外外的一番安排，韦皇后觉得自己手下已经是人才济济了，而且她的所作所为也让人很容易联想到当年武则天为了提升自己地位所采取的种种措施。可是，处处以武则天为榜样、反复琢磨武则天经验的韦皇后还不满足。她心里清楚，要想使自己的势力进一步扩张，光有人支持还不够，还得有进一步的动作。也就是说，要树立自己的权威，还得显示自己得到了上天的支持。

因此，韦皇后做的第二件事就是制造祥瑞，非要让上天也表达那么一点意思才行。太子重俊政变刚一平息，天上的各路神仙就开始一拨一拨地围着韦皇后打转了，祥瑞也是层出不穷。

举一个例子，政变后的第二年二月，宫里的一个女官例行公事，给韦皇后整理衣箱。刚打开衣箱，她就惊叫起来："大家快来看，皇后的衣服上升起了一朵五彩祥云！"她这么一叫唤，宫女们呼啦一下子都围了上来，都想一睹祥云的风采。可是大家四下里看了半天，找来找去，谁也没看见祥云在哪里。大家心里嘀咕，觉得是不是这位老姐早晨没吃饭，把满眼冒出的金星给看成祥云了？大家虽然这样想，可是兹事体大，乱说是要掉脑袋的呀。于是，一出唐朝版的《皇帝的新装》，在大唐帝国的宫廷中热热闹闹地上演了。大伙儿都随声附和，赞不绝口，这个说确实是五彩祥云，那个煞有介事地反驳说她看到的是赤橙黄绿青蓝紫，变成七彩祥云了。群雌粥粥，一片沸腾。不到半小时，这个好消息就汇报到皇帝那里了。中宗一听，也是欣喜异常，马上命令画工根据宫女的口述，绘了一幅祥云图，把皇后衣服上腾起的五彩祥云益发描绘得花团锦簇，吉祥得无以复加。中宗先是在朝廷里让大臣们传看这幅祥云图，然后又颁布各州，昭告百姓。一时间天下百姓都知道宫中的皇后身上出了祥瑞。

没过多久，又有一个祥瑞出现了。有一个叫迦叶志忠的知太史事给皇帝进言了。他说："臣每天在退朝时，在路上总能听到长安城的小孩子们在唱一首歌谣。歌谣的头两句是：'桑条韦也，女时韦也。'臣觉得这个歌谣大有深意。'韦'就是皇后的姓啊，

'桑条'不就是在歌颂皇后母仪天下，亲自养蚕、采桑，教导天下妇女吗？所以这是皇后得到上天认可的标志啊，就好比当年太宗皇帝还没有当上皇帝的时候，天下就争相传唱《秦王破阵乐》；则天皇后还在后宫，天下就传唱《妩媚娘》。所以臣编了十二首《桑韦歌》，以后可以在皇后亲蚕的时候演奏。"中宗一听，觉得这建议相当不错，马上就同意了。

就这样，韦皇后运用种种手段，不仅在朝廷和宫里都安插了人手，有了依傍，而且还让上天屡降祥瑞表示垂青。这时候，韦皇后觉得自己可以在天下民众面前好好地秀一把了，让人们看看，她在这个国家究竟处于什么样的位置。韦皇后准备怎么秀呢？她决定亲自参与主持一项国家大典，这也就是韦皇后要做的第三件事。

大家知道，中国古代最隆重的典礼就是封禅了。所谓封禅，是古代帝王为祭拜天地而举行的活动，一般是在泰山举行。所谓"封"，就是天子登上泰山筑坛祭天，而"禅"则是在泰山下的小丘祭地。封禅的目的是向天地宣告人间太平。在活动过程中，皇帝是初献，就是第一个把祭品捧上去的人。而公卿代表是亚献，第二个摆上祭品。但在当年唐高宗和武则天封禅泰山时，唐高宗初献之后，担任亚献的，不再是公卿代表，而是皇后武则天！这件事让她大大出了风头，政治地位也进一步提高。如此既能在当时风光无限又能名垂青史的事情，怎么能不令人极度向往呢？

韦皇后想到这里，羡慕得眼睛都红了，她也想效仿偶像武则天。可是在古代的各种典礼中，因为封禅的规格最高，所以它不能每年都举行，必须是在国泰民安、皇帝广受推尊的条件下才能举行。而此时以中宗的文治武功来说，根本就不具备封禅的资格，怎么办呢？所幸中国古代国家级的礼仪活动比较多，封禅既不可行，还可以退而求其次。于是，在韦皇后的撺掇之下，景龙三年（709年）三月，中宗昭告天下，决定到长安城的南郊举行祭祀天地的大典。

南郊祭天也是最高规格的国家典礼之一，所以事先要求官员们商定行礼的程序。到了这个关键时候，韦皇后在朝廷中积极拉拢的支持者就派上用场了，正所谓养兵千日，用兵一时嘛。帮忙的人还真不少，比如有个叫祝钦明的文人就积极献计，给皇帝上了一个奏表说："臣在翻阅古书时发现，在远古每逢大的祭祀，都有皇后参与献祭。所以这次南郊祭天，韦皇后也应当参加，并助祭天地。"奏表一上，马上有人跳出来反驳说："亏你祝钦明还是个读书人，你还认不认得字，还懂不懂得古人说的话啊？古代皇后可以参加祭祀，但参与的是祭祀祖宗的活动，从来没有听说过有皇后祭天的。"两派各持己见，相持不下。最后怎么办呢？中宗发话了，还是请宰相裁决吧。当时的宰相韦巨源就是韦皇后的同族，他当然同意祝钦明的提议。所以这个仪式规程就这么定下来了。这样一来，继武则天在封禅大典上充当亚献之后，唐朝历史上又出现了一件奇事——韦皇后在南郊祭天的时候也充当亚献了！

充当亚献就得有随从捧上祭品啊，而按照原来一般的程序，如果是皇帝祭天的话，有专职的斋郎替皇帝捧着祭品。斋郎都是由大臣家的年轻子弟充当，在举行完祭祀仪式之后，会得到加官晋爵的殊荣。而现在既然皇后充当亚献，再由斋郎捧着祭品的话，就不合男女有别的礼制了。这可如何是好？韦皇后倒也机灵，她说："既然可以有斋郎，为什么不能有斋娘呢？"从宰相们的千金里选这么十几个姑娘，让她们担任斋娘不就行了吗？这么一来，十几个精心挑选出来的相府千金就组成了一支斋娘队伍，帮着韦皇后捧着祭品，把这个礼仪大典映衬得煞是好看。按照惯例，斋郎在礼成之后都能加官晋爵，那斋娘怎么办呢？韦皇后又发话了，谁说女子不如男，斋郎可以当官，斋娘为什么不行？斋娘也照样能封官！但是，因为限于内外有别的制度，这官不能封给她们本人，而是转封给她们的丈夫。从来都是夫贵妻荣，妻子跟着丈夫沾光，如今韦皇后反易阴阳，整出了妻贵夫荣，让丈夫跟着妻子沾光！

二、安乐弄权

到这个时候，大家都看出来了，韦皇后的种种行为，简直就是当年武则天的翻版。她一方面笼络人心，培植亲信；另一方面则是炮制祥瑞，制造舆论。同时，还参与国家大典，提高威望。这些举措的实施，使韦皇后的势力节节攀升。面对韦皇后所表现出来的效法武则天的野心，当时处于权力核心的其他人是怎么想的呢？有一个人最高兴了，这个人是谁？就是安乐公主。

安乐公主当初因为争当皇太女，激发了李重俊政变。在那次政变中，别人倒都还好，只有安乐公主损失最为惨重，她的丈夫和公公都被杀了，这对她的势力可是个巨大的打击呀。另外，政变后发生的事情也没让她痛快。她本来想提高丈夫坟墓的规格，让中宗把他的墓提升为陵，中宗也同意了。没想到半路杀出个程咬金，有一个谏官坚决反对，说只有皇帝的坟墓才能叫陵，如果建驸马陵，那就是君臣不辨，上下无别。经这么一折腾，事情又给搅黄了。这让安乐公主心里很是不痛快。

正当安乐公主郁闷之际，韦皇后开始大张旗鼓地发展势力，安乐公主一下子又兴奋起来了。为什么呢？她看到了自己的希望。如果韦皇后真的能当皇帝，安乐公主当皇太女的可能性就大大增加了。为什么这么说呢？如果中宗当皇帝，根据中国古代的政治传统和文化传统，必定会选择儿子当自己的接班人，那么女儿安乐公主无论怎样得宠，都很难突破这样一个传统。但是如果韦皇后当皇帝的话，那就完全不一样了。这主要是因为，当时韦皇后已经没有亲生儿子在世了，她唯一的儿子在武则天时期被逼死了。虽然名义上她和中宗还有两个儿子活着，但他们都是中宗的姬妾所生，跟她没有血缘关系。

可能有人会想，没有亲生儿子还可以考虑侄子呀，武则天当年不就在儿子和侄子之间反复权衡与徘徊吗？可要命的是，苦命的韦皇后连一个亲侄子都没有。当年唐中宗被废，韦皇后全家也受到连累，她的四个弟弟都在岭南被少数民族杀了，没有留下后代。因此，韦皇后既没有亲儿子，也没有亲侄子。子侄俱无，谁是她最亲的亲人呢？恐怕就得考虑女儿了吧。虽然韦皇后有两个女儿——安乐公主和长宁公主，可是安乐公主更得宠啊。所以安乐公主觉得，自己就是母亲最亲的亲人，一旦母亲当上了皇帝，这接班人皇太女就非她莫属。有了这样的精神动力，安乐公主又高高兴兴地投入到火热的生活中去了。

最直接的表现就是她又结婚了。这次的驸马名叫武延秀，是安乐公主的前夫武崇训的堂弟。小伙子长得玉树临风，一表人才。当年在安乐公主的婚宴上第一次见面，安乐公主就看上他了。可惜武延秀的父亲不是武三思，否则没准当即就会换他当驸马。夫妻虽然没做成，做叔嫂也不错呀。从此，武延秀就经常到嫂子安乐公主那里做客。一来一往时间长了，安乐公主就发现，这个小叔优点太多了，不仅长得漂亮，而且还很内秀，多才多艺，还会跳突厥土风舞。

武延秀一个中原的小伙子，怎么有机会学到突厥的舞蹈呢？这其实还要拜武则天所赐。当年武则天为了跟突厥搞好关系，曾经派武延秀到突厥和亲，让武延秀娶一个突厥公主。没想到武延秀到了突厥后，突厥人却看不上他，借口武家门户低，配不上他们公主，一定要退货。这下武则天可不高兴了，这不是蔑视我们泱泱大国吗？一气之下，兴兵和突厥人打了起来。这一打仗不要紧，武延秀的命运一下子来了个大转折，从准驸马变成了阶下囚，被突厥人关了好几年，没少吃苦。不过，当年这番悲惨经历也让他有所收获，至少还学会了突厥舞，现在正好用来奉承喜欢新鲜玩意儿的嫂子。所以说，这两个人其实早在武崇训活着的时候就已经暗度陈仓了，现在既然武崇训死了，武延秀就顺理成章地由替补转为正式的了。

安乐公主本来就深得韦皇后宠爱，再加上如今政治前途又无比光明，所以这次婚礼办得相当风光。怎么个风光法呢？引导整个婚礼队伍的不是一般人，而是皇帝自己的禁军。禁军后面是皇后的仪仗队，现在也暂时借给安乐公主了。再后面是公主的豪华婚车，这车可是专门给皇后参加大的礼典活动配备的，现在都归了安乐公主，并由亲叔叔相王李旦在前面引导。整个婚礼过程用一个词形容，那就是僭越。婚礼过后，中宗还特别大赦天下，以示普天同庆。

这还不够，婚礼结束的第二天，中宗又在内殿两仪殿大宴全体文武大臣。大臣们刚刚排班坐好，安乐公主出来了，先拜皇帝皇后，然后回过身来，说要拜见群臣，慌得大家赶紧离席，都趴在地上给安乐公主磕头，连说臣可不敢当。一看场面如此热烈火爆，太平公主也坐不住了，赶紧表态助兴。她来到武官席上，拉起自己的丈夫武攸暨，当场跳了一曲双人舞，向中宗夫妇贺喜，也向安乐公主夫妇祝福。总之，这场婚礼不仅礼仪规格超标，而且简直就像示威一样，让叔叔相王和姑姑太平公主都不得不低下了头，文武大臣就更是不在话下。

　　眼看爱女出尽了风头，韦皇后也非常高兴。母女之间在政治上相当默契，俨然就是一个政治联盟。回顾一下韦皇后这些所作所为，乍看起来都是当年武则天的翻版。安乐公主的作为，也可以小小地比附一下当年武则天的侄子武承嗣。但是，当年武则天用炮制祥瑞、拉拢百官等方法以求得自身名望与权威的上升，可以说是第一个夸姑娘的脸长得像苹果的人，那叫天才；而韦皇后也通过类似的手段"东施效颦"，就成了第二个夸姑娘的脸长得像苹果的人，是蠢材了。

　　为什么这么说呢？因为武则天整整用了三十年的积累，卧薪尝胆，才达到可以改换天命的程度，而韦皇后从当上皇后开始到最后以失败告终，她的积累满打满算也只有不超过五年的时间。她太急于求成了，所以即使模仿得再像，效果肯定没有武则天好。另外，武则天之所以有那么高的威望，主要还是因为她个人多年的成就；而韦皇后的威望以及势力的节节攀升，其真正来源却是丈夫唐中宗对她的纵容。可以说，正是中宗这个让她瞧不起的窝囊废，像一棵大树一样撑起了她的天空。可是，她殚精竭虑所要做的，恰恰是要挖这棵大树的根系，把这棵大树摆倒，取代中宗的统治。那么在这种情形下，中宗还会继续纵容庇护她吗？

第七章
中宗之死

中国古代一直讲男尊女卑，夫为妻纲。但是在实际生活中，怕老婆的传统也是源远流长。唐太宗时的宰相房玄龄就是有名的怕老婆，还衍生出"吃醋"这个人尽皆知的典故。山东地区甚至还总结出来一句俗话，叫作"怕婆子，有饭吃"。就是说一个男人如果怕老婆，可能日子会过得更加安稳。

唐中宗李显也是一个怕老婆的人，他也确实有饭吃，吃上了皇帝这碗饭。但是，景龙四年（710年）六月的一天，就在他吃完老婆韦皇后派人送来的饼之后，却离奇地死亡了。而且根据史书的记载，他是中毒而死。唐中宗之死可是唐朝历史上一桩著名的公案，他真的是被自己的结发妻子毒死的吗？要想知道这件公案的来龙去脉，我们先要看看唐中宗到底是一个什么样的人。

一、新好男人

唐中宗是个什么样的人呢？

唐中宗首先是个贤夫良父。他的贤良还是从流放开始的。那是在嗣圣元年（684年）二月，刚做了三十六天皇帝的中宗李显被母亲武则天废黜，流放到房陵。此后，政坛一有风吹草动，母亲就派人去"慰问"他，而李显一听说母亲派人来，就不由得心惊胆寒，想要自杀。幸亏妻子韦氏一次次地鼓励他，才让他有了活下去的勇气。而流放途中生下来的小女儿安乐公主，从小聪明伶俐，也给他带来了无穷的快乐与希望。正因为在患难中，李显曾经深深体会到太太和女儿带来的温暖，所以复位之后，他对太太和女儿都是出名地好。也许爱之深，才会惧之切吧，反正当时宫里宫外都知道唐中宗怕老婆。

有一天中宗在宫里举行宴会，叫了好多艺人来助兴。有个艺人自告奋勇上来说，我想唱个曲子，曲名叫《回波辞》，词是新编的，有点得罪皇上，不知道皇上听了会不会不高兴。唐中宗鼓励他唱。这个艺人便唱道："回波尔时栲栳，怕妇也是大好。外边只有裴谈，内里无过李老。"这是什么意思呢？《回波辞》是乐府的一个曲名，有固定的格式。第一句中的"回波尔时"是开头固定的一句套话，"栲栳"是一种竹筐，在这里没有意义，就是确定一个韵脚。第二句就有意义了，说怕老婆也是一件大好事。接着第三句就举了一个怕老婆的典型例子，说宫外怕老婆最有名的人是裴谈，第四句说宫里也有一个典型，那就是李老，唐中宗李显。

裴谈和李显为什么能得到"李唐王朝最怕老婆的人"这样的

荣誉称号呢？咱们看看裴谈的先进事迹就知道了。裴谈当时是御史大夫，三品高官，在外面也是威风凛凛，吆五喝六的。可是到了家里，对夫人总是俯首帖耳，唯唯诺诺。好多人都觉得费解，就问他，你怎么这么怕老婆啊？他便说了一段非常经典的名言。他说："妻有可畏者三：少妙之时，视之如生菩萨。及男女满前，视之如九子魔母，安有人不畏九子母耶？及五十六十，薄施脂粉，或黑或青，视之如鸠盘茶，安有人不畏鸠盘茶？"什么意思呢？他说，我怕老婆那可是一以贯之，从来都怕。我老婆让我害怕有三个原因：当她是妙龄少妇时，看起来就像菩萨般模样，哪有人不怕菩萨呢？等到她为我生儿育女、儿女绕膝之后，她就像九子魔母，哪有人不怕魔母呢？等到她年老色衰，脸上施了脂粉，黑白不匀的，活像一个鬼，哪有人不怕鬼呢？"鸠盘茶"是梵语，意思是啖人精气的鬼。

艺人唱完这首曲子，大家哈哈大笑。那艺人便笑嘻嘻地看着唐中宗夫妇。唐中宗在一旁也只能嘿嘿干笑，不敢有别的表示。看看中宗尴尬的模样，韦皇后发话了，说："唱得有趣，赏！"马上赏给艺人好多丝绸。李显也无可奈何。这样看来，把李显和裴谈相提并论，真是一点儿都没冤枉他。

既然怕老婆，那在工作和生活方面就得服从太太需要了。工作方面，他不仅让韦皇后公开参政，而且还帮助她大张旗鼓地发展势力，让她和自己处于并尊的地位；在生活上，就更有水平了，他居然容忍韦皇后包养情人！有人要怀疑：你说的情人是不是武三思呀？武三思跟她的关系不是工作关系吗？这没有错，问题是在武三思死后，韦皇后真的有情人了。她的情人在史书上留下名字的有两个，一个叫杨均，一个叫马秦客。这两个人各有优势。

杨均特别擅长烹调，想来韦皇后比较喜欢美食，所以爱屋及乌，也喜欢能做美食的；美食吃太多了难免会得消化系统方面的疾病，正好马秦客是个医生，可以负责调理保健。

那么，韦皇后有这么好的老公，为什么一定要包养情人呢？而且好像品位也不怎么高，一个是厨师头儿，一个是医生。想来在韦皇后的心目中，婆婆武则天就是榜样，只要是婆婆曾经做过的，她也要一样不漏地模仿一遍。武则天包养情人，韦皇后也要包养情人。只不过武则天是在唐高宗死了以后才开始包养男宠的，而她迫不及待，把什么事都提前做了。唐中宗不是怕老婆吗？风声传出来，他也唯有听之任之，虽然绿帽子戴了一顶又一顶，他却表现出大海一样宽广的胸怀。

对夫人如此，对女儿安乐公主，中宗就更娇纵了。安乐公主想要办什么事，都是自己直接拟好了诏书，让中宗签字。政治上的大事都可以这样决定，生活上的琐事就更不在话下了。安乐公主不是漂亮吗？人靠衣裳马靠鞍，美人还得靠靓装。安乐公主最著名的衣服叫作"百鸟羽毛裙"。这可是在中国服装史上占据一席之地的漂亮裙子。一共做了两条，都是用各种鸟的羽毛织成的，五彩斑斓，材料稀罕就不用说了，做工更是考究得出奇。裙子织出来后，从正面看是一个颜色，从旁边看又是一个颜色；放在太阳底下看是一个颜色，放在阴影里看又是一个颜色。一条裙子可以当四条穿。而且再仔细看，裙子上织的是花、鸟、兽的图案，每一只鸟兽只有小米粒那么大，难得的是微缩之后还能栩栩如生。把整个成本算下来，每条裙子就值一亿钱，比打一条金裙子还贵。

当时为了给安乐公主织这条裙子，唐中宗动用国家力量到岭南去采集热带鸟的羽毛，经过一番围剿，好多珍稀鸟类都不见了踪迹，简直就是一场生态灾难。

爱屋及乌，中宗对安乐公主的宠爱也延续到了外孙子身上。安乐公主跟武崇训生的儿子才四五岁，就官拜太常卿，爵封镐国公，实封五百户。武崇训被李重俊兵变杀死后，安乐公主再嫁武延秀，他们的孩子满月那天，中宗和韦皇后又亲自到她的宅第祝贺，并且在安乐公主的府邸颁布大赦令，大赦天下，让全国人民都沾染一下公主降诞麟儿所带来的喜悦之情。

翻遍史书，唐中宗只在两件事上没答应安乐公主的要求，一件是"皇太女事件"，另一件则可以叫作"昆明池事件"。安乐公主不是请求中宗立她当皇太女吗？中宗虽然觉得为难，但还是答应和大臣商议。第二天，中宗就找到宰相魏元忠，把事情跟他说了一遍。魏元忠在武则天时期就以耿直出名，一听这事就火了。说：陛下您怎么这么糊涂呢？且不说自古从来没有"皇太女"这个职衔，就算您打定主意自我作古，独创这么一个职衔，也要考虑一下后果啊！您若立安乐公主当皇太女，那让驸马当什么呀？中宗一想也对呀，毕竟当时还是父系男权社会，讲夫为妻纲的，要是让安乐当皇太女，以后这天下不又成了武家的！没办法，只好转回来跟安乐公主讲："不是我不愿意让你当皇太女，是宰相魏元忠那里通不过。"这可把安乐公主气坏了。她破口大骂："魏元忠这个山东老木头疙瘩懂什么！连阿武子（武则天）那样的人都能当皇帝，我是皇帝的女儿，为什么就不能当皇帝！"真是不知天高地厚，要多傲慢有多傲慢。

那么"昆明池事件"又是怎么回事呢？当时安乐公主和她的同胞姐姐，也是韦皇后的亲生女儿长宁公主比富，比谁的家更豪华。两个人竞相烧钱圈地，把房子都建得像宫殿一样。但是这样斗来斗去很难分出胜负，怎么办呢？安乐公主就想出奇制胜。她请求唐中宗李显把属于皇家的昆明池给她。

这昆明池在长安城可是历史久远，池子本为汉武帝所开凿。当年汉武帝好大喜功，想征伐少数民族政权昆明国。因为昆明国内有滇池，方圆三百里，极为险要，所以武帝特地在长安开凿了这个昆明池，让士兵适应水战。昆明池经过历代帝王的经营维护，在唐朝已是著名的风景名胜区，长安城里找不出第二片，安乐公主想，如果昆明池能成为她的后花园，长宁公主可就没法比啦！可是，这昆明池在唐朝的地位太重要了，相当于清朝的北海，是祖业，而且昆明池旁边还有好多老百姓靠捕鱼捞虾为生，这么多人，往哪儿搬迁啊？综合考虑一下，李显没敢答应。

这下安乐公主可生气了。怎么办呢？她决定化愤怒为力量，充分发扬人定胜天的精神，挖一个比昆明池还大的人工湖！说干就干，安乐公主马上在长安踩点，看中了一块地皮之后，强行赶走了当地的老百姓，当真挖出一个广袤数十里的人工湖，确实比昆明池还大。这个人工湖就取名"定昆池"，明摆着跟老爸示威。

在定昆池里，安乐公主还仿照西岳华山造了一座假山，说是假山，个头比真山也小不了多少，上边栈道萦回，下边碧水曲折，俨然人间仙境。为了确保工程质量，朝廷三品大员司农卿赵履温脱下朝服，挽起袖子，把缰绳套在自己的脖子上，亲自给安乐公主拉车。这都不是斯文扫地的问题了，简直就是拿人当驴使。看到爱女这么折腾，中宗也照样不气不恼。不仅如此，他还带领着文武大臣给安乐公主助兴，与众人在池上泛舟。可见他对安乐公主不是一般地纵容。

能这样忍辱负重哄妻子和女儿开心，中宗李显绝对是个贤夫良父，跟时下流行的新好男人比也毫不逊色吧。

二、享乐皇帝

李显不仅对家人好，对自己也不差。早些年，他颠沛流离，吃的苦头比较多，所以当了皇帝之后，他想着再也不能吃苦了，一定要善待一下自己。怎么善待自己呢？他特别爱玩儿。玩儿什么呢？他最热衷的运动就是打"毬"。这个"毬"有点儿像现代的足球，但是既可以打，又可以踢，还可以骑在马上拿球杆打。在这几种形式里，中宗最喜欢的是打马球。俗话说上行下效，中宗既然热衷此道，那么，整个上流社会都以打球为最高时尚。

唐中宗李显的两个女婿，也就是长宁公主的丈夫和安乐公主的丈夫，为了讨好老丈人，都拼命地苦练球艺，就跟《水浒传》的高俅一样，没事就一门心思地玩球。为了练好球，他们还建了一个高级球场。这球场怎么一个高级法？一般的土场子打起球来容易尘土飞扬，那时候又不兴铺草皮，也没有现在这种塑胶制品，怎么办呢？这两个女婿一合计，在上面洒油，用食用油把整个球场给洒了一遍。这样，无论是人跑还是马奔，跑得再激烈，也不会飞起一个土星儿来。

就这样，马球在当时成为一项风靡一时的娱乐活动。不仅大唐的贵族打，连边塞的吐蕃人也打，而且水平相当不错。

景龙三年（709年），唐朝和吐蕃结束了长期的军事摩擦之后，再次建立友好关系。为了把和平局面巩固下来，中宗派养女金城公主和亲。吐蕃使者到长安来迎亲，提出打一场友谊赛。按照当时的比赛规则，每队派出十名运动员参赛。吐蕃使者和唐中宗都坐在看台上观看。本来唐朝主场作战，应该稳操胜券，可是也不知是唐朝太过轻敌还是吐蕃真的实力太强，反正唐朝一方屡战屡败，连输了好几局。这下唐中宗可太没面子了。怎么办呢？他使出"撒手锏"来了，说我们换人。刚才那是业余队，水平不行，这次我们换上国家队，再跟你们打。可是我们的国家队实力太强了，为了体现公平，这次不是十个对十个，而是四个对十个，我们只出四名运动员和你们打。吐蕃球队一听，刚才你们十个都上还打不过，现在四个就想跟我们较量？真是痴人说梦！没问题，打！过了一会儿，四名运动员神采奕奕地闪亮出场了，只见他们在马上左冲右突，把球打得上下翻飞，吐蕃运动员只有招架之功，再无还手之力。最后唐朝大获全胜，打出了国威。那么这四名王牌运动员是谁呢？其中两个就是刚才提到过的中宗的两个女婿，安乐公主的夫婿武延秀和长宁公主的夫婿杨慎交。还有一个更是大名鼎鼎，他就是李隆基，后来开创了开元盛世的皇帝——唐玄宗。

唐中宗李显不仅喜欢打马球这样比较有技术含量的运动，他还喜欢拔河这样的群众性运动。他为了朝廷的和谐，组织了一个大臣拔河队，让他们比赛。好多大臣都是七八十岁的老头子了，走路尚且不大稳当，更别提拔河了。每次拔赢了就往后倒，拔输了就往前趴，一倒下就好久都起不来，满地乱爬，像乌龟一样。唐中宗和韦皇后、安乐公主看了不由得哈哈大笑。

此外，唐中宗可能由于长期被关押，清冷的时间太长了吧，回到长安这样繁华的大都市后，他特别喜欢凑热闹，喜欢去熙来攘往的地方。长安城最热闹的地方当然是市场了，唐中宗就喜欢到市场看人家做生意。可是当时人认为商人是贱民，皇帝不能老往市场跑，有失身份。怎么办呢？他就在宫里搞模拟市场，让宫女扮成摆摊卖货的，公卿扮成搞批发的小商贩，到宫女这边来买东西。双方讨价还价，有的吵架，有的骂人，还有小偷小摸的。唐中宗和韦皇后看得津津有味，不亦乐乎。这还都是平时的娱乐。到了节日，那就更热闹了。

景龙二年（708年）的元宵节，中宗和韦皇后微服私访，到城里去看灯。可是光他们俩多没意思呀？中宗把几千个宫女也都带上了。浩浩荡荡，好不威风。结果到了市场里，人流涌动，摩肩接踵，哪儿还分得清谁是谁呀？好多耐不住深宫寂寞的宫女就趁这个机会逃跑了。等唐中宗热闹够了回到宫里清点一下人数，宫女只剩下一半了。长安城的好多单身汉都在这一天娶到了从天而降的漂亮老婆。

李显虽然是个快活人，又常常在不经意间与民同乐，但是当时人们还是不大喜欢他，因为他太缺乏治国才华，是个糊涂天子。

三、糊涂天子

李显究竟是怎么个糊涂法呢？首先就是选官太滥了。按照唐朝的制度，官额是固定的。因此只有官位出现空缺，才能补充新的官僚。当时主持选官的有两个人，一个叫崔湜，一个叫郑愔，当年都是武三思的得力参谋，武三思死后接着为中宗和韦皇后效力。这两个人都贪污受贿，不停地法外开恩，增置员外官，一年时间就把三年的官缺都给用完了。当时有一个候选人为了早点当官，给崔湜的爸爸送了礼，结果崔爸爸忘了跟崔湜说了，这个人没选上。礼不能白送啊！这个人就找到崔湜，跟他说，您的一个亲戚收了我的礼，您怎么不给我办事呢？崔湜一听就火了，装出一副公正廉明的样子，说我哪有这样的亲戚呀？我怎么不知道呀？你告诉我是谁，我把他打死！这个求官的一听赶紧说，您可千万别把他打死，打死了您就当不成官了，得回家守孝三年了。崔湜这才知道原来说的是他爸爸，一下子羞得脸红脖子粗。

选官滥也就罢了，关键是在朝廷正常选取的官员之外，还有好多通过非正常渠道当官的。当时唐中宗的两个女儿长宁公主和安乐公主、韦皇后的妹妹、上官婉儿、婉儿的妈妈等一批宫廷贵妇都各有权势，她们想要让谁当官，就越过政府，直接去求中宗。中宗不能驳她们的面子，就用墨笔手写敕令，斜着封上交给中书，表示这是皇帝的私人关系，中书也只好照办。不过，这些宫廷贵妇的面子也不是白用的。官职到了她们手里，可就明码标价了，任何人只要能出钱三十万，就能当上官；实在不富裕的，交钱三万，也可以获得一份和尚道士一类宗教人士的凭证，这样不就不用给国家交税了吗？这样一来，好多卖酒卖肉的商人都摇身一变，成了政府官员。通过这种渠道当上官的，时称"斜封官"，人数比通过正常渠道当官的还多，官厅都挤满了。新官上任，连个坐的地方都没有。有人说武则天时期不也是以官多著称，号称"车载斗量"吗？武则天时期当官的渠道是多，但是还有一个考核关，试用几个月之后，没本事的就要下台甚至被杀头，所以留下来的确实有很多优秀人才，这就叫作"求才贵广，考课贵精"。但是唐中宗就不一样了，他让很多人都当上了官，但是又没有考核淘汰机制，所以把整个政府搞得乌烟瘴气。

更有趣的是，唐中宗任用了这么多官，却不知道怎么处理他们之间的关系。景龙三年（709年）二月的一天，上朝的时候，有一个御史弹劾宰相宗楚客，说他在跟吐蕃打交道的过程中收受贿赂，有卖国行为，直接导致了唐蕃关系再陷危局。你想，宗楚客堂堂一个宰相，被人指斥为卖国，他心里当然非常紧张，所以，也顾不得什么朝仪了，马上跟御史吵了起来："我什么时候卖过国啊？我素来一心为国，你说我卖国，是想陷害我！"然后指天誓日地替自己辩解。按说这里既涉及国家利益，又涉及宰相人格，应该是一件大事吧，作为皇帝应该怎么办呀？他无论如何也得好好调查一下，得出一个是非曲直。那中宗是不是这样办的呢？他没有。他的解决方法是让这个御史和宰相结为兄弟。既然都是一家人，就和睦相处，谁也别再为难谁了。这样的解决方法简直是无厘头，所以当时人都摇头叹气，管中宗叫"和事天子"。

有了这些活生生的例子，我们就明白了，唐中宗是一个糊涂人，无论是修身、齐家还是治国都不大懂行，仅有的一点聪明都用到打击反对派上了，此后再也没有过人的表现。这样的人肯定不会是个好皇帝。但是，他爱家人，对大臣也不苛刻，老百姓的生活也远没有达到水深火热的程度，因此他本应可以当一个平庸的皇帝，花天酒地，了此一生。中国古代这样的皇帝并不少见。但是，景龙四年（710年）六月，唐中宗却突然一命呜呼，死前没有任何征兆。这是怎么回事呢？

四、暴崩之谜

按照两《唐书》和《资治通鉴》的记载，唐中宗李显是被毒死的。《资治通鉴》是这样说的："散骑常侍马秦客以医术，光禄少卿杨均以善烹调，皆出入宫掖，得幸于韦后，恐事泄被诛；安乐公主欲韦后临朝，自为皇太女；乃相与合谋，于饼餤中进毒。六月，壬午，中宗崩于神龙殿。"按照这个说法，韦皇后的两个情人杨均和马秦客害怕自己和皇后私通的事情败露，韦皇后想当皇帝，而安乐公主想让母亲先当皇帝，自己再当皇太女，几方势力都觉得唐中宗碍手碍脚。于是，韦皇后和安乐公主主谋，杨均和马秦客运用专业特长，一个负责做饼，一个负责往里面配毒药，几个人分工合作，一下子就搞出了一碗香喷喷的毒汤饼。这碗毒汤饼是怎么送给中宗的呢？《资治通鉴》里没说，好多影视剧就发挥想象了。最常见的一种想象是唐中宗半夜批奏表，忽然感到肚子饿了，正想吃东西的时候，安乐公主笑吟吟地出现了，手里托着一碗汤饼，说父皇饿了吧，我给您送夜宵来了。唐中宗一看女儿如此体贴，大为感动，一口气吃了个精光，结果吃完没多久，就腹痛不止，七窍流血，一命呜呼。大体情节特别类似于《水浒传》里的潘金莲毒杀武大郎那一出。

为了增强这个说法的合理性，《资治通鉴》在景龙四年（710年）的五月，也就是唐中宗去世的前一个月，还特意加上一笔："五月，丁卯，许州司兵参军偃师燕钦融复上言：'皇后淫乱，干预国政，宗族强盛；安乐公主、武延秀、宗楚客图危宗社。'"有人状告皇后淫乱，公主、驸马和大臣谋逆，这可是大事，中宗当然要把告状人燕钦融找来当面盘问。如果他告状属实，那是国家的政治灾难，必须慎重对待；当然如果是诬告，告状者本人就要万劫不复了。面对中宗声色俱厉的盘问，燕钦融坚持原告，大义凛然。其实，中宗对自己的妻子和女儿也不是完全没有意见，现在眼看着朝廷这些丑事连地方小官都知道了，也觉得颜面无光，于是就默默无语，把燕钦融给放了。没想到燕钦融才出大殿，就被韦皇后的死党——宰相宗楚客派人杀死在殿前。仗义敢言的臣子血溅殿阶，中宗虽然没有追究任何人的责任，但是却头一次对妻子、女儿表现出了超乎寻常的愤怒。韦皇后和她的党羽这才担心起来，开始想对策了。那他们到底想出了什么对策呢？那就是下毒害死唐中宗。

按照这种说法，韦皇后和安乐公主为了争夺权力、掩盖罪行，一个谋杀亲夫，一个谋杀慈父，真是丧尽天良，罪不容诛。但是，我们也知道，历史都是胜利者书写的，而韦皇后和安乐公主又是后来宫廷斗争的失败者，没有话语权。所以我们就不免要怀疑一下了，事情真的是这样吗？我个人认为，虽然韦皇后和安乐公主对权力的热爱有目共睹，虽然史书上没有之前中宗患病的记录，此时死亡显得有点突然，虽然目前所有的史书都众口一词地说，中宗是被妻子和女儿毒死的，但我还是认为，中宗应该不是被毒死的。为什么呢？

第一个理由，在现存史书中，第一次提到唐中宗李显被韦皇后谋杀，是在此后半个多月的一场针对韦皇后的政变中，带有明显的军事动员色彩。就在中宗去世十八天后，太平公主和相王的三儿子李隆基联合发动了针对韦皇后的政变。当时一个政变的将军对手下的士兵说："韦皇后毒死先帝，我们今天要杀死韦后，为先帝报仇！"显然，在这种情况下，说韦皇后毒死中宗只是给政变找一个充分的理由，也是激励士卒的一种手段，不足以作为了解事实的依据。

第二个理由，在《旧唐书·安乐公主传》里，根本没提到她曾经参与毒死中宗。按照《资治通鉴》上的记载，安乐公主是毒死中宗的主谋之一。但是，奇怪的是，完全把安乐公主作为反面教材来对待的《旧唐书》提到了公主想当皇太女、修定昆池等作威作福的许多细节，却根本没提到她还给中宗下过毒。显然，这样的重大遗漏，绝不是因为《旧唐书》的作者袒护安乐公主，只能说在当时人们还不认可安乐公主投毒这件事。

第三个理由，近些年新发现的《安乐公主墓志》虽然提到了唐中宗中毒死亡一事，但话是这么说的："其夫武延秀与韦温等，谋危宗社，潜结回邪，交构凶徒，排挤端善。密行鸩毒，中宗暴崩。"什么意思呢？唐中宗确实是被毒死的，但凶手不是安乐公主，也不是韦皇后，而是安乐公主的丈夫武延秀和韦皇后的堂弟韦温。要知道，墓志是在安乐公主和韦皇后倒台之后书写的，完全没有必要回护这两个人，据此，我们应当可以断定，这两个人确实没有弑父弑夫。至于武延秀和韦温是不是谋杀真凶，恐怕也得存疑，要知道，这两个人并没有接近皇帝、秘密下毒的能量，其实也没有下毒的理由，墓志给他们栽赃，恐怕也是为了给唐隆政变找理由罢了。

韦皇后和安乐公主在死后都以礼改葬。在唐中宗死后半个多月，韦皇后和安乐公主也死于政变。虽然政变打出的旗号是她们两个人毒死中宗罪该万死，但是在政变结束后不久，她们两个却还是被以礼改葬了。所谓"以礼改葬"，就是按照她们皇后和公主的身份下葬。而皇后和公主的身份恰恰来源于她们是中宗的妻子和女儿。试想，如果她们真的毒死了自己的丈夫和父亲，那在唐朝就属于十恶不赦的罪行了，当时的人怎么还能认可她们这种身份呢？所以，以礼改葬本身就是承认她们其实是政治斗争的牺牲品。

第四个理由，韦皇后和安乐公主当时并没有毒死中宗的现实需要。毒死丈夫、父亲和毒死皇帝都是最大的罪，没有十足的必要，谁也不会去冒这个风险。虽然当时不断有人告韦皇后淫乱干政，告安乐公主夫妇图谋不轨，但是唐中宗并没有深究，顶多稍稍流露出不悦之情。韦皇后包养情人之事，唐中宗早就知道了。哪一个妻子会因为自己的丈夫表现出一点不高兴，就想要把他杀死？安乐公主更是这样，唐中宗没有任何对不起她的地方啊。有人会说，她们母女不是想当皇帝吗？唐中宗占着那个位置就是对不起她们啊。不错，韦皇后和安乐公主都想当皇帝，但是当时她们的准备还非常不充分，如果唐中宗在，她们还可以背靠大树，在他的保护下进一步发展势力，根本不可能脑残到想要毒死靠山。

这样看来，说韦皇后母女狗急跳墙，冒天下之大不韪去毒死皇帝的记载并不可信，属于胜利者的谎言。

那么，唐中宗既然不是被毒死的，他怎么会死得如此突然呢？为什么死前没有一点征兆？我想，这就要考虑李显的家族遗传病史了。众所周知，李唐家族有心脑血管的遗传病史，唐高祖、唐太宗、长孙皇后、唐高宗统统患有"气疾""风疾"一类的毛病，这在古代都指心脑血管类疾病。正因为如此，李唐王朝的皇帝们并不长寿，太宗活了五十二岁，唐高宗活了五十六岁，对比父亲和爷爷的寿数，李显五十五岁死亡尚属正常。另外，虽然有的心脑血管疾病患者表现出明显的病症，并且持续发病很长时间，像当年的唐高宗李治那样，很年轻的时候就开始缠绵病榻。但是，也有的心脑血管疾病是以发病急、死亡率高为特征的，这类病症即使到今天也常常令医生束手无策，何况是一千多年前的唐朝呢！所以李显在事先没有表现出什么疾病症状的情况下忽然暴卒，也完全说得通。这样看来，史书上说韦后母女毒死中宗是一个千古冤案。当然，这只是我的一个推测。

但是，无论如何，唐中宗的死，对于当时派系林立、波诡云谲的政坛来说又是一场大地震。而且，更重要的是，中宗在死之前并没有确立太子。那么，李唐这艘大船以后将会由谁来掌舵呢？唐朝又将会发生怎样的政治变幻呢？动荡的李唐王朝将会驶向何方呢？

第八章
韦后专权

景龙四年（710年）五月，长安城突然出现了五万多军队。士兵们都穿着黑色的制服，排成肃穆的长队，无声地行走在天街上，非常引人注目。长安毕竟是天子脚下，百姓们政治敏感度很高，看到这种情形，人们不免三五成群凑在一起议论，朝廷里又出什么事啦？一时间人心惶惶。朝廷里到底出什么事了呢？这就得从唐中宗之死讲起。

一、立储难题

就在景龙四年（710年）的六月，唐中宗李显暴崩。他这一死，对于好不容易才平静下来的李唐王朝来说，那可又是一次大地震。马上，一个问题就摆在所有人面前——接下来，到底该由谁当皇帝呢？按照中国古代的政治传统，皇帝驾崩，应该是太子接班。可是唐中宗李显是暴崩的，也就是突然死亡，死之前他没有来得及立太子。事实上，自从太子李重俊政变被杀之后，唐中宗因为种种干扰，对于再立太子一事一直犹豫不决。再说，他才五十多岁，总以为自己还有好多年的寿数，因此立太子的事情一拖再拖，一直拖到死也没有解决。换句话说，当时根本就没有一个人能够名正言顺地接班。这该怎么办呢？

这时候所有知情人都把目光投向唐中宗的皇后——韦皇后身上了。韦皇后是国母，而且号称顺天翊圣皇后，在唐中宗活着的时候，她就长期跟中宗皇帝一起临朝称制，唐中宗是老大，她就是老二。现在老大唐中宗死了，她就应该是整个李唐王朝最有权力的人了。谁能接班当皇帝，应该主要取决于她的意见。

那么在这个关键时刻，韦皇后又是怎么反应的呢？说实话，韦皇后一下子还真是蒙了，慌了神。这李显怎么说死就死，也不提前打声招呼，丢下这么一个烂摊子，让我如何是好啊？那么，她应该怎么处理呢？按照中国古代的政治传统，如果皇帝死了没有立太子，皇帝和皇后又没有活着的亲生儿子的话，应该让皇帝所有活着的儿子之中最大的那个人来接班，这是最合情合理的，也是最不会引起争议的。

那么在这个时候，唐中宗李显活着的儿子之中，最大的是谁呢？这就得把李显的所有儿子罗列一下了。唐中宗李显一辈子一共生了四个儿子，老大和老三都已经死了，活着的是老二和老四。老二叫李重福，当时已经三十一岁了；老四叫李重茂，当时只有十六岁。李重福和李重茂都是宫妃也就是一般的嫔妾所生，身份上没有区别。那在三十一岁的李重福和十六岁的李重茂之间，应该选择谁当皇帝呢？按照传统，应该选择三十一岁的李重福当皇帝。

但实际情况却是，韦皇后没有做出这样的选择，而且也绝不打算这么做。韦皇后执意挑战惯例自然也有她的原因：第一，她跟李重福有仇；第二，她有自己的政治野心。韦皇后又怎么会跟李重福有仇呢？说起来，那可不是一般的仇，简直算得上是血海深仇。韦皇后认为，李重福是杀死自己唯一亲生儿子李重润的罪魁祸首。为什么她会这么想呢？这还要追溯到武则天当政的年代。武则天晚年不是宠信小白脸张易之兄弟吗，李重润和他的妹妹永泰郡主以及妹夫武延基一起议论二张兄弟干政，被张易之知道了，告到武则天那里。武则天哪能容忍别人对她的生活指手画脚啊？一怒之下，责令李显逼死了重润兄妹，这可是韦皇后一辈子最大的一件伤心事。那么，李重润之死又跟李重福有什么关系呢？原来，韦皇后怀疑李重润私下里议论的事之所以被张易之知晓，就是李重福告的密。因为李重福的妃子恰恰就是张易之的外甥女。她觉得，肯定是这对小夫妻出于嫉妒老大嫡长子身份的阴暗心理，就把老大出卖了，来换取自己的前程。这个怀疑是否属实我们不得而知，但是不管怎么说，韦皇后始终坚信，就是李重福害死了她的宝贝儿子，让她绝了后！所以她一当皇后，马上就把李重福流放了，贬到均州，就是今天湖北省的丹江口市。现在唐中宗死了，韦皇后怎么能再把这个她认定的杀子仇人请回中央，让他当皇帝呢？这是她不选择李重福的第一个原因。

另外，就算李重福跟韦皇后没有仇，她也不会让李重福当皇帝。这就是我们说的第二个原因。韦皇后自己有野心，她的野心就是当皇帝。武则天开了一个女人当政的先河，她的成功让当时的许多宫廷贵妇都跃跃欲试——既然武则天能当皇帝，我为什么不能？我的本事也不差啊。韦皇后也是这些野心勃勃的宫廷贵妇之一。正是出于这种政治野心，所以在唐中宗李显还活着的时候她就效法武则天，跟他一起临朝称制。现在李显死了，她由皇后晋升为皇太后，她觉得自己离皇帝的位置只有一步之遥，自己的女皇梦就要实现了！那么要做一个掌权的太后，然后改朝换代，进而当皇帝，是立一个年长的、有主见的、不好控制的皇帝好呢，还是立一个年幼的、可以任由自己发号施令的小皇帝好呢？当然是立年幼的皇帝好，这样好控制，有利于母后专权。其实这种情况在中国历史上可谓屡见不鲜，早期如东汉的窦太后，晚近如清朝的慈禧太后，都是废长立幼，自己专权。所以即便仅从这个因素考虑，韦皇后也不想让三十一岁的李重福接班。既然不立李重福，就只能立十六岁的李重茂了。可是，废长立幼不合法理，在名分上不好交代，怎么办呢？

二、婉儿草诏

韦皇后思虑再三，最后还是决定，干脆利用一下死皇帝唐中宗，以他的名义颁布一份遗诏，让小儿子李重茂接班，不就可以解决这个问题了吗？毕竟皇帝的遗命具有无上权威呀。另外，自己以皇太后的身份临朝称制，也最好写进遗诏之中，这才名正言顺，当年武则天不就是这么干的吗？所以，当务之急就是给中宗炮制一份遗诏，只要遗诏一出来，一切问题都好办了。那这个遗诏怎么撰写，由谁来主笔呢？韦皇后把当时的第一才女，同时也是机要秘书的上官婉儿找来了。跟她如此这般地说了一通，让她草拟一份所谓的中宗遗诏，拿这份遗诏说事儿。

朝中文人学士不少，韦皇后为什么一定要让婉儿来起草遗诏呢？这也是有所考虑的。首先，伪造遗诏是个阴谋，是不能拿到光天化日之下曝光的，因而最好在内宫悄悄解决，而婉儿的身份比较符合要求。其次，婉儿也是韦皇后的心腹，中宗一朝长期在后宫帮忙起草诏书，为人既老练又谨慎，韦皇后相信她能把事情办好。

韦皇后把事情交给婉儿，这下婉儿可到了人生的一个大关节上了。这个遗诏怎么个拟法呢？婉儿开始开动脑筋了。按照韦皇后的授意，这个遗诏无论如何得包含两个方面的内容：第一，让十六岁的李重茂接班当皇帝；第二，让韦皇后辅政，就像当年的武则天一样，裁决军国大事。

关于第一点，婉儿觉得没什么问题。既然唐中宗死了，继承人当然要从中宗活着的两个儿子中选择。当时老二李重福已经被流放外地，而且素不得宠，就算是中宗活着，也很有可能选择李重茂接班，所以让他当接班人，不会有太大的争议，可以写。可是关于第二点，让韦皇后像当年的武则天那样临朝摄政，这就有点麻烦了。婉儿觉得这样写不行，为什么呢？首先是韦皇后远远没有武则天当年那么大的政治影响力。武则天在当皇太后之前已经当了二十八年的皇后，临朝参政也已经有二十三年的历史了。在这二十三年之中，她有长远的政治纲领，有具体的政治行为，在广大官民之中都建立了崇高的威望，老百姓已经习惯武则天的领导了，这时候唐高宗再在遗诏中写上一笔"军国大事有不决者，兼取天后进止"，并不让人觉得触目惊心。可是韦皇后就不同了，她才当了五年的皇后，这五年还磕磕绊绊，并没有多大的政治建树，人们对她并不熟悉，也不太认可。要是在遗诏之中也写一笔"军国大事有不决者，兼取顺天翊圣皇后进止"，实在难以服众。

而且，李唐皇族的力量相当强大，未必容许韦皇后翻天。因为有武则天的经验在先，所有人都明白，这个时候如果先立一个十六岁的小皇帝，再让韦皇后临朝摄政，那就等于默认让韦皇后走武则天的老路了。过不了几年，韦皇后就会把皇帝废掉，自己称帝。到那时，李唐皇族可就又要倒霉了。要知道，武则天称帝后，把李唐皇族贬的贬，杀的杀，因此到中宗朝仍能幸存下来的李唐皇族，都是九死一生。好不容易翻过身来，他们对那段悲惨历史记忆犹新。这时候再出现一个武则天第二，他们不仅心理上很难接受，恐怕在行动上也很难乖乖就范。何况在所有的李唐皇族之中，还有两个政治强人，一个是安国相王李旦，另外一个就是镇国太平公主。这两个人虽然平常是不声不响，韬光养晦，但实际上都有很大的隐性实力，能量不可小视。先看太平公主。太子李重俊政变之后，太平公主看到韦皇后母女权势太盛，也暗自发展势力，在朝廷里拉帮结派，为此还和安乐公主没少闹纠纷。按照《资治通鉴》的说法，"太平、安乐公主各树朋党，更相谮毁"。事情都不大，影响可不小，连唐中宗都觉得头疼。再看相王，虽说相王身份比太平公主更敏感，平时做事也更低调，但他有五个儿子，而且个个生龙活虎，就凭这一点也让人不敢小觑。唐中宗时代，相王的五个儿子集中居住在长安城东的隆庆坊，坊里本来有一口水井。也不知是地下水位上涨还是什么别的原因，反正后来这井里的水就溢出来了，越溢越多，慢慢积成一个水池。自从相王的儿子住进去之后，这水池里的水就更大了，成了方圆几十顷的一片湖泊。古代老百姓迷信，认为这个地方有龙气，管这个水池叫龙池，叫来叫去就传到了唐中宗的耳朵里。唐中宗非常郁闷，心想，我才是真龙天子啊，相王儿子住的地方怎么能叫龙池呢？不会是相王这一支要发达的征兆吧？他越想心里越不是滋味，就在死前一个月还带着大批人马来到隆庆坊，在相王儿子的宅邸之前搭建彩楼饮酒，又到隆庆池里泛舟，还拉了几头大象沿着湖水踩了一圈。表面上是来看亲戚，其实是在搞厌胜，想压住隆庆坊里的龙气。从这件事我们也可以看出来，别看相王不声不响，但是无论老百姓还是中宗，都很把他当一回事。景龙三年（709年），中宗派金城公主和吐蕃和亲，吐蕃使者送给唐朝四份厚礼，一份给中宗，一份给韦皇后，另外两份送的就是相王和太平公主。可见这两个人实力之强，声威之盛，已经远播到周边民族那儿去了。而他们能够容许韦皇后再次推翻李唐王朝当皇帝吗？婉儿觉得，他们没这么好欺负。

还有，婉儿本身也不看好韦皇后。她不是韦皇后的心腹吗？韦皇后不仅在政治上信任她，还在生活上关心她，别的宫廷贵妇都得老老实实待在宫里头，婉儿却可以住在宫外，自由出宫入宫，这是多大的恩情啊，她怎么会不喜欢韦皇后呢？没错，上官婉儿在相当长的一段时间内既是唐中宗的心腹，又是韦皇后的心腹。但是，在太子李重俊政变之后，她的态度变了。发生什么变化了呢？她听人劝了。当初，武三思还活着的时候，婉儿在中宗皇帝和权臣武三思面前都很吃得开，对朝廷有很大的影响力。正所谓"一人得道，鸡犬升天"，婉儿既然发达了，也不忘拉扯亲戚，就把她姨妈的儿子王昱安排到朝廷里当了左拾遗。王昱头脑很清醒，得到提拔后并没有沾沾自喜，反而劝婉儿的母亲郑夫人说："则天之后，武家已经被上天所厌弃了，不可能再当皇帝。如今，婉儿姐姐一心依附武三思，总有一天会有灭族之灾，请姨妈好好想想，也劝劝姐姐吧！"郑夫人把王昱这番话婉转地告诉婉儿，当时婉儿还不以为然，但等到太子李重俊起兵，居然打出杀死武三思和上官婉儿的旗号后，她终于开始害怕了，果然被王昱不幸言中！聪明人都会举一反三，既然武三思作为外戚干政不讨人喜欢，韦皇后干政又怎么样呢？婉儿觉得，他们俩半斤八两！武三思、韦皇后这些外姓势力这么招人恨，又没什么真正的能力，自己跟他们绑在一起可不会有什么好结果。所以重俊政变结束后，婉儿倒是有意识地疏远韦皇后了。

既然开始疏远韦皇后，那么她想要亲近谁呢？她想亲近李唐皇室，因为婉儿觉得，既然像武则天这样的政治强人最后都选择了回归李唐，可见李唐王朝复兴是大势所趋。这是一个大是大非的问题，在这个原则问题上，自己绝不能站错了队。可是，在此之前她跟韦皇后走得太近了，想要亲近李唐皇室也不好转圜。现在，机会终于来了，何不利用起草遗诏这个机会，向李唐皇室伸出橄榄枝呢？可是，怎么才能让这份遗诏既符合韦皇后的设想，又体现李唐皇室的利益，还能让人明白她的功劳和用心呢？

就在这个时候，上官婉儿想起一个人，就是大名鼎鼎的太平公主。当年上官婉儿和太平公主是打过交道的，在扳倒武则天的神龙政变之前，太平公主曾经找过上官婉儿做内应，两个人关系亲密，有过良好的合作。从那时候开始，上官婉儿就知道太平公主既有谋略又有胆略。现在事态既然发展到了这一地步，何不跟她商量商量呢？事关她自己的切身利益，她应该感兴趣，不妨听听她的想法。更重要的是，有她在旁边见证自己是一心一意为李唐皇室着想的，以后李唐皇室一旦得势，自己这个人情才不会白做——由此也可看出，上官婉儿着实是一个极聪明的女子。就这样，上官婉儿连夜请太平公主入宫协商。太平公主也是个足智多谋之人，而且唐朝的公主跟自己娘家的感情非同寻常也是不争的事实，所以婉儿把事情经过一讲，太平公主马上心领神会。两人连夜起草好了一份遗诏。遗诏重点内容一共三条：第一条，立温王重茂为皇太子；第二条，韦皇后知政事；第三条，相王李旦参谋政事。

通盘考虑一下遗诏就会发现，前两条都是完全符合韦皇后的设想的，关键是增加了第三条。毫无疑问，太平公主和上官婉儿想要让相王李旦代表李唐皇族，平衡、牵制韦皇后的势力。这情形有点像清朝咸丰皇帝驾崩前留下诏书，一方面让慈禧和慈安这两宫皇太后替小皇帝掌印，另一方面又让肃顺等八大臣辅政，让他们互相制衡。当时上官婉儿和太平公主也是出于这种考虑。

那么我们怎么评价这个方案呢？我想，这份遗诏可以从三个角度评价。首先，它是一个折中方案，兼顾韦、李双方利益，非常符合婉儿一贯的骑墙风格，两边都不得罪。其次，这也是一个日后必然引起麻烦的方案，既然天无二日，国无二主，如果执行这个方案，为了夺取最高权力，在韦皇后和相王之间必将有一争。最后，这也是一个倾向于相王的方案。虽然谁胜谁负难以预料，但以相王为首的李唐宗室至少取得了在同一个平台上和韦皇后竞争的资格，所以这个方案又是亲相王的。出台这个方案，当然太平公主没少出力。按照婉儿和太平公主的想法，是先拿这份遗诏行缓兵之计，让相王有个正式参政的名分，然后再慢慢考虑将来。这份遗诏能够考虑得这么八面玲珑，也算是煞费苦心了。上官婉儿在中宗朝号称"女中宰相"，这恐怕也是她发挥作用最大的一次了。那么，这份精心炮制的遗诏能够顺利执行吗？

三、韦后坐大

然而这份遗诏并没有得到顺利执行，因为刚一拿到外廷宰相那儿，马上就有人出面否决了。谁胆子这么大，敢否决遗诏呢？就是当时的首席宰相——中书令宗楚客。他是武则天堂姐的儿子，也就是武则天的堂外甥，长得英俊潇洒，个子高挑，肤色白皙，挂着几缕长髯，非常符合我们心目中诸葛亮的形象。遗憾的是，宗楚客空有诸葛亮般的相貌，却没有诸葛亮那样的明智和节操，是一个不折不扣的小人。他先是依附武三思，武三思死后又依附韦皇后，靠着武家的背景和不断巴结当权派的手腕当上了宰相。此人野心极大，曾经跟朋友说过这样一句话："开始我当小官的时候，一心想当宰相；现在当了宰相呢，又想当皇帝，哪怕让我过一天的瘾也好呀！"这个野心家虽然想当皇帝，可是他也知道自己离这个位置太遥远了，不过退而求其次，能给以后的皇帝当一个佐命功臣也是个不错的选择。那么谁会是未来的皇帝呢？有了武则天的先例，宗楚客觉得非韦皇后莫属，于是他就铁了心力挺韦皇后。本着维护韦皇后利益的想法，再来看遗诏，宗楚客马上就发现问题了——遗诏怎么能这么写呢？明显对韦皇后不利呀。于是，宗楚客拿着遗诏找另外一个宰相韦温去了。韦温是韦皇后的堂兄，也是当时在宰相之中位高权重的一个人物。宗楚客给遗诏挑毛病说，太子年轻，让他的母亲韦皇后辅政，这是理所当然的，但是相王参谋政事算什么呢？名不正言不顺呀！再说了，相王和韦皇后是小叔子和嫂子的关系，古礼讲究"叔嫂不通问"，按照规矩，互相之间连话都不能讲，现在让他们两个同时辅政，这在朝廷上怎么办呢？遇到问题，这两个人到底是说话还是不说话呀？所以这个遗诏不能执行！

韦温是韦皇后的亲党，当然支持宗楚客。两个人一商量，干脆咱们这些宰相一起联名上疏，要求废除现在这份遗诏，直接请韦皇后临朝称制，不要让相王李旦参谋朝政好了！想清楚之后，两人马上就动员身边的宰相们签字，他们这么一折腾，有的宰相可就不干了。宰相苏瑰嘀咕了一句：遗诏也能改吗？刚这么质疑了一下，就见宗楚客和韦温都恶狠狠地盯着他。苏瑰一看，得了，咱们胳膊拧不过大腿，赶快按他们的意思来吧，也就不敢说话了。就这样，在宗楚客和韦温等人的威逼利诱之下，所有的宰相都签了字，联名上书要求改掉遗诏的有关条款，直接让韦皇后摄政。那这样一来，上官婉儿和太平公主苦心起草的遗诏就失去了作用。原来遗诏中的三条方案重新变回了两条，就是李重茂接班和韦皇后辅政。这对于韦皇后和李唐宗室可都是意义重大。对李唐宗室而言，他们失去了政治上的话语权，处境不利；但是反过来看，篡改遗诏也给了他们一个日后打击韦皇后的口实。那对于韦皇后呢？她作为唯一的辅政者固然势力大增，但是，她辅政的权力既然是通过遗诏确认下来的，现在否决遗诏，其实也就否定了自身的合法性。换言之，篡改遗诏实际上是一柄双刃剑。不过，当时她可没有想到这些。

得到了宰相们的支持，韦皇后一下子信心十足，马上行动起来，准备走当年武则天的老路，开始为当皇帝做准备了。她把中宗死亡的消息暂时封锁起来，先办几件大事。

第一件事是派五百兵丁到均州防范李重福，以巩固太子的地位。既然选择李重茂当皇太子，就得看好李重福，防止他反叛作乱。这就犹如当年唐高宗死后武则天立三儿子李显当皇帝，先要派人严加看管被流放的前任太子李贤一样。

第二件事是派两个心腹宰相裴谈和张锡到东都洛阳，稳定东都形势。唐朝实行两都制，东都是洛阳，西京是长安，现在一切大的政治决策都在西京长安进行，东都洛阳也要派人防范，以控制事态，防止东方生变。

第三件事是安抚以李旦为首的李唐宗室，防止变生肘腋。既然废除了遗诏，就等于取消了李旦参谋政事之权，损害了李旦的利益。为了给李旦一个圆满的交代，韦皇后把李旦升为太尉。太尉是一品官衔，做到一品官，官已经做到头了。除了升官之外，她还要再给他封爵。李旦本身已经是安国相王了，也已经到了顶点，还能怎么笼络呢？那不难。韦皇后又封李旦的长子李成器为宋王。按照她的想法，李旦一家出了两个亲王，也应该知足了，李旦应该被安抚好了，不会闹事了。

第四件事是控制政府，取得宰相集团对韦皇后的支持。这件事对韦皇后稳固位置意义重大，但是当时似乎并不难办，因为韦皇后早就做好准备了。自从武三思死后，韦皇后就开始逐渐在宰相之中渗透自己的力量，所以政府里支持者不少，大部分或是像宗楚客这样的铁杆支持者，或是像韦温这样的娘家人。现在正是用人之际，韦皇后不吝官赏，又火速提拔了吏部尚书张嘉福、中书侍郎岑羲、吏部侍郎崔湜当宰相，这几个人久经考验，政治上也非常可靠，有他们在，韦皇后也觉得很放心。

第五件事，也是最重要的一件事，就是掌握枪杆子，解决军队问题。李唐王朝的军队分为府兵和禁军两个系统：府兵是民兵，是从各地抽调来的，任务是轮流到京城值勤，保卫中央；禁军是职业兵，常驻京城，专门负责保卫皇帝。现在韦皇后要想掌握枪杆子，就必须两个系统都抓。她先召集五万府兵到长安集合，把他们分成左右两个营，让她的两个娘家堂侄掌管。这两个小伙子既是韦皇后的娘家人，又都是中宗的驸马，政治上非常可靠。这是府兵的系统。再来看禁军，当时禁军系统内部又分成两支力量，一支叫作飞骑，另一支叫作万骑，这两支队伍都是各分左右，所以禁军实际上是四支队伍，一共需要四个统帅。韦皇后安插了两个韦家子弟，一个娘家外甥，还有一个就是自己的亲生女儿安乐公主的丈夫武延秀。这四个人都是韦家亲信，政治上就更没的说了。府兵和禁军的六个最高将领都属于"韦家帮"，她又任命自己的堂兄韦温总知内外兵马，总负责。就这样，在韦皇后的安排下，长安城一下子成了一个大兵营。这时候虽然中宗还没有发丧，可是老百姓一出门就看到这么多士兵出入，也就知道，国家恐怕又出事了。

把这五件事都部署完毕之后，韦皇后才昭告天下，沉痛宣布唐中宗李显不幸因病逝世。给中宗发丧后，她马上安排十六岁的李重茂登基当皇帝，改元唐隆。很明显，韦皇后这一系列部署和当年唐高宗死后武则天的部署几乎一模一样。武则天当年这样部署，不久就当了皇帝，韦皇后也这样搞，她的真实想法如何，其实也就是司马昭之心，路人皆知了。事实上，经过这样一番部署，韦皇后自己也觉得胜利在望了，当年婆婆不就是这么干的吗？

西方哲人曾说过，所有伟大的历史事件总是会重复出现的，只不过第一次是以正剧的形式出现的，而第二次再出现，那就是闹剧了。换言之，看起来相似的历史事件，在不同的历史背景下，结局可能完全不一样。韦皇后和武则天也正是如此。事实上，韦皇后大权独揽，磨刀霍霍，马上激起了李唐皇室的强烈反弹。那么，李唐皇室会采取怎样的行动呢？韦皇后的皇帝梦到底会不会成真呢？

第九章

山雨欲来

　　唐隆元年（710年）六月的一天，长安城里的宝昌寺忽然来了一位神秘的客人。这个客人穿得普普通通，但是气宇轩昂，不像一般的香客。进入寺院大门之后，此人既不烧香，也不拜佛，径直走进一间僧房。跟一个和尚一阵窃窃私语之后，和尚匆匆忙忙地走了出去。眼看着和尚走出寺门，此人这才折回大殿，跪在佛像面前。这个神秘的客人究竟是何许人也？他跟和尚之间有什么交往？要想知道这些事情，还得从唐中宗死后的政局讲起。

一、姑侄联手

唐中宗死后，韦皇后在大臣的蛊惑之下，废弃了太平公主和上官婉儿苦心起草的遗诏，扶立小皇帝李重茂，排挤相王李旦，自己临朝称制，做起了女皇梦。为了早一点当上女皇，她效法武则天，紧锣密鼓地采取了一系列措施，整个长安城也是戒备森严，杀气腾腾。这些措施一出台，马上惹怒了一个人。

谁呢？太平公主。本来，太平公主是个适应性很强的人，无论是李家当皇帝还是武家当皇帝，她都能接受，因为一个是她的娘家，一个是她的婆家。只要她自己小心谨慎，无论在哪一朝都能安享荣华富贵。可是如果韦氏当皇帝，她可就十三不靠了，而且以她的身份，肯定无法见容于新政权！怎么办呢？坐以待毙，这可不符合太平公主的性格；向韦皇后献媚讨好，苟且偷生，这也不是心高气傲的太平公主做得出来的事。那剩下的只有一条路，就是跟韦皇后拼了，置之死地而后生。

跟韦皇后拼，怎么拼呢？派个武艺高强的刺客搞暗杀？那是现代电影里才会出现的情节。太平公主可不是电影导演，她是一个老谋深算的政治家。从武则天晚年开始，她看得最多的事情就是政变了，政变思维在太平公主的脑子里可以说是根深蒂固。现在形势危急，要想挽救李唐王朝，只有搞一场政变，把韦皇后干掉。搞政变是项复杂的工作，光靠太平公主一个人可不行，她还得找帮手。谁能当她的帮手呢？有一个帮手大家立刻就能想到，那就是相王李旦。李旦的处境跟太平公主是一样的，如果韦皇后的野心得逞，倒霉的不仅是太平公主，还有李旦。李旦实力强，又利益攸关，应该是太平公主最合适的合作伙伴。那么，她是不是会去找李旦商量呢？她没有去找。为什么呢？首先，现在正是政治敏感时期，相王目标太大，肯定是韦皇后的重点监控对象，如果此时她和相王联系的话，容易引起猜忌。

另外，太平公主有自己的野心。自从武则天树立了女人也能当皇帝的榜样后，李唐的宫廷贵妇个个胸怀大志，都梦想能在政治舞台上担当主角，太平公主当然也不例外。如果她和李旦一起搞政变，两个人谁主谁次啊？当然是李旦为主，她为辅。因为李旦是男，她是女；李旦是兄，她是妹；李旦是太尉，正经的一品大员，朝廷命官，有公权力，而她只是一个公主。无论是凭性别还是凭实力，她都无法和李旦抗衡。如果她跟李旦合作，人家李旦就是老板，她只是打工妹，无论出多大力都改变不了这个局面。既然政变之中李旦处于主导地位，那么政变成功之后李旦当了皇帝，她也就是一个功臣而已。这和唐中宗时期有什么区别呢？当年她辅佐中宗李显策划神龙政变，政变成功后，她这个功臣不是处处受猜忌遭打压吗？现在再跟李旦合作，一旦政变成功，李旦当皇帝，她的处境比现在好不了多少！辛辛苦苦给别人做嫁衣裳有什么意思呢？太平公主也是个有理想的人，她可不只想当一个参与者，这次她要当主导者。可是，只要跟李旦合作，她就成不了主导者。怎么办呢？怎么能既找到合作伙伴，又保证自己的优势地位呢？正在太平公主反复谋划、一筹莫展的时候，有一个人来找她了。

这人是谁呢？相王李旦的儿子李隆基。李隆基是相王的侧妃窦氏所生，是庶出，在家排行老三，人称"三郎"。他可从小就是个牛人。天授三年（692年），李隆基刚刚七岁，有一天带着自己的卫队去朝堂拜见武则天。当时在殿上值班的将军是武则天的堂侄武懿宗。此人生得矮小猥琐、獐头鼠目也就罢了，偏偏又胆小如鼠。武则天派他率军和契丹人作战，他倒是雄赳赳气昂昂地去了，一路上还在演习操练，耀武扬威。可是，刚到前线，连敌人的影子还没看见一个，只听探马通报一声："契丹人来了！"武懿宗就吓得屁滚尿流，拨转马头向南落荒而逃。当时的诗人看他这副窝囊相，气不打一处来，就写了一首打油诗讽刺他，说他"突然逢着贼，骑猪向南窜"。"猪"又名为"豕"，"豕""屎"同音，这是在讽刺武大将军看见敌人就吓得大小便失禁。就这么个极品人物，没什么别的本事，心理阴暗程度倒是超一流的。仗着自己是武则天的侄子，很是瞧不起李家人，老是想找机会找碴儿。但是他懦弱啊，对李家的成年人还真不敢怎么样，现在一看才七岁的李隆基带着随从过来了，他觉得自己可算找到机会了，就欺负欺负这小孩，抖抖威风！于是武懿宗就对李隆基的队伍瞎指挥："有你们这么排队的吗？到那边去！"摆出一副没事找抽的傲慢样子。没想到年纪小小的李隆基不吃这套，他转过身来，威严地看着武懿宗，说："这是我家的朝堂，跟你有什么关系？我的卫兵轮得着你来教训吗？"顿时就把武懿宗戗得脸红脖子粗，一句话也说不出来。武则天一看自己的小孙子如此了得，不由得哈哈大笑，一点儿也没替武懿宗撑腰。这件事一下子就让李隆基名声大噪。俗话说"三岁看大，七岁看老"，李隆基从小性格刚强，长大之后当然就更加英武了，而且还是一名运动健将。咱们前面讲过，他非常擅长打马球，唐中宗的时候曾作为王牌球员，以四敌十大胜吐蕃队，当时在长安城里引起了轰动。

不过，李隆基可不是个光会打球的小伙子。他虽然年轻，但毕竟从小就在政治旋涡中摸爬滚打，早就深知其中三昧。当年武则天在位的时候，他的妈妈窦夫人离奇惨死，尸骨无存，他自己也和爸爸相王李旦一起被软禁了好多年，整天担惊受怕，真是想想都不寒而栗。现在眼看着韦皇后又咄咄逼人，临朝称制，他坐不住了，难道李唐宗室又要倒霉了？怎么才能拯救李唐王朝呢？左思右想，李隆基也觉得，只有政变一条路可以走了。搞一场政变，既可以挽救李唐王朝，对自己也不无好处。可是政变这条路怎么个走法呢？李隆基思前想后，偷偷溜出家门，直接跑到姑姑太平公主这儿来商量了。

　　一看见李隆基，太平公主就动起了脑筋。政变这么大的事儿，李隆基不去和自己的爸爸商量，倒来找自己，肯定是另有所图啊。他到底有什么想法呀？这李隆基是庶出的老三，在讲究嫡出庶出、长幼排行的古代，他在相王的儿子中并不占优势，无论自身条件有多优秀，都轮不到他接相王的班，更不用说当皇帝之类的好事了。可现在他看出时局有变动的可能，想要瞒着爸爸，自己建立奇功，混一个皇帝当！想到这里，太平公主的眼睛一亮，思忖着：这不正是我要找的人吗？就跟这个年纪轻轻、没有什么名分的三郎合作谋划一场政变吧！这样一来，我是姑姑，他是侄子，我是政坛老手，他是初出茅庐，无论是身份上还是威望上，我都可以占主导地位啊。另外，他既然是相王的儿子，拉上他还可以利用相王李旦的隐性实力，这不是两全其美吗？一旦政变成功，拥立根本不知情的相王李旦当皇帝，再让这个没有什么名分的三郎当太子，就如同平白送给相王父子一个大礼包，他们岂能不感恩戴德，让自己随心所欲呢？太平公主姑侄虽然各怀心事，但是两个人需要相互借力，所以一拍即合，马上达成一致，姑侄联手搞政变！

二、运筹帷幄

那么这姑侄俩怎么联手呢？太平公主说：咱们两个各自发挥优势，我主管幕后策划，你主管联络军队。为什么这样分工呀？这个不难理解，太平公主参加过神龙政变，经验丰富，而且早在武则天时代就以谋略和谨慎见长；另外，她地位尊贵，身份敏感，不能轻易抛头露面，所以非常适合做幕后策划工作。而李隆基是贵族公子哥，平时就爱玩儿，就算是呼朋唤友也不会引人注目，适合做具体的动员组织工作。

一听姑姑的这个分工，李隆基马上拍胸脯保证说："没问题，组织军队的事情包在我身上，我早就跟禁军有联系了。"咱们说过，当时的北衙禁军统称羽林军，下面又分为飞骑和万骑两个子系统。李隆基到底跟哪支军队关系好呢？他跟万骑的交情好，和万骑的两个中级军官葛福顺与陈玄礼都是铁哥们儿。

可能有人会有疑问，李隆基当时只是一个小王爷，怎么会和军人关系这么好呢？这还得从景龙三年（709年）中宗李显搞的南郊祭天大典说起。李隆基在中宗一朝官拜潞州别驾，从潞州回到长安是为了参加这场祭天大典。就在这次大典上，韦皇后担任亚献，还让宰相的女儿担任斋娘，显得风头很劲。这让李隆基倒吸了一口冷气——难道皇后篡权的历史又要重演了？从这以后，李隆基就暗暗多了个心眼，开始加强跟军队的交往了。可是，长安城里的军事系统有好几个，他为什么唯独选了万骑呢？

说起来，万骑在唐朝军队中的地位非同一般。它本来是唐太宗组织的一支贴身骑射部队，最初只有百十来人，号称百骑。这些人都是从官奴隶和少数民族中精挑细选出来的，打扮得与众不同，平时穿着虎皮纹衣服，跨在豹纹装饰的马鞍上，整天跟在皇帝身边，专门负责在皇帝出门打猎的时候随行左右，捕杀猎物。后来随着皇权逐步加强，这支队伍的规模也日渐扩大，达到了一千人左右，当年太子李重俊政变，用的就是这支队伍。后来，中宗站在玄武门楼上喊话，这支队伍阵前倒戈，中宗这才渡过危局。为了表彰他们的功劳，中宗又把队伍的规模扩大到一万人左右，所以号称万骑。尽管规模由小变大，但这支军队和皇帝的亲密关系并没有改变，所以虽然当时长安城里同时存在着儿支军事力量，但只有万骑才是真正的贴身护卫，也是皇帝身边的最后一道防线，地位最为重要。因此如果控制了万骑，在很大程度上就等于控制了皇帝。正是出于这个缘故，李隆基老早就盯上这支军队了。那么李隆基是怎样和万骑搭上关系的呢？他们之间的交往是通过一个内线进行的。

这个内线姓王名毛仲，是李隆基的私人奴仆，也是贴身侍卫。王毛仲为什么能够成为内线呢？因为他和万骑有着相同的出身。王毛仲本来是高丽人，祖上在唐高宗时期当了战俘，成为唐朝的官奴隶，所以王毛仲也是官奴隶出身。后来因为为人机灵，又会武功，被李隆基看中，挑出来成了他的私人侍卫。万骑本来也是从官奴隶之中挑选出来的，所以当时很多的万骑将领，其实都是王毛仲小时候的伙伴。这时，李隆基想要跟万骑联络，就先派王毛仲前去叙旧。王毛仲虽然是个奴才，但也是个聪明人，很快就领会了李隆基的心思，马上跟一批万骑的中层将领打得火热。王毛仲对这些将领既友善，又恭敬，既透着过去的老交情，但是也时时刻刻不忘彼此现在的身份差别。很快，这些军官便和他成了哥们儿，渐渐都觉得离不开他了。王毛仲便抓住时机，把他们引荐给自己的主人李隆基。李隆基也是个会玩儿的人，斗鸡、走狗、打球，样样都来得，因此和这些小军官颇有共同语言。再加上李隆基为人慷慨豪爽，万骑的军官们都觉得这个王爷没架子，所以特别拥护他。有了与万骑的这层亲密关系，李隆基对于组织与动员军事力量，非常有信心。

"栽好梧桐树，引得凤凰来。"就在太平公主姑侄暗暗为政变做准备的时候，有两个人主动向他们靠拢了。哪两个人呢？第一个叫刘幽求。刘幽求在武则天年间制举出身，当了县尉。这个人很聪明，但是心高气傲，因为本州刺史对他言语之间不大客气，他不为五斗米折腰，一气之下就不干了，辞官归隐。就这样，蹉跎了很多年，虽然后来再度出山，可依然当着小小的县尉。当初张柬之等五个大臣搞神龙政变，刘幽求曾经游说他们彻底剿灭武三思的势力，结果五个大臣没有采纳他的意见，后来很快就被武三思陷害致死。而刘幽求想要通过这几个功臣建立奇功的愿望也没有实现。到唐中宗去世时，他早过了五十岁这一所谓的知天命之年，但是天命在哪里，还是模糊一片。反正刘幽求的现实身份就是个小县尉，大材小用，这让他非常郁闷。

另一个叫钟绍京。小吏出身，擅长书法，武则天时期有名的匾额都是他题的，也算是一个挺有本事的人。在唐朝时，官和吏之间等级森严，钟绍京既然出身小吏，也就很难高升。他虽然有些才气，但到中宗一朝，他的职位只是苑总监，主管长安城北面的皇家禁苑，虽说是个五品官，可是管物不管人，实际上没多大权力。把两个人的背景一交代，大家就明白了，刘幽求和钟绍京这两人其实都是野心家，都觉得自己很聪明，但就是不得志，怀才不遇。于是他们整天盼望政局出现变动，好让他们大展拳脚，出人头地。

野心家一般喜欢投靠当权派还是在野派呢？他们喜欢站在在野派一边。道理很简单，因为谁都知道，当权派身边往往是谋臣如云，猛将如雨，没有这些野心家的空间。而在野派则不同，为了获取支持，往往更容易礼贤下士，更愿意不拘一格延揽人才。如今中宗一死，韦皇后自然是当权派，而太平公主和李隆基虽然暂时屈居在野派，但是潜在能量很大，以后很有可能会大有作为。分析了未来政治走向之后，这两个野心家决定要冒一把险，加盟太平公主和李隆基的阵营。

这两人的加盟对于太平公主他们谋划政变起到了什么作用呢？刘幽求和钟绍京都是文人，他们的加入，自然可以充实智囊团。另外，钟绍京入伙还有一个好处，他是苑总监，长安城的禁苑就在皇宫的北面。从禁苑的最南端出来就是宫城的北门玄武门，而进入玄武门，就到了皇帝的后宫了。这玄武门可是唐朝历次政变的必争之地，因此钟绍京一入伙，太平公主和李隆基这一阵营就占尽了地理优势。到此为止，整个政变的组织准备和军队动员都已经基本就绪，可以说是万事俱备，只欠东风，就差引燃导火线了。

三、引爆政变

那么政变最后的导火线是怎么被引燃的呢？当时刚好有两件事凑到一块了。一件事是当时韦皇后集团内有一个高官反水了，另一件事是有几个万骑士兵挨了打。先看第一件事。当时，韦皇后集团中有一个人叫崔日用，此人出身名门望族博陵崔氏，本来是宰相宗楚客的老朋友，两人无话不谈。有一天，宗楚客跟崔日用说："韦皇后现在万事俱备，只等扫清相王和太平公主两个障碍，马上就可改朝换代，到时咱们都会大有作为。"崔日用是个聪明人，虽然喜欢巴结权贵，但是看人的眼光还是挺准的。他其实冷眼观察韦皇后和太平公主两方势力已经很久了，也知道太平公主他们正在酝酿政变。现在听宗楚客这么一吹牛，他忽然觉得自己站错队了，就凭宗楚客这样的人也能当佐命功臣？崔日用无论如何也不相信。冥思苦想了一整夜之后，他决定反水，形势严峻，不能再跟着韦皇后他们一条道走到黑了，投奔太平公主和李隆基这方更有前途。

可是反水就得立功呀，否则如何能取信于人？怎么才能立功呢？这一天，退朝之后，崔日用换上一身便装，直奔宝昌寺。在这个寺庙里，有一个可靠的和尚，也热衷政治投机，平时经常帮他办一些机密的事情。这就发生了在本章开头讲的那一幕。崔日用告诉这个和尚："你赶紧去找李隆基，告诉他，韦皇后很快就要对李唐宗室动手了，让他们早做打算，我可以在内部帮忙。"和尚这一报信，李隆基他们这边也就加紧行动，准备政变了。

正好在这时，又发生了第二件事，就是所谓万骑士兵挨打的事件。这又是怎么回事呢？前面说过，中宗刚死，韦皇后就空降了两个人来控制左右万骑。这两个人一个是韦皇后的堂侄韦播，另一个是韦皇后的外甥高嵩。这两个小伙子在政治上倒是靠得住，但他们都是少年纨绔子弟，从来没在军队待过，不知道怎么和军人打交道。另外，因为是空降的，在军队里没根基，所以唯恐军人们不服气。怎么才能让人服气呢？这两个人觉得，自己得表现得厉害一点。于是，他们无事生非，故意找碴儿，有事没事就找几个万骑士兵打一顿，想靠打人立威。几天下来，万骑里不少人都挨过他们的鞭子。这一下可炸开锅了。这万骑好歹也是皇帝的贴身侍卫部队，本来就比较心高气傲，根本没看上这两个空降的将军。现在这两个毛头小伙子居然敢打他们，真是"是可忍，孰不可忍"！于是，他们就找自己的队长葛福顺和陈玄礼诉起苦来。葛福顺和陈玄礼看着自己的弟兄无故挨打，也很闹心，索性去找他们平时就很信任的王爷李隆基，想听听他的主意。

李隆基一听葛福顺他们的说法，心里不禁一动：何不趁此机会激他们一下呢？于是他便试探着说："韦家子弟这么欺负你们，你们真想这么忍下去吗？他们有什么了不起的？虽说名义上是将军，其实还不就是几个光杆司令！只要你们二位发话，还怕弟兄们不听你们的吗？"葛福顺和陈玄礼这两人也是明白人，一听李隆基话里有话，马上就说："只要王爷您肯出头，我们肝脑涂地也在所不惜！"军队将领这么一表态，李隆基负责组织与动员军队的工作就算完成了。

李隆基这边的军事动员一结束，太平公主那边的政变方略也出炉了。按照太平公主的想法，政变应该分五步走。

第一步，李隆基提前进入禁苑，先在钟绍京家埋伏起来。这是为了就近安排政变事宜，以免临时慌乱，错失良机。

第二步，由葛福顺率领手下将士杀死韦皇后派去的统帅，夺取禁军指挥权。这一步可以确保军队完全掌握在自己手中，不至于内部分化，腹背受敌。

第三步，在禁军夺权后，李隆基亲自到玄武门坐镇指挥，葛福顺和陈玄礼分别率领左右万骑突入宫城，在凌烟阁前会合。之所以兵分两路，是为了防止万一哪个环节出现问题而全军覆没。而李隆基坐镇玄武门，从好的角度考虑，是为了接应；从最坏的角度考虑，是还可以逃跑。

第四步，在接到葛福顺等人会合成功的信号后，李隆基再率军突入宫城，指挥捕杀韦皇后、安乐公主等人，彻底肃清宫内的政敌。这一步考虑得也非常细致，李隆基在确保安全的情况下再正式走上前线，这既可以有效地组织军队歼灭敌人，又最大限度地减少了风险。

第五步，崔日用率军肃清宫外的韦氏势力，防止韦氏势力从外面反扑。

政变的整个过程安排得环环相扣，非常稳健，很能体现太平公主的谋划水平。

唐隆元年（710年）六月二十日入夜，政变正式启动。可是，谁也没想到，计划刚刚进行到第一个环节，就出问题了，而且还是两个问题同时出现。先是王毛仲逃跑了，紧接着，苑总监钟绍京也害怕了，临时打起了退堂鼓。我们说过，王毛仲是李隆基的贴身护卫，也是李隆基和万骑将士之间联络的中介，原本是李隆基的得力干将。可是，就在发动政变的这一天，王毛仲忽然玩失踪，人间蒸发了，哪儿都找不到。很明显，这一举动表明他对政变并不看好。还没出师，身边的亲信就已经临阵脱逃，不禁让李隆基非常丧气。没想到，更让他郁闷的事情还在后头呢。

这一天黄昏时分，李隆基按照计划，换了一身普通工匠衣服，和刘幽求一起来到禁苑之内，打算在钟绍京家和葛福顺、陈玄礼两个将军会合。到了钟绍京家门前，李隆基举手敲门。就在这个当口，钟绍京突然害怕了。自己好歹也是五品官，衣食无忧，还能靠书法特长赚点儿润笔费。可一旦参加政变，成功了固然好，万一失败了，岂不是现有的一切都要失去了吗？这么一想，他就临时变卦了，任凭李隆基在外面怎样敲门，他装聋作哑地就是不开门。这可是李隆基万万没有想到的事情，急得他在外面直跺脚。这该怎么办才好？

就在这危急关头，屋子里面，一位巾帼英雄说话了。此人是谁呢？钟绍京的妻子。她开始给钟绍京做思想工作。她说："你辅佐皇室，这是为国家出力，神仙会保佑你的！再说了，你已经和他们同谋，就算现在反悔，日后调查起来也难逃一死，还不如冒险拼一把呢。"这一番话把钟绍京给点醒了。是呀，我临阵退缩，岂不是两头不讨好吗？于是，赶紧打开家门，把李隆基恭恭敬敬地请了进来。大敌当前，李隆基也表现得相当大度，一点都没有埋怨他，还紧紧拉着他的手坐下来。一场足以令整个政变胎死腹中的危机这才算最终化解。这件事说明什么问题呢？其实，通过这件事，正好可以看出唐朝妇女的风度、胆略和家庭地位。如果没有千千万万个钟绍京妻子这样的女人在平时的生活中当家做主，巾帼不让须眉，怎么能够涌现出太平公主、韦皇后、上官婉儿等一批政治女强人呢？

李隆基在钟绍京家等到二鼓，也就是晚上九十点钟，出门一看，正好天降流星雨。眼看着硕大的流星闪着白光纷纷从夜空划过，站在一旁的刘幽求觉得这是个吉兆，赶紧说："天降流星，这是天意，我们赶紧动手吧。"

李隆基这边一点头，葛福顺那边马上就开始行动了。他率领一队万骑将士，没费任何周折，就大摇大摆地进了北衙禁军的营房。韦皇后不是派了四个人控制禁军吗？两个韦家子弟，一个外甥，还有一个女婿武延秀。当时，只有武延秀和安乐公主一起住在宫里，其他三个都住在营房，已经睡着了。葛福顺和他的一帮士兵进去之后，手起刀落，顷刻之间，几个人的脑袋就被请了下来。葛福顺拎着几颗血淋淋的人头在营房里大叫："韦皇后毒死先帝，想要篡权。今夜我们要杀死韦氏，奉相王当皇帝！只要是韦家的人，比马鞭子高的，一个都不留！谁要是怀有二心，帮助逆贼，日后定株连三族！"万骑士兵早已经恨透了韦家的这几个将军，当即纷纷表态，坚决追随葛将军！北衙禁军的另一支队伍飞骑，一看韦氏将军的脑袋都已经在葛福顺手里了，也赶紧表示服从。安抚完士兵之后，葛福顺把那几颗人头拿给李隆基，李隆基举着火把凑近一看，没错，就是这几个人！把这几个人都干掉了，等于军队都掌控在我们手里了。既然已经杀人，那就是开弓没有回头箭了。如今，无论胜败，只能是拼命向前。那么，唐隆政变到底能否成功呢？野心勃勃的韦皇后又会面临怎样的结局？

第十章
唐隆政变

韦皇后准备效法武则天当皇帝，激起了李唐皇室的反抗。太平公主和相王李旦的三儿子李隆基姑侄联手，杀死韦皇后派到禁军系统的四个将军，发动了唐隆政变。那么，这场政变能否取得成功呢？沧海横流，野心勃勃的韦皇后、美丽骄纵的安乐公主和秀外慧中的上官婉儿又会有怎样的表现呢？

一、玉殒香消

其实，一场政变能否成功，取决于两个因素。一个是政变发动者的素质，一个是政变对象的素质。如果发动者的素质高于政变对象的素质，就会取得成功；反过来，就会失败。那么，唐隆政变的发动者素质如何呢？他们的素质太高了。太平公主是政变老手，心思缜密，策划周详。唐隆政变经她一策划，可以说是有板有眼，环环相扣，一点纰漏都没有。李隆基虽然年轻，但是临事不乱，颇有大将风度。万骑将士更是百里挑一的劲旅。这三方力量凑到一起，真是战无不胜。杀掉韦皇后派出的禁军将领后，很快，李隆基就率领着自己的贴身随从，亲临玄武门，坐镇指挥；而葛福顺和陈玄礼两个人则带领左右万骑，兵分两路杀入宫城。两路人马在凌烟阁前胜利会师，发出一阵巨大的欢呼声。这凌烟阁原本是皇宫内一个不起眼的小楼，643年，唐太宗李世民为纪念当初一同打天下的众位功臣，命著名画师阎立本在阁内描绘了二十四位功臣的画像。从此，凌烟阁名声大噪，成了功臣的代名词，也是李唐王朝英雄的开国历史的象征。如今政变将士在此地会合，不也正是为了维护先辈们当年奋斗的成果吗？

但是，对李隆基而言，现在可还不是抒情的时候。这欢呼声其实是他们安排好的信号，在玄武门听到这阵欢呼，李隆基马上率领卫队杀进宫来，三路人马会合，直奔韦皇后的寝宫。听到外面杀声震天，韦皇后吓醒了，怎么办呢？她一下子想到上次太子李重俊政变，那时候，她和中宗不是登上玄武门楼，靠着禁军的保护才幸免于难吗？现在故伎重施吧。一路小跑来到玄武门。一看，门开着，空无一人；再一看，外面飞骑兵营居然也大门洞开，怎么回事呢？韦皇后也觉得不太踏实。但是毕竟追兵在后，只能横下一条心往前走了。再说，她也不知道自己派去的两个将军已经死了，心里还暗暗庆幸呢，可算来到自己人的地盘了，不管出现什么情况，只要有武力后盾，就还有希望卷土重来！靠着这样的信念支撑，韦皇后急急忙忙走进了飞骑兵营，没想到"星星还是那颗星星，月亮也还是那个月亮"，士兵可不是自己的支持者了，有一个留守的飞骑士兵看到韦皇后进来，心想我立功的机会到了！迎面就是一刀，韦皇后马上身首异处。

解决了韦皇后，还有安乐公主。安乐公主夫妇这天也住在宫里。看到外面火光冲天，喊声动地，安乐公主的心一下子沉下来了。她意识到，自己皇太女的梦算是做到头了。跑看来是跑不掉了，她穿上美丽的百鸟羽毛裙，走到镜台面前，开始精心化起妆来。她怎么这时候还有心思化妆啊？大家知道，安乐公主是唐代第一美女，号称姝秀辩敏，光艳动人。现在死期到来，尊贵的身份、飞扬的权力恐怕都只能是过眼云烟了，但是，动人的容貌是别人永远也夺不去的吧。无论如何，她想给世间留下一个最美丽的印象。不过，万骑将士可都是当兵的粗人，哪有什么怜香惜玉之情！安乐公主刚刚拿起眉笔，一个士兵已经跨进房门，一刀下去，安乐公主美丽的头颅立马歪向一边。安乐公主死了，她的丈夫武延秀呢？俗话说"夫妻本是同林鸟，大难临头各自飞"，武延秀此刻可顾不得安乐公主，他早一溜烟地跑出去了，可是，没跑多远，也被一个万骑士兵结果了性命。到此为止，政变的两个主要敌人——韦皇后和安乐公主都已经被消灭了。

中宗去世之后，上官婉儿也住在后宫。她可是冰雪聪明，听到外面的喊杀声，她马上明白过来，李唐宗室果然造反了。怎么办呢? 婉儿可是八面玲珑的人, 早就给自己留了后路。她命令宫女点起蜡烛, 找出当时和太平公主一起拟定的那份中宗遗诏, 主动打开大门, 率领宫女列队迎了出去。她这边大门刚打开, 李隆基和刘幽求也带着兵杀了过来。一看到刘幽求, 上官婉儿叫了一声将军, 呈上遗诏。按照她的想法, 这份遗诏足以表明她心向皇家, 应该可以免罪。刘幽求看了一眼遗诏, 果然啊, 上面正是婉儿的笔迹, 白纸黑字写着让相王参谋政事, 说明婉儿确实是心向皇家。杀还是不杀呢? 心里还真是犹豫。干脆, 请示一下主帅李隆基吧, 就把婉儿带到李隆基面前。李隆基看了看遗诏说: "上官昭容果然聪明! 可惜现在是非常时期, 人心不稳, 我要是不杀你, 别人就该心生疑惑了! 杀!" 一声令下, 婉儿也倒在了大旗之下, 血泊之中。

至此, 唐中宗时期三个重量级的政坛女性全部香消玉殒。

二、薄命红妆

这三个政坛女强人的死真是各具特色, 非常鲜明地反映了三个人不同的性格和能力。现在我们就来一一分析。

先看安乐公主。安乐公主的死最具有审美意味, 但是, 最没有强者风度。为什么呢? 从一般意义上说, 安乐公主也算是从容赴死了, 临死还不忘修饰打扮, 我们在好多文学作品里都看到过这样的形象。比如《红楼梦》里的尤二姐, 她在吞金自尽之前不是也要梳妆打扮吗? 这种悲剧女性特别打动人心, 反映出女性在柔弱之中蕴涵的内在力量。但是, 作为政治人物, 安乐公主的作为就显得太软弱了，大难临头，她甚至都没有努力挣扎一下，只会引颈就戮。这和她平时的横行霸道形成了鲜明的对比。为什么会这样呢？我想，首先是安乐公主之前的生活太顺了，因此她没有抗压能力。虽然她小时候曾经和父母一起吃过苦，但是，这对她来讲，早已经是陈年旧事，自从长大以后，她就生活在父母的补偿性的溺爱之中，要星星不敢给月亮，这使得她特别缺乏抗压能力。虽然平时看起来很刚强，但是遇到挫折时又会特别脆弱。换言之，她缺乏苦难生活才能锤炼出来的柔韧性。而柔韧，也是一个政治家所必须具备的素质。这样看来，她是最不具备政治家素质的了。

另外，我们也要看到，安乐公主虽然叫嚣着要当皇太女，但是她在朝廷其实并没有任何正式的名分，也没有任何真正的势力，这使得她在灾难面前不仅没有反抗意识，也没有反抗能力，只能充当一个悲剧角色。

相反，同样是大难临头，韦皇后和上官婉儿的表现就成熟得多，也坚强得多。先看韦皇后，她在叛军入宫的情况下怎么办的呢？她是以力图存，寻求军队保护。这是一个很积极的想法，而且，因为她事先已经安排韦家子弟控制军队，所以这时到军队避难也算是比较稳妥的行为。这种反应体现出她刚强的性格和临危不乱的素质。当年，她能扶持中宗度过艰难的流放岁月，靠的就是这种性格和素质。那么，既然她素质不错，为什么还会失败呢？我想，直接原因就是韦家子弟并没能真正控制住军队。虽然韦皇后早就空降了几个亲信到军队里去，让他们占据了禁军的最高领导层，但是，他们在军队的时间还太短，根本不足以树立起自己的权威，所以只是光杆司令，得不到部下的支持，不仅没有办法带领整个军队维护韦皇后的统治，甚至自己也早早地成了刀下之鬼。

　　但是，除此之外，韦皇后的失败还有更深刻的根源。这根源主要有三点。首先，韦皇后的资历太浅了。她的丈夫唐中宗一共当了五年的皇帝，她也只当了五年的皇后，这对她相当不利。当年，武则天在唐高宗去世以前已经当了二十八年的皇后，长期协理朝政，既有长远的施政纲领，又有现实的政治手腕，用人有道，惠民有方，在官民之中早已建立了很高的威望。所以无论是唐高宗还是文武大臣，都觉得非她不足以稳定局势。而韦皇后仅有五年参与朝政的时间，而且，就这五年时间里，前有张柬之等五大臣专权，后有武三思势力崛起，真正容她发挥作用的余地也并不大。在这种情况下，尽管韦皇后处处模仿武则天，但是人们对她的认可度并不高，由她摄政，不足以服人。

　　其次，韦皇后的个人能力也无法和武则天相提并论，最明显的表现是她对敌对势力太缺乏警惕了。唐中宗死后，有大臣就曾经向韦皇后建议，让她立刻控制相王的势力。但是，韦皇后天真地以为，只要让相王当大官就可以了，没有采取任何监控措施。结果相王的儿子和太平公主联合造反，韦皇后一点心理准备也没有，这样缺乏危机意识，怎么能当一个合格的领袖呢？另外，韦皇后对己方势力的控制力也不够。直接的证明就是连她的亲信崔日用在关键时刻都会背叛她，而她对此居然一无所知。可见无论是对官员的吸引力还是掌控力，她跟武则天都有很大的差距。没有武则天的能力，光有武则天的野心怎么能成事呢？

　　最后，韦皇后没有自己的亲生儿子。中国古代讲究母以子贵，是否有儿子常常决定了皇后的命运。韦皇后唯一的亲生儿子早在武则天晚年就因为议论二张兄弟丧命，而在中宗死后接班的小皇帝李重茂跟韦皇后并没有血缘关系。这就使得人们对她辅政充满怀疑。换言之，因为没有亲生儿子，韦皇后作为太后的地位也并不稳固。这两大劣势决定了韦皇后在中宗死后摄政的根基相当薄弱，唯一的依托就是中宗皇后的身份。而在政变中，李隆基方面首先就把一顶毒死中宗的大帽子扣过去，这样一来，韦皇后摄政的最后一点依据也就不存在了，这也就注定了她失败的结局。

再看上官婉儿。上官婉儿面对政变是最沉着的了，事实上，她在政变前已经做了充分的准备，这个准备概括起来就是以智自保。手握一份中宗遗诏，一旦李唐宗室政变，这遗诏就是她"身在曹营心在汉"的铁证。

毫无疑问，上官婉儿是这三个女人之中最聪明的一个。她的聪明，在当时可以说是尽人皆知。

唐中宗一朝附庸风雅，专门成立了由才子组成的修文馆，在宫廷里整天作诗。偏偏韦皇后、安乐公主等人又没有这方面的才华。怎么办呢？就让上官婉儿捉刀吧。婉儿也确实厉害，同时替几个人作诗，而且都能够做到符合各自身份，文采斐然，在当时传为文坛佳话。因为婉儿太有才了，所以宫里每次搞赛诗会，都让婉儿当裁判，她俨然就是文坛女祭司。

婉儿判诗，最有名的一次是在景龙三年（709年）正月，那次争夺第一、二名的两个人恰恰是以五言诗名噪天下的宋之问和沈佺期。这次赛诗会是在昆明池举行的。时值正月三十日，已经是早春时节。唐中宗在昆明池玩得高兴，不由得诗兴大发，亲自赋诗一首，让群臣唱和。皇帝都带头了，大臣们当然是踊跃参加，都希望给皇帝留下个好印象。没过多久，参赛交稿的就有一百多人。唐中宗赶紧让上官婉儿来当评委，说好第一名有重奖。只见婉儿坐在高高的彩楼上，拿着各路诗人的稿子，一边看一边把淘汰掉的直接扔下来。一时间，诗稿就像雪花一般纷纷飘落，最后只剩下大才子宋之问和沈佺期的了，这两个人在诗坛长期不分高下，所以合称"沈宋"。眼看着老对手又凑到一块儿了，大臣们一阵紧张，毕竟是二进一的决赛啊！这时候，沈佺期悄悄对宋之问说，我看，咱们俩就以今天这首诗决定高下，以后也不必再争了。正说着，又一张诗稿飘然而下。众人一看，原来是沈佺期的，他被淘汰了。为什么扬宋贬沈呢？婉儿的评价是："二诗文笔相当，但沈诗结句'微臣雕朽质，羞睹豫章材'辞气已竭，而宋诗结句'不愁明月尽，自有夜珠来'陡然健举，若飞鸟奋翼直上，气势犹在。"一下子，所有人都心服口服。

民间还有一则传说，在婉儿还没出生的时候，她的母亲郑夫人梦见一个金甲神人送给她一杆秤，说："你的孩子以后可以称量天下。"郑夫人醒来之后很高兴，觉得自己肯定能生儿子，以后当宰相。可是等孩子生下来一看，居然是个女孩，郑夫人大失所望。有一天，实在无聊，她就逗这个小女婴，说："称量天下的人就是你吗？"没想到怀里的小女婴居然发出咿咿呀呀的声音，好像说："就是我呀！"这个传说当然是后人附会的，但是可以看出当时人对婉儿品评天下才子的能力相当认可，简直视为天意。

当然，婉儿更聪明的地方还在于她的政治心机。每次遇到政治变革，她总能狡兔三窟，左右逢源。当年，神龙政变以前，她一方面是武则天的贴身秘书，一方面又是武三思的情妇，同时还通过太平公主和太子李显一方暗通声气。所以政变后摇身一变，从武则天的心腹马上变成唐中宗的心腹。中宗暴崩后，她还打算这么办。一方面继续给韦皇后出主意想办法，另一方面又和太平公主起草遗诏，让相王参谋朝政，体现她对李唐皇室的拥护。按照婉儿的如意算盘，无论哪边得胜，她都是有功之臣。

那么，上官婉儿算计得如此周密，为什么也会失败呢？我想，首先是这次政变的指挥是李隆基，而不是太平公主。婉儿和太平公主相互合作，政变以后很可能发展成太平公主的心腹。但是，她和李隆基并没有这样的交情。对于唐隆政变，李隆基和太平公主本来就是各怀心事，李隆基可不想留下这么一个聪明人去提高太平公主的实力。当然，更重要的原因是她聪明过头了。一次又一次地左右逢源，固然说明她心思的缜密，但也暴露了她道德的弱点。她是一个没有任何政治节操和政治立场的人，跟她不能侈谈忠诚。而任何一个皇帝都是希望臣子绝对忠诚的，如果没有忠诚作保证，臣子越聪明只能意味着越危险。所以，在这次政变中，婉儿手中的遗诏非但没有成为救命稻草，反倒成了刺向她自己的一把利剑。这就叫作聪明反被聪明误。

但是，我们再往深里想一步，上官婉儿这么做，是不是意味着她本性就水性杨花呢？中国古代讲"女子无才便是德"，是不是有才华的女子真的就更轻浮一些呢？不能这么说。婉儿生下来不久，就受到爷爷上官仪的牵连，被没入掖庭，成了万人之下的官奴婢。后来，又因为武则天的赏识，成了万人之上的皇帝贴身秘书，甚至还有了皇帝才人的名分。这样的经历让她明白了，她无从主宰自己的命运，但是权力可以主宰她的命运。权力可以让人死，也可以让人生；可以让人贱，也可以让人贵。这种对权力的崇拜，使得婉儿完全忘记了武则天的杀父之仇，心甘情愿地为她服务；也使得婉儿在武则天晚年生命垂危、权力不保时毫不犹豫地抛弃她，投奔下一个权力主宰。这是婉儿在险恶的政治斗争中形成的生存哲学。从这个意义上讲，上官婉儿和韦皇后母女有着本质的区别，韦皇后母女都是为了实现自己的野心主动投身战斗，而上官婉儿被卷入高层的政治斗争，很多时候只能叫作"人在江湖，身不由己"。作为一个身处高位而又没有任何依傍的宫廷弱女子，她除了利用才智自保之外，还能怎么办呢？

正因为如此，在三个女人中，上官婉儿得到的同情最多。政变结束一年之后，在当时权势熏天的太平公主主持下，她恢复了上官昭容的身份，按品级安葬，而且被追谥为惠文。后来，李隆基当了皇帝之后，虽然对太平公主一系都予以铲除，而且很可能还破坏了上官婉儿的坟墓，但在政权稳定之后，还是给她出版了诗集，并让大政治家同时也是大诗人的张说为诗集作序。张说在序言里说，上官婉儿"敏识聆听，探微镜理"，既有文章之道，又有辅佐之功，对上官婉儿的文学才华和政治才干给予了由衷的赞美。死后能够得到这样的评价，也算是对这个旷世才女的一点告慰了。

三、追歼余党

除掉韦皇后、安乐公主和上官婉儿，政变的主体部分基本结束，剩下的就是追歼韦皇后余党了，这一步是由崔日用完成的。就在李隆基还在宫里厮杀的时候，崔日用已经带兵出发了，他的任务是清理支持韦皇后的几个宰相和韦氏宗族。别看宰相们平时都仪卫森严，一旦发生政变，笔杆子可就不如枪杆子了，有的在家里就做了刀下之鬼，有的被杀死在逃命的路上。让人觉得可笑的是窦怀贞，他眼看着乾坤已然颠倒，韦皇后的党羽都要被一网打尽，不由得害怕起来。他不是娶了韦皇后的奶妈吗？还曾经洋洋得意地自称"皇后阿奲"。现在朝中政变，自己跟韦皇后有瓜葛可不是好事，要是被株连怎么办？想想自己的前程，窦怀贞心一横，快刀斩乱麻，亲手斩了自己的老妻、曾经的老奶妈，把她的头献给了李隆基。人格的卑劣展现得淋漓尽致。窦怀贞做出如此丑事固然让人不齿，不过，他这番表演毕竟还保住了自己的性命，更可悲的是赵履温。我们提过，他为了讨好安乐公主，在为公主修建府邸的时候，曾经把驾牛车的缰绳挽在自己的脖子上，替安乐公主拉车。现在听说安乐公主被杀，他骑着马一路跑到安福门的城门楼下，欢呼万岁。没想到，政变者早就看透了他的丑恶嘴脸，没等他喊完，一个万骑士兵已经走了过去，一刀结果了他的性命。老百姓平时被他没完没了地抓去做劳役，早已对他恨之入骨，这时一拥而上，割皮挖眼，把他身上抓得体无完肤，肉都抓没了，最后只剩下一具肮脏的白骨。韦皇后的两个男宠，美食家杨均和保健医生马秦客也被枭首示众。

经过一番清点，崔日用发现，主要人物都已经解决了，唯独跑了一个人。谁呢？宗楚客。这宗楚客可是大名鼎鼎的人物，上官婉儿起草的让相王参谋朝政的遗诏就是被他否决的。也就是这个否决，最终引发了唐隆政变。他可是大臣里的头号政治犯，绝对不能轻饶。李隆基下令，全城戒严，搜！另外，关闭所有城门，一个可疑分子也不能放跑！万骑将士也挨家挨户地排查，可是排查了好长一段时间，宗楚客就像是施了隐身术一样，就是不见踪影。转眼已经到了六月二十一日清晨，天刚蒙蒙亮，就在长安城的通化门，有一个人骑着一匹青驴从城里出来了。此人披麻戴孝，到门卫那里还在掩面痛哭，说是家里死了父亲，要赶紧出城奔丧。中国古代讲以孝治天下，奔丧可是硬道理，属于特殊情况，应该放行。可是，守门人上上下下打量了他一番，冷笑一声，说："你别演戏了，我认得你，你就是宗宰相宗楚客吧？我们等的就是你！"话音刚落，左右几个人一拥而上，把宗楚客斩了。

解决完宰相，还要把皇后韦氏的家族斩草除根。韦氏在当时也是一个大族，当时和杜家一起，举族居住在长安城南，时称"城南韦杜，去天尺五"，说他们两家势力很大，离权力核心近。可是，大兵一到，真是玉石俱焚，不要说身高在马鞭以上的小伙子，就连吃奶的婴儿都未能幸免。更倒霉的是杜家，本来没做错什么，就因为和韦家毗邻而居，好多士兵走错了门，进入杜家一阵乱杀，好多杜家人都不明不白地死于非命。

这样，经过一夜厮杀，到六月二十一日，唐隆政变胜利结束。唐隆政变是唐朝历史上规模最大的一场宫廷政变，动用的兵力比玄武门之变还要多。同时，它也是一场非常成功的政变，因为太平公主策划高明，李隆基指挥得力，主要敌人被一举歼灭。这场政变成功地清除了韦皇后的势力，解决了皇位继承问题的困扰，避免了李唐王朝再次被从中斩断，对于唐朝的正常发展具有非常重要的意义。

毫无疑问，虽然政变的直接指挥者是李隆基，但是，李隆基当时毕竟还是一个二十几岁的青年人，无论在智力还是威望上都不足以服人。因此，太平公主的通盘策划之功恐怕更大些。正是这场政变，奠定了太平公主拯救李唐的功业，也奠定了她日后权势的基础。尽管如此，这场政变并没有解决所有的问题，它只是把不该当皇帝的人杀掉了，并没有解决谁该当皇帝的问题。当时法定的皇帝是已经登基的李重茂，而政变军队又打出了拥立相王的口号，可是，在这场政变中，相王自始至终就没露面。那么，接下来掌握政权的，到底是已经当了皇帝的李重茂，还是另有其人呢？

第十一章
睿宗登基

唐隆元年（710年）六月二十一日早晨，政变刚刚结束，大街上还残留着一摊摊的血迹，整个长安城的市民也正惊魂未定。这时候，相王李旦忽然带着小皇帝李重茂出现在安福门的门楼。就在这个门楼上，李重茂颁布大赦令，说韦皇后篡权作乱，已被铲除。这是国家平定内难的正义之举，跟百姓无关，请百姓放心。为了表示普天同庆，皇帝决定大赦天下，文武百官加官晋爵，所有老百姓都免掉全年一半的赋税。

大赦令一颁布，当然是万众欢腾。但是，有些政治敏感度比较高的人内心不免产生疑问，既然是皇帝颁布大赦令，为什么相王也跟着出来？政变结束后，相王到底会扮演什么角色呢？

一、皇位归属

前面提到，唐隆政变只是解决了谁不应该当皇帝的问题，把韦皇后母女给干掉了，但是，它并没有解决谁应该当皇帝的问题。有人要问，当时皇帝不已经是李重茂了吗？怎么还要再解决谁当皇帝的问题呢？不错，唐中宗死后，韦皇后选定了十六岁的李重茂做接班人，到政变发生时，他已经当了几天的皇帝了。但是，政变之后，扶立李重茂做皇帝的韦皇后都被杀了，之前由她安排的事情当然就得一件一件推翻重来。哪次发生政变都会如此。事实上，就在政变还在进行的过程中，关于谁继任皇帝，就已经有两种方案被提出来了。哪两种方案呢？

一种是让李重茂接着当皇帝，这是一群宦官和宫女提出来的。当时，刘幽求不是担任作战参谋吗？跟政变有关的诏令都是他起草的。在太极殿里，一群宦官和宫女就把他围住了，请求他起草制书，改立太后。那么，要求改立太后与让李重茂当皇帝之间有什么关系呢？显然，在这些宫女和宦官看来，李重茂当皇帝走的是合法程序，又没犯什么错误，自然还是要继续当的。既然你们政变者说韦皇后谋杀亲夫，危害社稷，那就把韦皇后杀掉，换李重茂的生母做太后好了。不过换太后就意味着保皇帝，也就是说，太后可以换，但是中宗的法统不能改变，李重茂这个小皇帝还可以照样当下去。

另一种方案就是让相王李旦当皇帝。这个方案有两个人曾提出来。一个是武将代表葛福顺，他在政变刚刚开始的时候就说："今夕当共诛诸韦，马鞭以上皆斩之！立相王以安天下。"明确表态，政变的目的就是拥立相王。另一个提出这个动议的则是文官代表刘幽求。政变刚一结束，他就对李隆基说："众约今夕共立相王，何不早定！"从这两个人一前一后的表态中，我们就可以看出来了，拥立相王是政变集团的一个既定方针，是政变之前就已经规划好的。

相王和李重茂到底谁更有资格当皇帝呢？客观地说，他们各有优势，也各有劣势。李重茂的优势在哪里呢？他有法统的优势。他是唐中宗李显的儿子，唐中宗死了，应该由唐中宗的儿子继承皇位，这是由中国古代父死子继的继承传统决定的，李重茂符合这个条件。那么他的劣势在哪里呢？首先，他是韦皇后所立。唐中宗的死是暴卒，还没来得及立太子就一命呜呼了，所以李重茂无论是当太子，还是当皇帝，都是韦皇后一手策划的。而韦皇后现在已经一败涂地，那她所扶立的皇帝也就没有法律效力了。另外，李重茂当时只有十六岁，尚未成年，此前也没有任何优秀的政治表现。此时唐朝内难不已，他能否掌控这样复杂的局面，大臣们心里并没有把握。

再来看相王李旦，他的优势在于他得到政变集团的拥护。李旦当时是唐高宗和武则天唯一在世的儿子，是中宗的亲弟弟，官居太尉，爵封安国相王，是李唐宗室中当之无愧的老大。李旦位尊权重，所以政变集团一开始就把他当作一面旗帜。政变集团的鼎力支持就是他最强有力的砝码，在实力上，他比李重茂强。另外，此刻的李旦五十上下，正是政治经验丰富、年富力强的时候，由他来拨乱反正，人们更加放心。那他的劣势是什么呢？李旦最大的劣势就是他并没有法统的依据。父子相承好过兄终弟及，这是人们在商朝就已经明白的道理。在前任皇帝还有儿子的情况下由弟弟继位，无论如何，在名分上都会有所欠缺。

那么在现实政治斗争中，法统和实力到底哪个更重要呢？当然是实力更重要。枪杆子里面出政权，谁有实力谁就能占上风。所以，虽然还有些理论难题需要解决，但在当时，让李旦当皇帝几乎不存在什么悬念。事实上，小皇帝李重茂虽然年轻，但也明白这个道理。所以政变之后不久，他就表示要传位给相王。那么，面对李重茂的传位之举，相王李旦是不是就欣然接受了呢？

二、父子相峙

相王没有接受。按照《资治通鉴》的记载，他是"固辞"，坚决推辞不干。那么李旦为什么一定要推辞呢？传统的解释是李旦性格太恬淡了，见困难就上，见荣誉就让，任何时候只要可能，他都要把当皇帝的机会让给别人。当年武则天立他当皇帝，他当了三年，不是就把天下让给母亲了吗？后来唐中宗当皇帝，立他当皇太弟，等于让他当接班人，他也推辞掉了，甘心当安国相王。连母亲和哥哥让他当皇帝他都不愿意，怎么会忍心从侄子手里夺取天下呢？史书上说这是他的一贯性格，说他是个真正的君子，所以他当然不能接受李重茂的禅让。还有人认为，中国古代讲礼，即使心里愿意，表面也要推辞，实在推不掉了，再羞答答地接受下来，这不就叫"三让而后受之"吗？李旦是不是也有这方面的考虑？

我觉得，不论是李旦的性格，还是传统礼法，都会对他的行为产生影响，但是，在现实政治利益面前，这些绝不是最关键的因素。关键因素是相王的处境太尴尬了。怎么尴尬呢？尽管我们说唐隆政变是有唐一代规模最大的一场宫廷政变，但是，在整个政变过程中，相王李旦完全是个局外人，根本没露过面，没立过功。大家知道，中国古代当皇帝无非就是两种途径，一种是继承来的，一种是夺取来的。而相王李旦呢？按照继承的原则没他的份，按照夺权的原则他又没参与，忽然黄袍加身，这种处境非常尴尬，让他觉得这个皇位不能轻易接受，不如先推让一下，以观后效。

可是，大家肯定会奇怪，既然政变一方已经决定拥立相王，为什么没有让他参与政变呢？让李旦领导政变，政变后再让他应天顺人当皇帝，不就顺理成章，可以避免尴尬吗？当年神龙政变要拥戴李显当皇帝，不是就让李显参加了吗？为什么到李旦这儿，非要把他蒙在鼓里呢？这个问题的症结不在别处，就在李旦的三儿子，也就是政变的军事总指挥李隆基身上。是李隆基坚决主张瞒着他爸爸，不让他知道政变的消息。

为什么说是李隆基干的呢？有两条史料可以证明。在政变之前，有人就提醒李隆基，是不是应该跟相王通一下气。结果李隆基说："我曹为此以徇社稷，事成福归于王，不成以身死之，不以累王也。今启而见从，则王预危事；不从，将败大计。"我们为了李唐江山抛洒热血，不成功则成仁。如果成功了，相王坐享其成便可，不必让他冒风险。一人做事一人当，哪能让父亲担惊受怕呢？所以不能告诉李旦。第二条史料说的是在政变主要环节已经基本完成，韦皇后和安乐公主都已经被万骑杀死的情况下，刘幽求对李隆基说，现在应该定下让相王接班的事了。结果李隆基立刻制止了他，并说，此刻还不是时候，一定要集中全力，继续追歼残余力量！直到把所有的敌人都一网打尽，李隆基这才来到相王府邸，叩见相王，向他禀告，我刚刚发动了一场军事政变，把韦皇后、安乐公主等人统统结果了。事先没跟您打招呼，请您不要见怪，现在已经没什么危险了，我想请您出来主持一下局面，安抚众人之心。从这两件事可以看出来，李隆基从头到尾就没想要让爸爸参与政变。

那么，李隆基为什么一定要瞒住李旦呢？是不是像他自己说的那样，是因为他太孝顺了，不肯让爸爸冒政变的风险呀？我们不能相信，因为这个理由不成立。李隆基和李旦可是父子至亲，按照古代刑法株连亲属的原则，一旦政变真的失败，即使相王没有参与，难道就不会受牵连吗？这样看来，所谓"事成福归于王，不成以身死之，不以累王也"纯属骗人的鬼话，不足采信。既然李隆基不让相王参与兵变，不是出于对他人身安全的考虑，那又是因为什么呢？一言以蔽之，是因为他自己也想当皇帝。

我们说过，相王李旦是当时李唐皇室最有号召力的人。如果他参加政变，那么这场政变就变成李旦和太平公主两个人的事了，李隆基在政变中的地位就要大大降低。如果这样，政变一旦成功，李旦自然是顺理成章地当皇帝，但李隆基可就惨了，无论他在政变中出过多少力，也不会轮到他接班。为什么呢？因为李隆基不是嫡长子。他号称三郎，是李旦的三儿子，上面还有两个哥哥。而且，他的母亲窦氏在世的时候不过是李旦的一个侧妃，也就是妾。古代讲究子以母贵，所以李隆基的先天出身实在不怎么样。那么李旦的儿子中有没有出身比他好的呢？当然有了。李旦的嫡妻所生的长子李成器当时还活得健健康康，而且已经受封为宋王，平时老成持重，人缘也相当不错。李隆基既不是嫡子，也不是长子，而嫡长子实力又比较强，所以无论怎样都不会轮到他接班。在这种情况下李隆基投身政变，岂不就是为他人做嫁衣裳吗？自命不凡、雄才大略的李隆基当然不甘心。所以，他索性就对相王封锁消息，自己建立奇功，作为日后出头的资本。因为他有这样一番心思，就把相王晾到一边去了。

可能有人要问，李隆基这么做，难道他的姑姑太平公主不反对吗？太平公主当然不会反对，因为她也想要权力啊。如果李旦参与了政变，那么太平公主再有聪明才智，她在这场政变之中，也只是辅助者的身份，是个配角。而如果她把相王蒙在鼓里，然后再拥立他当皇帝，那她就是拥立者的角色。辅助者在政变之后的利益怎么能比得上拥立者呢？有了这样的私心，太平公主也就默许了侄子的做法，姑侄两人心照不宣，虽然表面都说拥护相王，但实际上谁也不愿意真的让相王参与，这也使得相王在政变之后的处境非常被动。在这种情况下，李旦索性摆出一副高姿态，拒绝接受小皇帝李重茂的禅让，想要看看妹妹、儿子以及政变功臣的反应。

相王李旦拒绝在政变后当皇帝，可以说是反将了一军，把难题抛给了政变组织者。那么，面对他的推让，政变功臣是如何反应的呢？负责起草诏书的刘幽求首先说话了，他跟李隆基说："相王畴昔已居宸极，群望所属。今人心未安，家国事重，相王岂得尚守小节，不早即位以镇天下乎！"现在国难家难一波连着一波，相王过去就当过皇帝，现在众望所归，希望相王赶快出来收拾局面，巩固胜利成果。那么，李隆基是怎么回答的呢？他说："王性恬淡，不以代事婴怀。虽有天下，犹让于人，况亲兄之子，安肯代之乎！"意思是我爸爸非常恬淡，不想当皇帝，特别是不想取代侄子当皇帝。他根本不跟他爸爸商量，直截了当就替爸爸拒绝了。

李隆基这番表态太有趣了。我觉得，这其实是他的一个试探，想要看看刘幽求的反应——我爸爸不干，你们能不能直接推戴我当皇帝呀？刘幽求虽然号称聪明能干，政变当天晚上就起草了一百多份诏书，但是，他一时还真没明白李隆基的意思，只是说："众心不可违，王虽欲高居独善，其如社稷何！"一听"众心不可违"，李隆基觉得没戏了，看来现在让大臣直接推戴他，还为时尚早。他只好和大哥，也就是李旦的嫡长子李成器一起去找相王，劝他说，天下现在翘首以待，还得您出来收拾残局，稳定江山。相王李旦本来对儿子的用心看得一清二楚，现在儿子既然已经妥协，也就放心了。太平公主呢，本来政变前也并没有当皇帝的野心，只是想拥立相王，然后自己掌握一定的实权而已，所以也不会有什么意见。政变的两个最主要的功臣都首肯了，相王也就不再清高，半推半就地接受了下来。但是，前面也说过，相王当皇帝毕竟没有法统的依据，怎么样才能从侄子手里合理地接受皇位呢？这时候，太平公主出面了。

三、李旦即位

自从政变结束后，太平公主就住在宫里，陪着小皇帝李重茂，给他讲经说法，做思想政治工作。李重茂要传位相王，在很大程度上就是她教育的结果。此时眼看大局已定，太平公主就又导演了一场戏。

唐隆元年（710年）六月二十三日，李重茂又被她胁迫着上朝了。这一次上朝可是与众不同。一般来说，皇帝在朝堂上是坐北朝南的，御座放置在最北边。此时还处在中宗的国丧期，所以皇帝的御座从北边挪到了东边，而且是在东南角，面朝西放着。小皇帝李重茂就坐在上面，瑟瑟发抖。大殿西边，正对着御座的位置，停放着一口巨大的棺材，中宗就躺在里面。棺材旁边站着相王李旦。大殿之上就这么两个活人、一个死人，殿下是乌压压的文武大臣。不过这一天，大臣的最前列还站着一个高大丰满的中年女人，此人就是太平公主。看到君臣都已经各就各位，太平公主就像司仪一样开口了。她说："国家多难，政局不稳，皇帝要把位子让给自己的叔叔相王，大家觉得如何呀？"满朝文武多数还不知道具体情形，都面面相觑，不敢说话。

这时候，刘幽求出列了，他说："国家有难，皇帝能够大公无私，让位给相王，这是可以和尧舜禅让媲美的高尚行为啊！相王在这个危急关头替侄子主持大政，这才是真正的慈爱！皇帝一家叔慈侄孝，这是天下百姓的福气呀！"说完之后，刘幽求也不管别人做出怎样的反应，就拿起传位诏书宣读起来，显然早就做好了准备。

可是，他们都准备好了，小皇帝李重茂还没准备好呢！虽然政变之后他也觉得凶多吉少，但是没想到这一天这么快就到了，所以当即吓傻在那里，坐在御座上，起不来了。新皇帝等着接班，他还不赶紧让位，场面一时有些尴尬。朝堂之上，一片静寂。这可如何是好呢？这时候，太平公主三步两步走到了御座前，对着呆若木鸡的李重茂说："天下已经归心相王，这个位置不是你的了！"说完一把揪住他的领子，就像老鹰抓小鸡一样，把李重茂给揪下来了。然后又走到棺材面前，把李旦拉到殿前，按在御座之上。接着，返身下殿，率领满朝文武跪倒在地，山呼万岁。当时，还有谁比她更有身份和资格这么做呢？就这样，李旦在太平公主的直接操纵之下，正式登基，这就是历史上的唐睿宗。

这可是李旦一生中第二次当皇帝了。第一次还是在684年，当时，武则天废掉了他的哥哥李显，让他当了皇帝。傀儡皇帝当了没几年，就慑于武则天的压力，把皇位让给了自己强势的母亲。现在时隔二十多年，他又一次接哥哥的班了。那么，这一次当皇帝是不是比上一次的处境好一些呢？很难说。第一次当皇帝，他是受制于母亲；第二次登基，他还是非常被动。他是被儿子和妹妹推上皇位的，在这种状态下当皇帝，以后难免要受制于人。如果想当稳皇帝，他必须要加强自己的实力。如何加强呢？李旦做了两件事。

第一，摆平儿子和妹妹的关系。通过唐隆政变，李旦充分见识了儿子的心机，也见识了妹妹的威力，所以，刚一登基，马上就要考虑如何处理儿子和妹妹了。

对儿子李隆基怎么办呢？对这个立了大功的儿子，李旦采取了打压的态势，利用立太子问题打压。按照惯例，李旦当了皇帝，马上就要立太子。本来，既然李旦的皇位有一半是李隆基送给他的，那么，立李隆基当太子也是必然选择，这也是李隆基衷心期待的结果。

可是，万万没想到，在这个时候，睿宗李旦摆出了一副很迟疑的样子，说我没考虑清楚。怎么叫没考虑清楚呢？他同时提出了两个候选人，一个是他的大儿子，也是当年他和正妃刘氏生的儿子李成器，另一个才是三儿子，庶出的李隆基。而且，他的理由也特别冠冕堂皇。他说，这两个人一个是嫡长子，另一个立了大功，立哪个都有依据，同时，立哪个也都依据不足。手心手背都是肉，所以我没法作出决定。李旦这样做用意很明显，就是利用李成器给李隆基施压。

他这一招奏效了没有呢？没有。有两拨人出来反对了。第一拨就一个，太子候选人之一——嫡长子李成器。李成器也不是傻子呀，他爸爸对政变都毫不知情，他就更是被蒙在鼓里了。政变完全没有他的功劳，他现在怎么敢当太子啊？他心里也非常清楚，爸爸以嫡长子为理由把他提出来，不过就是想拿他当个棋子，他可不愿意去兜揽这个烫手的山芋。所以他赶紧表态，说："国家安则先嫡长，国家危则先有功；苟违其宜，四海失望。臣死不敢居平王（李隆基在政变立功之后封平王）之上。"按照他的说法，所谓嫡长子继承制，那是国家在承平之日的选择；现在国家正处在多事之秋，凡事可以变通，还是立有功之人更能服众。反正李成器是坚决不做这个太子。

第二拨反对者是以刘幽求为代表的政变功臣。刘幽求说："臣闻除天下之祸者，当享天下之福。平王拯社稷之危，救君亲之难，论功莫大，语德最贤，无可疑者。"他的意思很清楚，谁打天下谁就得天下，是李隆基发动政变成功了，你李旦才能当上皇帝，现在你怎么好意思不传位给他呢？

睿宗李旦一看，大部分人还是倾向于李隆基的，也只好表态，让李隆基当太子。不过，虽然李旦打压李隆基并没有取得完全的成功，但是，他的这番作为也给了李隆基一个下马威。李旦的意思很明确，三郎啊三郎，别以为你立了大功，就能为所欲为，我才是皇帝，重大的事情还得取决于我。

对太平公主，李旦又是怎么做的呢？他对太平公主采取了扶持的策略。这里有感情因素，也有利害考虑。本来，在唐中宗一朝，太平公主和李旦处境相似，站在同一条战线上，因此也颇有点相濡以沫的感情，兄妹之间关系不错。中宗死后，太平公主又和上官婉儿一起起草遗诏，让李旦辅政，虽然最后没有得以实行，但李旦内心还是充满感动的。更重要的是，在唐隆政变中，太平公主对李旦而言可是立了大功。虽然政变是李隆基和太平公主一块儿密谋的，没有让他参与其中，但是，政变能够确立让李旦当皇帝，这无疑主要是太平公主的功劳。而且，政变后太平公主对李旦还是鼎力支持，要不是她动用姑姑的威严把小皇帝李重茂拉下御座，李旦本人还真不知道如何摆平这个局面。所以，李旦对太平公主是打心眼里感激。

再看利害关系。对于李旦来说，当时最大的威胁就是身边虎视眈眈盯着皇位的儿子李隆基。谁有能力制衡李隆基呢？只有同样立了大功的太平公主了。所以，李旦也乐于给太平公主更大的权力。

那么李旦究竟给了太平公主什么好处呢？第一，他增强了太平公主的经济实力，把她的实封提高到一万户。神龙政变之后，中宗已把太平公主的实封提高到五千户，这已经是一个惊人的数字了。而这次，李旦又把它进一步升格，提高到了一万户。这样一来，简直不是太平公主有敌国之富了，而是整个国家的财政实力都要努力向太平公主看齐。

第二，他提升了太平公主的家族实力，让太平公主三个年纪大点的儿子都晋封为王。自古帝王对异姓封王都很敏感，当年汉高祖刘邦当皇帝时，就定下"非刘不王"的原则，从此之后，异姓封王要么是改朝换代的前奏，要么是国家对功格于天、无法按常理奖赏的大臣的最高奖赏。现在，睿宗就把这个奖赏给了太平公主一家。

第三，也是最重要的，他给了太平公主更多的参政权力。当时，凡是国家大事，李旦都要主动和太平公主商量，因此每次太平公主进宫，都要坐上好几个小时才走。如果哪一天太平公主身体抱恙没有进宫，李旦就干脆让宰相拿着文书，到太平公主家里办公。这样一来，太平公主真是权倾朝野。对太平公主这番处置合起来，就是李旦做的第一件事——让妹妹制衡儿子。

那么李旦做的第二件事是什么呢？培养自己的势力。唐隆政变结束后，刘幽求、钟绍京等跟随李隆基的功臣都掌握了实权，李旦也不能让自己变成光杆司令啊。怎么办呢？他马上提拔了一个叫薛稷的人。薛稷是个书法家，李旦也雅爱八分书，算是书友。另外，当年在武则天时代，薛稷曾经是李旦的下属，是他的老部下。后来，李旦把女儿仙源公主嫁给了薛稷的儿子薛伯阳，两个人又成了儿女亲家。三重关系交织在一起，李旦对薛稷特别信任。现在李旦当了皇帝，马上就把薛稷提拔为宰相了。可能有人会说，这李旦怎么和他的哥哥李显一路货色呀？李显当上皇帝就提拔自己的岳父，李旦当了皇帝马上提拔自己的亲家。确实，这兄弟俩的用人方略都让人不敢恭维，可是，这也不能全怪他们，谁让他们当皇帝的时候都没有一点实力呢？

把人事安排清楚后，李旦又向新的领域进军了。哪个领域呢？天命。当皇帝要奉天承运，这是古代的政治神话。这天命说远也远，所谓"天意从来高难问"；说近也近，所谓"天视自我民视，天听自我民听"。要想得到天命，似乎既要讨好上天，又要讨好百姓才行。这难度可太大了。大多数政治家都不愿意这么麻烦，干脆走捷径算了！反正天命总得有点具体的表现才行，就从表现下手好啦。所以，各种各样的人造天命层出不穷，如汉高祖斩蛇起义一类的神话就纷纷出笼。当年武则天当皇帝之前不是搞什么"河出图，洛出书"吗？韦皇后野心膨胀，也在衣服上弄出五色祥云来。

现在轮到李旦来造神了，怎么才能证明天目垂青呢？有人来编故事了。说有一个叫杜鹏举的人突然死了，魂魄悠悠，来到地府。到了阎王面前才发现，原来该死的是另一个和他同名同姓的人，搞错了。地府虽然阴暗，但是并不黑暗，勇于承认错误，准备帮助杜鹏举回到阳间。正走在返回阳间的路上，杜鹏举忽然看见路的左边有一座新城，散发着奇异的香气，城周围都是士兵在把守。杜鹏举一时好奇心大发，也顾不得返回阳间了，就折到那条路上，问那些当兵的在干什么。当兵的回答说："相王要当天子了，所以按照规矩，应该有四百个神仙来给他送行。"杜鹏举原来当过相王府的官员，听见旧主高升，当然更感兴趣啦，赶紧趴在墙缝前往城里看。只见几百个仙人都围着相王，满地彩云，有如图画。忽然，相王前面出现了一个女人，手拿香炉，在前面引路。这女人雍容华贵，但不知为什么，衣带好像是破的。再看相王，头顶着一轮太阳，光辉灿烂，照出一丈多远。杜鹏举本来还想接着看呢，可惜当兵的不让了。杜鹏举只好原路返回，回到家里。

随着灵魂又进入肉体，杜鹏举的尸体也就从停尸床上一跃而起，又活了。苏醒过来之后，再回味自己的梦境，杜鹏举是若有所悟。第二天，他赶紧找了一个由头来拜见相王李旦，告诉相王他有天命。相王听了当然高兴了，紧紧握住他的手说，以后如果我真的当了皇帝，一定不会忘记你今天的恩德。果然，没过三年，唐隆政变爆发，李旦真的当了皇帝。为了表彰杜鹏举的先见之明，睿宗赐给他一篇题词，上面写着："思人风雅，灵通鬼神。"按说这个表明天命昭昭、分毫不爽的故事到这里可以结束了，谁知还有一个更神奇的尾巴呢。睿宗重新向杜鹏举打听当年的梦境，忽然对所谓的引路女人发生了兴趣，就让身边的妃子、公主乃至宫女都打扮成引路人的样子，让杜鹏举辨认。杜鹏举看了一圈之后，果断地指了指一个女人，说："就是她！"这个女人是谁呢？就是大名鼎鼎的太平公主。再问公主为什么系一条破裙带，公主回忆说，当时我正给皇帝熨龙袍呢，没想到一个火星子忽然进到裙带上，所以就烧破了。几方面的事情都对上了，这时候，太平公主才流着眼泪祝贺李旦，说："圣人之兴，固自天也。"您果然是得天命的啊！

我们为什么讲这个故事呢？很显然，这篇保存在《太平广记》里的故事就是当时睿宗造神运动的一个产物。至于说都有谁在帮他造神，我们看看故事中的出场人物就明白了：睿宗的下属，太平公主，当然还有睿宗本人。有了这么一个美丽的故事，睿宗当皇帝不也就成了天命所归吗？

做了这些之后，李旦稍微安心了一点，他觉得自己的皇帝之路开始慢慢走上正轨了。可是他万万没想到，一个他先前想都没有想到的事情忽然发生了，而且差一点毁掉他的统治。这究竟是什么事情，怎么会造成如此严重的后果呢？

景云元年（710年）八月的一天，也就是唐睿宗李旦登基两个月之后，唐朝的东都洛阳忽然全城紧急戒严，士兵把守在各个路口，盘查行人。正在这个时候，有一驾马车疾驰而来，车里坐着一个贵妇人。这个贵妇头盘高髻，身着盛装，脸上遮着一块面纱，看上去既雍容又神秘。贵妇出门，用面纱遮脸，这在唐朝前期是比较流行的装束；而且根据中国男女授受不亲的古训，既然车里坐的是女眷，士兵一般也不会盘查得太过仔细。所以，这辆车本来准备放行了。可是，正在这时候，忽然一阵风吹过来，把贵妇人的面纱掀起了一角，有一个士兵忽然觉得自己看到了几根胡子。这是怎么回事？难道是自己眼花了吗？士兵不放心，为了保险起见，走过去，说声得罪，把面纱给掀开了。这一掀开不得了，士兵吓了一大跳。紧接着又回过神来，马上哈哈大笑起来。

这面纱后面哪里是什么贵妇呀，分明是个要多丑有多丑的男人，下巴上还残留着几根没有剃干净的胡子。就这形象还好意思花红柳绿地扮贵妇？这士兵再看看自己手中的通缉令，连忙冲上去一把揪住这个冒牌贵妇的衣领，把他从车上拖了下来，对他说："您就是郑愔郑大人吧，我们在此恭候多时了！请您换一辆车坐吧！"马上，一辆囚车驶过来，把这个冒牌贵妇给带走了。

那么，这个冒牌贵妇到底是何许人？此人名叫郑愔，当初曾是二张兄弟余党。神龙政变后，二张党羽纷纷遭贬官流放，郑愔也被贬至南方。可他是一个有野心的人，不甘从此落寞，于是便寻找机会偷偷跑回洛阳，投靠了当时颇有势力的武三思，重新回到中央。那么，郑愔既然是个朝廷命官，为什么要男扮女装出逃呢？他化妆出逃，是因为他参与了唐中宗的儿子谯王李重福发动的一场叛乱。这场叛乱是唐睿宗李旦登基之后遇到的第一场政治危机。

一、真命天子

唐睿宗李旦登基才两个月，怎么就爆发了叛乱呢？说起来，很大程度上还是由于他的统治并没有得到当时朝廷内外广泛的认可，缺乏名正言顺的法统依据。唐隆政变后，相王李旦被拥立为皇帝，取代了中宗的儿子——小皇帝李重茂。不过，我们也说了，这次权力转移虽然符合"枪杆子里面出政权"的原则，但实际上并不符合古代一般的法统原则。因为李旦当皇帝是接中宗的班，而根据中国帝制时代的继承法则，皇帝之间的继承应该是遵循父死子继的原则，一般只有在前任皇帝没有儿子的情况下，才会考虑让弟弟继承皇位。可是这时候，中宗还有两个儿子活着呢。一个是刚刚被推翻的小皇帝李重茂，另外一个则是李重茂的哥哥李重福。李重福在中宗一朝受封为谯王，后来因为得罪了韦皇后，被贬到均州（今湖北丹江口）去了。从法统上讲，这两个人比李旦更有资格继承皇位。对此，李旦自己也是心知肚明的，所以他刚一上台，马上就采取了防范措施。他首先是把小皇帝李重茂降为温王，放到宫里软禁起来了，以防有人打着他的旗号兴风作浪。接着，他又让李重福从均州迁到集州（今四川南江）担任刺史，这是为了防范他在一个地方待的时间过长，发展起地方势力。但是无论如何打压，只要李重茂、李重福这两兄弟还活着，隐患就一直存在。这是引发这场叛乱的第一个原因。

第二个原因是李重福觉得自己更有资格当皇帝。他为什么会这么认为呢？我们还得先交代一下李重福身世的来龙去脉。李重福是唐中宗的二儿子。唐中宗一生一共有四个儿子，老大李重润是韦皇后所生，老二是李重福，老三就是前面讲过的造反的太子李重俊，老四则是刚刚被废掉的小皇帝李重茂。老二、老三、老四都是侍妾所生，出身差不多。

可能有人就好奇了，既然后面三个儿子出身都差不多，那么为什么老三、老四都当过太子，甚至当过皇帝，唯独老二只是个王呢？一切结果皆有原因，这老二李重福当年把韦皇后给得罪了。韦氏不是生了老大李重润吗？李重润可是她的心肝宝贝，但是，这个宝贝儿子在武则天晚年被逼死了。当年，李重润和他的妹妹、妹夫一起在背后议论武则天的男宠二张兄弟，不知怎么被二张知道了。这兄弟俩不依不饶，到武则天那里告状。武则天一气之下，逼死了李重润。

李重润之死对于韦氏来说，可是重大损失，唯一的亲生儿子没了，她怎能不悲痛欲绝呢？事后韦氏反复琢磨，觉得这事情太蹊跷了，李重润和妹妹说的私房话怎么就被二张兄弟知道了呢？思来想去，她觉得肯定是李重福告的密。因为李重福的妃子刚好是张易之的外甥女。这对小夫妻为什么要害死李重润啊？按照韦氏的推测，理由很简单，老大李重润一死，老二李重福就摇身一变为老大了，可以名正言顺地接爸爸的班当皇帝呀。这么一番推理之后，韦氏就智子疑邻，怎么看李重福都像那个告密的，所以不由得对他恨之入骨。因而在韦氏当了皇后以后，就利用自己手中的权势，对李重福百般迫害，不仅把他贬到地方当刺史，还严令任何情况下都不许他回长安。

景龙三年（709年）的时候，唐中宗不是在南郊举行祭天大典吗？当时，所有的地方刺史都到长安参加这盛大的典礼了，唯独李重福不许离开本州半步。李重福觉得挺委屈的，为此他还写信给唐中宗，说陛下为了祭天，大赦天下，所有的百姓都能得到雨露之恩，为什么我作为您的儿子，反倒得不到这种恩赐呢？难道我连回京城看您一眼也不行吗？说得非常凄凉。但是韦皇后丝毫没有被打动，还是不肯原谅他。甚至到了唐中宗死后，韦皇后也没有让李重福回来奔丧，而是特意派了五百个强健的兵士到均州去对他严加防范。本来，只要有韦皇后在，恐怕他此生就没有出头之日了，可是现在韦皇后在唐隆政变中已经被杀了，韦皇后一死，就没人迫害他了，他就可以名正言顺地回到长安，接他爸爸的班了。按照李重福天真的想法，他是现在活着的老大，根据继承原则，他是当时皇帝的第一候选人，比弟弟李重茂都更有资格当皇帝，怎么会轮到叔叔相王李旦呢？

第三个原因则是野心家的撺掇。当时，有两个野心家经常在李重福的身边出没。这两个人是谁呢？一个叫郑愔，一个叫张灵均。郑愔我们前面曾讲过，是个势利小人。当年，就是他跑到武三思面前先是号啕大哭，然后再哈哈大笑，把武三思搞得莫名其妙，然后他说："我哭，是哭您要被灭族了；我笑，是恭喜您得到我这么一个高人。"通过一番花言巧语，郑愔赢得了武三思的信任，当了官。武三思死后，他又转而巴结吹捧韦皇后，在中宗一朝仕途走得很顺利。郑愔虽然擅长讨好巴结，可是他也有一个很大的毛病，就是他太爱钱了，老是贪污受贿。当时流传着一个关于郑愔贪财的著名笑话。说他在吏部主管选官的时候，有个候选人在靴子带上挂了一百文钱朝他走了过来。郑愔很好奇，就问他："你在靴子上挂钱干什么呀？"这个候选人回答道："当今选举，非钱不行。"他讽刺郑愔贪恋钱财，以权谋利，让郑愔很是尴尬。

到了中宗后期，郑愔因为经济方面出了问题，被从中央贬到地方去了。可是，郑愔奋斗的心始终不会停止跳动，他可是个彻头彻尾的野心家，哪里耐得住寂寞？于是乎，人在江湖，心在庙堂，他马上开始寻找新的下家。经过一番搜索，郑愔慧眼识珠，觉得李重福这个人奇货可居，就找到李重福，说："大王您是中宗的皇子中最年长的，如果不是韦皇后阻挠，早就应该当太子了！如今活得这么窝囊，我都于心不忍，还不如举兵造反，把韦皇后一党一举干掉算了！"李重福也早就恨透了韦皇后，这个坏女人处处为难他，让他没好日子过，所以一听郑愔的怂恿，也颇为心动。两人一拍即合，就开始暗地里谋划组织政变。结果还没等他们谋划好，唐隆政变就爆发了，干掉韦皇后的任务也由李隆基和太平公主完成了，他们根本没得到机会，真是好生怅惘。如今睿宗李旦登基，又把李重福调到集州当刺史，李重福对此安排也很不满意。正在忿忿然的时候，郑愔又跑去游说他，说："按照继承原则，应该由您接中宗的班，哪里轮得着他李旦呀？"这话说得很合李重福的心思，他当然更是蠢蠢欲动，按捺不住了。

正在这时候，第二个野心家张灵均也出现了。张灵均可是个奇人，他没有担任任何官职，只是洛阳城的一个普通老百姓。但是此人心比天高，总念叨着"燕雀安知鸿鹄之志哉"，不好好安分守己，整天琢磨着怎么才能出人头地。此时，张灵均也找到李重福，跟他说："大王地居嫡长，当为天子。相王虽有功，不当继统。东都士庶，皆愿王来。若潜入洛阳，发左右屯营兵，袭杀留守，据东都，如从天而下也。然后西取陕州，东取河南北，天下指麾可定。"意思是说，大王，按照法统应该是您接班呀，相王虽然有功，但他没有资格接班。现在您与其去集州赴任，不如到洛阳来，以洛阳为根据地，再向东西两侧发展，天下就是您的了。这番建议不仅有理论，还有实践方案，说得头头是道。因为张灵均的身份是洛阳的普通老百姓，这就让李重福恍惚觉得，他的想法代表着民心。这可是来自草根集团的呼声啊。李重福大受鼓舞，天下老百姓都在翘首以待呢，我才是真命天子！他当即下定了决心，心动就要行动！到东都洛阳造反，把应该属于自己的天下夺回来！

二、洛阳起事

怎样才能使造反获得成功呢？李重福和他的两个高参制定了周密的计划。这个计划分为三个步骤。

第一步，由郑愔趁工作之便先到洛阳打前锋，同时替李重福起草制书，确定名分。这个制书的大体内容包含如下几点：第一，李重福自立为皇帝，改元中元克复；第二，尊睿宗李旦为皇季叔，以温王李重茂为皇太弟；第三，任命郑愔为左丞相。郑愔在制书中把该安排的都安排好了，当然不能忘了最重要的一条，让自己做宰相。这一步是给政变做舆论准备。

第二步，由郑愔在洛阳建立前敌指挥部，同时，李重福也派亲信到洛阳，一起筹划政变的具体事宜。郑愔是怎么行动的呢？他还真有能耐，找到一个名叫裴巽的驸马，想要借用驸马的宅院。这裴巽在当时可是一个名人，是唐中宗的女儿宜城公主的丈夫。这宜城公主也是个厉害角色，以好嫉妒而闻名。当年，裴巽有一个宠姜，长得非常漂亮，把裴巽迷得神魂颠倒，两人终日厮混在一起，把宜城公主冷落在一旁。这下宜城公主可生气了，你不把本公主放在眼里，以为我是吃素的吗？一声河东狮吼，她拿着一把刀子杀气腾腾地去找这个姜，三下五除二就把这个姜的鼻子和耳朵给割下来，扔在裴巽面前。然后提着刀子乘胜追击，把裴巽的头发也割掉了一大截，这可把裴巽吓了个半死，再也不敢寻花问柳了。这件事情让中宗知道了，皇室中传出这种事情也着实不好听，他当然非常生气。不过生气归生气，他并没有惩罚自己的女儿，反倒迁怒于裴巽，把他贬官了。所以裴巽对唐中宗多少是有点怨恨的，不过如今，唐中宗已经死了，无论如何，宜城公主和李重福都是中宗的儿女，这个时候应该同舟共济。既然李重福派人来找他，裴巽当然也愿意帮一把忙，于是便答应把自己的宅子借给郑愔当前敌指挥部。所以，郑愔就在裴巽家安顿下来。与此同时，李重福派出了自己的特使，也是一个家臣，跟随郑愔一起行动。

第三步，李重福和张灵均假传圣旨，谎称他们奉皇帝命令，不用去集州了，而是一起到洛阳。当时担任洛阳城守卫工作的是左右屯营，他们准备就利用这两支军队造反。

整个政变计划看起来也还不错。那么，他们的计划是否能够顺利实施呢？这个计划进行得一点也不顺利，因为他们遇到了三个高人。

哪三个高人呢？第一个高人是当时的洛阳县令。此人没留下名字，但却是个情报高手。看着郑愔在裴巽的宅子里出出进进，这个县令就感觉不太对劲，心想这其中是不是藏着什么阴谋呢？于是他便不动声色地偷偷观察。观察了几天之后，县令发现了一个惊人的秘密，从这个宅子里进出的，不仅有郑愔，还有谯王李重福的人！这县令也知道，李重福当时已被贬官，他无论如何也不应该到洛阳来开展活动啊，他们是不是想造反呀！一想到这儿，县令心里的那根弦就绷了起来，他决定亲自去裴巽的宅子盘查一番。这一天，他刚刚赶到裴宅，还没等发问呢，忽然，李重福带着几十个随从过来了，两队人马狭路相逢！县令一看，势头不妙，赶紧冲出门外一路狂奔，到洛州长官那里报信。东都这帮官僚听到县令的汇报是什么反应啊？他们都吓得面如土色，这没有任何思想准备，怎么说政变就政变了呢！再说了，谁知道李重福他们会不会成功啊？他确实是前任皇帝的大儿子，咱们可别站错了队伍！怎么办呢？干脆，别管了，多一事不如少一事，逃命吧，于是官员们纷纷四散而逃。这官员们都撤走了，还怎么组织镇压反叛呢？如果州里没有人组织抵抗，那李重福的计谋不就要得逞了吗？形势相当危急。

就在这千钧一发的时候，第二个高人出现了。这个人叫崔日知，是唐隆政变之前给李隆基通风报信的那个崔日用的哥哥。此人当时是洛州长史，也就是东都的副长官，他一看自己的同事那么窝囊，还没怎么样就都跑光了，心中非常愤怒，心想，养兵千日，用兵一时，如果靠这些家伙，国家早完了！我崔日知可不会像他们那样没骨气。于是，在这危急时刻，崔日知慨然担当起大任，调动兵力，组织抵抗。

正当崔日知调兵遣将之际，李重福已经率领一群党羽，打出旗帜来了，他沿途发动群众，说："我是唐中宗李显的儿子，并且我是现在的老大，最有资格当皇帝，所以现在我们要打到屯营去，然后动用兵力，包围洛阳城。现在你们如果愿意跟随我，待我当上皇帝之后，你们都可以跟我共享荣华富贵。"他这么一番游说，还真的组织起了一批想借此升官发财的人，所以追随他的队伍就像滚雪球一般，变得越来越壮大，很快就聚集了好几百人，浩浩荡荡地直奔右屯营而去。这对政府来说可太危险了，因为屯营就是洛阳守备部队，如果李重福他们巧言令色，赢得了屯营士兵的同情和支持，那洛阳城就要落到他们手里了。而洛阳是唐朝的东都，在军事、经济、文化上都是重镇，是首都长安的依托，是万万不可以失守的。

就在这时候，第三个高人出现了。此人名叫李邕，是中国历史上的一个著名书法家。大家都知道，唐朝是一个重视书法的时代。唐太宗不是还把王羲之的《兰亭集序》作为陪葬了吗？因为社会风气使然，唐朝人是当官练字两不误，出了不少既是书法家又是直臣的官员，李邕就是其中之一。李邕当时担任侍御史，是个六品的文官。这一天，他正好骑马出门办事，刚一出来就和李重福的队伍撞了一个正着。李邕是个有见识的人，一看他们这架势，马上就明白发生了什么事，看来李重福想夺取洛阳屯营的军队！这可是非同小可的事情，身为一名拿国家俸禄的官员，为国立功的时候到了。李邕看到李重福的人马比较杂，主要都是步兵，行走缓慢，他灵机一动，干脆，打一个时间差吧！他立即掉转马头，快马加鞭地赶到右屯营，召集士兵，大声高呼动员他们，他说："谯王得罪先帝，今无故入都，此必为乱，君等宜立功取富贵。"意思是说，谯王李重福在先帝的时候就已经犯下罪行了，现在他无缘无故地进入我们东都，这肯定是要犯上作乱。你们这些屯营将士，应该趁此机会立下大功，以后不愁没有荣华富贵啊。

李邕的这番动员意味深长，它至少包含两层含义。第一，李重福是在唐中宗时候就已经获罪的人，因此，他没有权力继承中宗的皇位，希望屯营将士不要受他蛊惑，乱了军心。第二，既然李重福没有资格当皇帝，作为一名士兵，就应该义无反顾地支持现任皇帝。如果效忠现任皇帝平定叛乱，那就会因功得赏，光耀门楣。这番思想动员说得不但明白而且贴切，马上把右屯营的人心稳定下来了。

从右屯营出来后，李邕又赶紧找到负责皇城门户守卫的皇城使，说李重福要叛乱，很可能往城里打，抢占地理优势，所以请皇城使赶快紧闭城门，严密防守，无论如何都不要开启大门。在皇城使这里交代完以后，他又飞马来到左屯营，也进行了一番思想动员。而这时候，李重福的人已经到右屯营了。

到了营前，李重福这边就开始呼喊，说他按照继承顺序，应该当皇帝，希望屯营士兵深明大义，看清形势，积极响应，以后定有荣华富贵，等等。可是，李邕之前不是已经给右屯营士兵做过形势分析和思想动员了吗？所以右屯营士兵根本就把他的话当作耳旁风，纷纷往外射箭，一时间，箭镞像雨点一样落下，让李重福他们完全无法靠近。形势非常不利，李重福的军队毫无进展，兵贵神速，不能老在这儿虚耗下去啊，实在没办法，临阵改方案吧，放弃夺取右屯营的兵力，直奔皇城的城门，想要强攻入城。可是，皇城使不是已经提前得到李邕的通报了吗？大门早给关上了，李重福几次强攻也攻不进去。两次受挫，李重福可太生气了，马上命人点火，想借熊熊大火把城门攻下。可是，火还没有点着呢，左屯营的士兵已经奉崔日知的命令出来讨伐他了。这么一来，李重福陷入了腹背受敌的局面，他可是彻底没辙了。前有城门，后有大军，怎么办呢？三十六计，走为上策。李重福一路狂飙，夺路而逃，躲到山谷里藏起来了。崔日知还等着拿他的那颗脑袋立功领赏呢，岂能饶了他！马上发兵，展开拉网式的搜捕。到第二天，眼看搜捕大军越来越近，李重福走投无路，投水自杀，时年三十一岁。

李重福死了，他的党羽当然也四散逃命。于是就出现了开头的那一幕：郑愔男扮女装，想蒙混过关。没想到士兵的眼睛是雪亮的，一下子就认出来了，很快就把他捉拿归案了。别看郑愔一辈子搞阴谋，而且又是吹牛大王，跟谁都说"你能有我帮忙真是三生有幸"。可一旦真的被抓起来，人马上就萎靡了，两条腿软得像面条一样。平常是巧舌如簧，可如今连一句完整的话都说不出来。当时，李重福的另一个高参张灵均也被抓起来了，和郑愔关在一起。一看郑愔这副窝囊相，张灵均是连连叹气，说："我和这样的人一起办事，怎么可能不失败呢？"事实上，张灵均说得也没错，郑愔最先依附酷吏来俊臣；后来来俊臣死了，转投张易之麾下；张易之死后，又投靠武三思门下；武三思死后，赶忙去巴结韦皇后；韦皇后死后，则力挺李重福。真是挺谁谁死，也不知道是他倒霉，还是这些人倒霉。但是，无论在法庭上表现如何，反正抓住了就要法办。郑愔和张灵均两个人都被斩首，而且是满门抄斩。李重福叛乱彻底失败。

李重福本来确实有资格继承皇位，在政变前也制定了详细的计划，但政变刚刚发动就失败了。那么，他为什么会落得如此结局呢？我想，这其中有三个原因比较重要。

第一，唐中宗本人皇帝当得很失败，没有给老百姓留下什么特别好的印象。所以，打着他儿子的旗号来反对睿宗政权，并不能得到太多的拥护。再说，李重福在唐中宗一朝就已获罪，被贬地方，以戴罪之身来夺取皇位的继承权，老百姓也不太认可。

第二，李重福一方实力太差。搞政变拼的就是实力，而这个实力既包括智力因素，也包括武力因素。李重福的叛乱具备哪一种实力呢？哪一种都不具备。论武力因素，他没有取得任何一支军队的支持；论智力因素，他只有郑愔和张灵均这样成事不足，败事有余的野心家做参谋。这两个人根本没有考虑过军事保障问题，只是天真地认为，只要打出中宗儿子的旗号，就能够天下响应，这当然是痴人说梦。

第三，洛阳的几个官员作出了高效率的应对。本来，李重福叛乱属于突发事件，谁都没有思想准备，但是，无论是洛阳县令的情报，还是崔日知与李邕的反应，都非常及时，而且非常到位。正因为有了这样一些尽职尽责的官员做中流砥柱，才使得洛阳在没有中央指挥的情况下，能够迅速组织自卫，平定这场叛乱。这就叫作"魔高一尺，道高一丈"。

因为有这样卓有成效的平叛工作，所以李重福叛乱并没有给睿宗的统治带来特别严重的冲击。相反，通过这次叛乱，睿宗还把法统问题给解决了。政变结束后，睿宗下令把李重福的尸体一寸一寸地斩断，作为惩戒，以儆效尤。不久之后，十六岁的小皇帝李重茂也被发配到地方羁押，一年之后，不明不白地死在拘禁的地方。到此为止，唐中宗所有的儿子都已经去世，睿宗当皇帝就不再存在法统方面的担忧，可以名正言顺了。那么，睿宗的统治会从此一帆风顺吗？在朝野动荡的余波里，他还会面临何种棘手问题呢？

第十三章 姑侄斗法

　　俗话说，一山难容二虎。睿宗李旦登基后，大唐帝国还真就出现了一山二虎的局面。哪两只老虎呢？一只是太平公主，另外一只就是太平公主的侄子，同时也是睿宗李旦的儿子，太子李隆基。这两个人都是唐隆政变的功臣，是他们把睿宗李旦扶上了皇帝的宝座，所以在李旦登基之后，这两个人都掌握了巨大的权力。权力大到什么程度呢？从一件事就可以看出来，当时李旦无论是遇到什么事情，都不敢自己决定。每次宰相奏事，李旦总要先问两句话，第一句是："尝与太平议否？"这事儿你跟太平公主讲过了吗？如果人家说已经讲过了，李旦再问第二句话："与三郎议否？"你跟我三儿子李隆基商量过没有？如果宰相说都请示过了，他们两位都点头了，这时李旦才敢签字。但是，这样的局面维持久了，不仅皇帝李旦不自在，太平公主和李隆基也不舒服。

两个人都觉得自己应该有更大的权力，都把对方当成了眼中钉、肉中刺。在这种情况下，姑侄二人展开了激烈的斗争。

一、第一回合

姑侄斗法的第一回合，从睿宗景云元年（710年）十月就开始了。要知道，景云元年距离刚刚发生的唐隆政变才过去四个月。斗法的挑起者是太平公主。她到处散布流言，说："太子非长，不当立。"说现在这个太子李隆基不是嫡长子，不应该由他来当太子，想要把李隆基从太子的位子上拉下来。太平公主刚刚和李隆基一起搞过政变，那可算是肝胆相照，患难与共啊！怎么局面刚刚安定下来，两个人就要反目成仇呢？其实，太平公主之所以不愿意让李隆基当太子，最初的原因还在于李隆基做事不够地道，老早就在算计自己的姑妈了。怎么回事呢？这还要从唐隆政变之中上官婉儿被杀说起。

我们之前谈到过，唐隆政变爆发，禁军已经杀进后宫的时候，上官婉儿还是相当镇定的。镇定到什么程度？她不仅没跑，还带领宫女，点着蜡烛出来迎接。上官婉儿为什么这么镇定啊？关键在于她自以为手中拿着免死金牌——她和太平公主商量着起草的中宗遗诏。按照她的想法，这个遗诏是她和太平公主交换意见的结果，充分照顾了相王李旦的意思，虽然遗诏没有施行，但遗诏本身就证明了她和太平公主乃至相王都是一伙儿的。现在太平公主和相王的儿子一起搞政变，她怕什么？她还是功臣呢！所以，婉儿手持遗诏，秉烛以待。事实上，李隆基的重要谋士刘幽求看到这份遗诏，心里也认可婉儿的同伙身份，所以才会请示李隆基，怎么处置这个女人。没想到李隆基根本不认账，还是把婉儿斩于旗下。

这件事可让太平公主看清了侄子。太平公主何等精明啊！她当然知道，侄子之所以杀上官婉儿，绝对不是因为乱军之中，无从判断，也不是因为斩草除根，除恶务尽，他分明就是要剪除自己的羽翼！换言之，上官婉儿为什么被杀？因为她只是太平公主的人，不是李隆基的人，再说清楚一点儿，那就是，哪怕就是在政变还没有结束的时候，李隆基已经和太平公主划清界限了！这样的眼光和心计，能不让太平公主不寒而栗吗？所以政变结束之后，太平公主和李隆基的斗争马上就开始了。

怎么斗呢？冤死的上官婉儿成了太平公主手里的第一张牌。她跟睿宗讲，韦后乱政时，上官昭容虽然身居高位，却一直心向皇家，曾经鼎力支持相王，是潜伏在敌人心脏的同志啊！这样的好同志却被李隆基当成敌人杀掉，这是李隆基大大的失误，也是上官昭容大大的冤屈啊！这样的好同志如果不平反昭雪，不仅对不起她本人，也无法向天下人交代。何况，朝廷里还有那么多当年受过婉儿点拨与提拔的文学粉丝呢！睿宗一听也有道理啊，这个失误怎么补救呢？新出土的上官婉儿墓志告诉我们了，睿宗做了如下补救措施：第一，给上官婉儿恢复名誉，她不再是韦后一党了，也就不再是罪人，那她是什么呢？她又恢复了二品婕妤的身份，而且以二品的礼仪安葬。第二，在给她的墓志铭，相当于今天的悼词中，充分肯定了她在中宗一朝和韦皇后、安乐公主斗争的坚决性，甚至出现了上官婉儿为了不让安乐公主当皇太女，不惜自杀劝谏的说法。这当然是为了择清上官婉儿和韦皇后一党的关系。第三，由太平公主出面，赙赠绢五百匹，协助安葬。这算是太平公主给上官婉儿送了一个大大的白包。

有人可能会说，这跟李隆基没有直接的关系啊。那就是太不了解高层政治运作的模式了。这个结果，其实就是太平公主打向李隆基的一记重拳！为什么这么说呢？第一，给上官婉儿平反，其实就意味着当时李隆基杀错了。太子杀错一个人，若是从维护太子威信的角度出发，当然应该大事化小，小事化了，但太平公主却大张旗鼓地给上官婉儿平反、安葬，这就意味着，太子的威信在太平公主这里不值一提，这不是打向李隆基的一记耳光吗！第二，太平公主大张旗鼓地祭奠自己的同党，也是在告诫李隆基，我的人我会维护到底，你动不得！这是在赤裸裸地示威啊。

其实，从这件事我们就可以看出来，政变甫一结束，太平公主和李隆基姑侄之间的斗法已然开始了。不过，这次斗法毕竟还比较隐晦，还不算当面锣、对面鼓。一旦太平公主散布"太子非长，不当立"的流言，那就意味着，姑侄之间温情脉脉的面纱已经被撕破了。

可能有人会想，太平公主要是不愿意让李隆基当太子，为什么不在睿宗还没立太子的时候就提出来，非要等到李隆基当上太子之后再搞小动作呢？这恐怕是因为太平公主越来越意识到，太子不可小视了。本来，唐隆政变的时候，李隆基年方二十六岁，还是个年轻人，又是庶出的儿子，还是老三，身份不占优势。而且太平公主也观察过这个小伙子，觉得他除了打球好以外，似乎也没有什么特别的本事。太平公主当时很轻视他，这才愿意跟他一起搞政变。按照太平公主的想法，和这个庶出的三郎联手搞政变，自己可以全权担任幕后策划，让他到前面冲锋陷阵。等到政变成功后，先拥立那个没有任何功劳的李旦当皇帝，再立这个没任何正经名分的三郎当太子，父子两代人都得感激她。这样就形成了一个弱天子和一个弱太子的组合，非常有利于她揽权。就算是以后李旦死了由李隆基来当皇帝，只要她还活着，侄子恐怕还得听她这个姑姑的话。总之，按照太平公主当时的如意算盘，只要操作得当，她在父子两代当政时期都可以大权独揽。

没想到，唐隆政变中，李隆基就剑斩上官婉儿，让太平公主看到了他的心机和凶狠，这当然让太平公主不爽。但是，尽管如此，太平公主还是顾念了共同战斗的情分，没有在立太子的问题上作梗。可是，太子确立之后，和太平公主共同主持朝政，其间一定多有不和之处，太平公主才更加深刻地意识到，这李三郎终究不会是任人摆布的弱太子，一山也终究难容二虎！怎么办呢？到这时候，太平公主痛定思痛，决定亡羊补牢，把这个太子撤掉，换一个听话的上来！可是，在古代社会，太子号称"国本"，更换太子可是一件大事。李隆基新立了大功，人望不错，怎么才能把他扳倒呢？太平公主采取的第一个手段就是利用太子庶出的短板，制造流言，说现任太子不符合嫡长子继承的原则，应该换人！本来，李隆基的出身就是他的软肋，再加上太平公主在当时举足轻重的地位，她这么一说，朝野上下自然也是议论纷纷。中国有个成语叫作"众口铄金，积毁销骨"，本来睿宗李旦对这个太子就心存芥蒂，现在太子的处境就更艰难了。

当然，太平公主也明白，在政治斗争中，舆论只能起辅助作用，因此，光靠制造流言还不行。太平公主是个擅长谋划的人，她还进一步采取了三个措施来打击太子。

第一，监控太子的私生活，企图从中找出漏洞。中国有道德至上的思想传统，所以，私生活也是一个敏感问题，太子的私生活就更为敏感。隋朝的时候，隋文帝的大儿子杨勇不就栽在私生活上吗？他宠爱小妾胜过嫡妻，被信奉一夫一妻制的老妈独孤皇后知道了，非逼着隋文帝把他从太子位置上拉下来，换上小儿子杨广，也就是后来的隋炀帝。另外，唐高宗晚年，章怀太子李贤不也是因为宠爱娈童，被武则天抓住把柄废掉了吗？太子失德，本来就是一件可大可小的事情，如果要把它做大，是可以上纲上线的。此时，深得母亲真传的太平公主，也安插了亲信到太子身边充当卧底，每天拿显微镜去观察太子的生活。太子每天都干了什么？是不是沉湎女色，是不是骑马打猎不务正业？一旦发现太子有什么不妥当的地方，太平公主就会赶紧汇报给睿宗李旦，加深李旦对这个儿子的坏印象。

第二，发动大臣，让他们提出更换太子。太平公主也知道，废立太子这样的大事，光靠自己一个人唱独角戏可不够。皇帝毕竟是和大臣共治天下，应该让大臣敦促一下李旦。为了取得大臣的支持，太平公主把自己的儿子和女婿都派了出去，让他们一个一个联系关系好的大臣，请他们到家里来聊天、吃饭。太平公主有钱啊，唐睿宗给了她一万户的实封，因此她有的是办公经费招待客人。这些大臣来到她的府邸，不仅好吃好喝，走的时候还有豪礼奉送，一定让来人满载而归，不虚此行。经过太平公主这么一番拉拢之后，确实也有一些大臣被她说动了，加入到她的阵营中来。不过，这样一个一个发动大臣实在是太慢了，太平公主可是个讲究效率的人，怎么样才能一下子解决问题呢？到了景云二年（711年）一月，太平公主换方法了，成批处理。这天她估计宰相们该退朝了，就自己坐着车来到他们下班的必经之路上候着。

一会儿，看着宰相们出来了，太平公主主动迎了过去，跟他们讲："太子不是嫡长子，由他接班不合礼教。古人云：'不知礼，无以立。'诸位宰相都是饱读诗书之人，难道不应该帮助皇帝遵循礼教吗？请你们务必跟皇帝表一表态，换掉太子！"显然，这是在对大臣施压，企图让他们从君臣关系这个角度迫使皇帝改变决定。

更厉害的是第三个措施：恐吓唐睿宗，让他感觉到李隆基对自己的统治形成了威胁，从而主动产生废掉太子的念头。前两个措施都是动用外部力量，外力敦促虽然也有作用，但是哪有让睿宗自己在灵魂深处产生这个想法来得直接啊！本来在中国古代，因为皇权独尊，皇帝和太子之间就非常难处，这种关系常常让太子觉得左右为难。当太子的管多了，皇帝就会觉得恐惧，怕太子有野心，想提前夺权；当太子的管少了，或者干脆什么事都不敢做，又会让皇帝觉得太子窝囊，不是当皇帝的材料。

到了李旦和李隆基这一对父子这儿，关系就更微妙了。为什么呢？因为李旦当皇帝是被儿子李隆基推上来的，而儿子在搞政变的时候，为了自己的政治前途，居然选择把老爸蒙在鼓里！这让李旦觉得儿子心机太深了，总怀疑他以后还会图谋不轨，抢班夺权，所以对这个儿子多有防范。现在，太平公主就利用了睿宗的这种恐惧心理，让他觉得儿子确确实实想要提前接班了！怎么恐吓李旦呢？她派了两拨人到睿宗面前去造谣。第一拨是大臣，他们跟睿宗说："朝廷里的人都很倾心于太子。"言下之意很明显，李隆基在朝廷里的人缘比你这个皇帝还好呢！这当然让唐睿宗很郁闷，也很紧张：这小子整天在朝廷里收买人心，他想干什么呀？他是不是哪天要把我搞掉啊？

紧接着，太平公主又派了一拨术士去游说唐睿宗。所谓术士都是能掐会算、号称能预知未来的人，在当时也算是专业人士，他们就利用自己的专业知识说话了："五日中当有急兵入宫！"（《资治通鉴》卷二一〇）也就是说，根据他们的推算，五天之内又会有大兵到宫里来作乱了！睿宗早就被各种各样的宫廷政变吓破胆了，现在一听，当然会紧张啊。谁会在这时候兴兵作乱呢？那肯定是太子等着当皇帝等得不耐烦了，想要逼宫，提前接我的班啊！这样一来，唐睿宗惶惶不可终日，怎么看李隆基都觉得他像是要夺权的样子。

在太平公主这三个措施的共同作用之下，李隆基的压力可就大了。身边有太平公主的人，朝廷里有太平公主的人，睿宗也整天被太平公主的人包围着，从各个角度说他的坏话，他这太子还能当长久吗？怎么办呢？李隆基也不是好欺负的，论心机绝对比得上太平公主，看到太平公主这么步步紧逼，他马上也针锋相对，展开反击了。那么，他采取了一些什么样的行动呢？

第一是检点自己的言行，不让太平公主抓住把柄。太平公主不是整天盯着他的私生活吗，李隆基这时候就小心翼翼，不惹麻烦。《太平广记》记载了这么一个故事。就在太平公主和李隆基斗法的时候，李隆基的一个妃子怀孕了。添丁进口，这本来是件好事啊，可是李隆基当时根本高兴不起来。为什么呢？因为他觉得现在妃子有孕，固然意味着人丁兴旺，但也可以说他整天沉湎于女色啊。这是失德行为，该怎么办呢？想来想去，李隆基觉得孩子不能留，干脆让这个妃子打胎算了。可是打胎这事也不能大张旗鼓地去做，如果让外人知道了，就失去了打胎的意义。那到底该怎么办呢？这时候，李隆基就求自己的心腹大臣张说，让他替自己偷偷买点打胎药来。药买回来之后，李隆基还不敢让身边的奴婢熬药，怕他们传话给太平公主。于是，他就把身边的人都支开，干脆自己动手！可是，也不知道是这药熬得太慢，还是李隆基这么长时间一直心力交瘁，疲惫不堪，反正熬着熬着他就睡着了，还做了一个梦。他梦见一个金甲神人走到药铫子旁边，绕着药铫子转了三圈，然后这个药铫子就翻到了地上。李隆基一激灵，被吓醒了，睁开眼睛一看，药铫子居然真的翻倒在地。这是怎么回事呢？子不语怪力乱神嘛，李隆基想来想去，觉得还是应该相信科学，不能信梦里那些事情，一定是自己睡着的时候不小心一脚把药铫子踢翻了！所以他换了一服药接着熬。没想到熬着熬着，这药铫子无缘无故又翻倒了，反复三次都是如此。这时候李隆基明白了，这就是天意，上天不愿意让我失去这个孩子，于是也就不再想打胎的事了。

那么，《太平广记》这个故事是真的还是假的？我相信肯定是虚构的，但是它也确实反映出李隆基当时艰难的处境和他那种小心翼翼、唯恐出错的心态。正是因为这种态度，所以虽然太平公主派人严密监控，但是现存的史料中还确实没有哪一条记载李隆基有什么不妥的言行被发现，李隆基自我保护做得不错。

第二是在大臣中培植力量，让他们替自己回应、反驳太平公主的诽谤。只要太平公主发难一次，李隆基这边的大臣就回应一次。前面不是说过太平公主制造谣言说太子不当立，而且还拦住宰相，让他们同意换太子吗？那时，一个重量级的宰相宋璟马上替李隆基说话了，说："东宫有大功于天下，真宗庙社稷之主，公主奈何忽有此议！"说太子那是立了大功的人，是我们国家未来的好主人，公主您怎么会说出换太子这样的话啊？义正词严地反驳了太平公主。宋璟在武则天统治时期就以为人耿直、不畏强权著称，也算是几朝老臣，久居高位，在大臣之中享有很高的声望。他这么一发话，其他宰相也就不敢再说什么了。这是支持李隆基的大臣第一次和太平公主交锋。

再看第二次。太平公主不是派大臣造谣，说朝廷都倾心于太子吗？睿宗很郁闷，沉不住气，就找到自己素来信任的老臣韦安石讨主意。这韦安石虽然也姓韦，但跟李隆基关系不错。他听到睿宗这么一说，马上反驳了，说："陛下安得亡国之言！此必太平之谋耳。太子有功于社稷，仁明孝友，天下所知，愿陛下无惑谗言。"陛下您可千万不要说这种亡国的话啊，这一定是太平公主在调唆您吧？咱们现在的太子有功于国家，而且又孝顺又友爱，陛下您怎么能够听信谗言呢？这话说得一针见血，一下子就把背后的主谋太平公主点出来了。经韦安石这么一分析，睿宗也不得不承认，此事八成就是太平公主搞的鬼。

再来看第三次。太平公主不是让术士放话说五天之内会有大兵入宫吗？睿宗又非常紧张，马上跟几个身边的大臣布置任务，让他们都警醒一点，早作防范，千万别让坏人钻了空子。这时候，李隆基的心腹张说又站出来反驳了。他说："此必谗人欲离间东宫。愿陛下使太子监国，则流言自息矣。"说现在显然有坏人在挑拨离间，在这个时候您作为皇帝不仅不能防范太子，反而要给太子更大的权力，让他监国。这样一来，别人一看你们父子两个人关系这么和谐，也就再也不敢向您进谗言了。张说这番话也是分量十足，不仅揭露了太平公主的阴谋，而且劝说睿宗给太子更大的权力，简直是直接帮着李隆基要权力了。

上面所说的这几条反击措施虽然管用，但毕竟还是消极防范型的，如果仅仅只会防范，那就会永远处于被动。要想在斗争中取得成功，不能光靠被动防范，而是要做到攻防结合，必要的时候还得主动出击。问题是，李隆基当时处于守势，要想主动出击，实在心有余而力不足。不过没关系，有人替他出手了。谁呢？两位人望非常高的大臣，姚元之和宋璟主动找睿宗谈心去了。这位姚元之就是后来著名的开元贤相姚崇，在武则天时代就已经声名赫赫，也算是几朝元老。宋璟则是以耿直见长，号称"铁筷子"。两人一起劝谏睿宗说："宋王陛下之元子，豳王高宗之长孙，太平公主交构其间，将使东宫不安。请出宋王及豳王皆为刺史，罢岐、薛二王左、右羽林，使为左、右率以事太子。太平公主请与武攸暨皆于东都安置。"

这可不是一般性地为太子辩护，而是针对太平公主和李隆基的矛盾提出的一揽子解决方案。现在太平公主和太子打得不可开交，应该怎么办呢？他们认为应该这样：首先，合理处置能够对太子位置形成威胁的人。当时，除了李隆基之外，有资格当太子的人还有两个。一个是宋王李成器，这是李旦的嫡长子，当然有资格接班。另一个是豳王李守礼，他是章怀太子李贤的儿子，也是高宗和武则天活着的最大的孙子。那他为什么有接班的资格啊？这还是从法统的角度考虑的，皇位从高宗传到中宗李显，再从李显往下一代传。但是，李显本人已经没有儿子了，那么李显的下一代皇族之中，年纪最大的是谁呢？就是李守礼，所以他也有接班的资格。这两个人都有接班的资格，有可能对现任太子李隆基的位置形成威胁，而他们现在受到了太平公主的挑拨，很可能心理也有波动。因此，应该让他们离开政治中心长安，到地方担任刺史，不要卷入纷繁复杂的宫廷斗争，以免引起政局不稳。

其次，合理处置李隆基的两个弟弟。李隆基是三郎，他还有两个弟弟，一个被封为岐王，一个被封为薛王，两人担任中央禁军的统帅——左、右羽林将军，掌握禁军的兵权。他们没有当继承人的资格，但是他们有可能被人利用。所以应该解除他们的禁军兵权，让他们去担任太子卫队的将领——太子左、右率，这样就可以辅助太子，加强太子的力量。

第三，合理安排太平公主。姚元之和宋璟认为，朝廷里之所以出现这么多问题，关键是有太平公主插手。所以，请求睿宗让太平公主夫妇离开政治中心长安，到东都洛阳居住，让他们远离是非之地。

从上面的分析我们可以看出来，这一揽子解决方案其实是非常到位的，绝对切中要害，清楚地反映出姚元之和宋璟把握大局、解决关键问题的能力和水平。要知道，这两个人并不是通常意义上的李隆基党羽，他们就是独立大臣，就是代表公意民心的，这让他们俩的方案格外有分量。面对这样的方案，睿宗也在审慎考虑，如果任由太平公主和李隆基姑侄相斗，不仅亲情受损，而且朝廷还会面临分裂的风险。要不要一揽子解决妹妹和儿子的矛盾呢？

景云元年（710年）二月，唐睿宗连下两道诏令。第一，以宋王成器为同州刺史，豳王守礼为豳州刺史，左羽林大将军岐王隆范为左卫率，右羽林大将军薛王隆业为右卫率；太平公主蒲州安置。很明显，这基本上就是姚元之和宋璟提出来的方案，把李隆基的两个哥哥都放到地方当刺史，离开中央；把李隆基的两个弟弟从中央禁军的领导岗位上撤下来，改任太子卫队统帅。同时，把太平公主和她的丈夫一块儿安置到蒲州去了。跟姚元之和宋璟的方案相比，这个诏令只做了一点小小的修正，就是太平公主的安置地点变了，没有让她到东都洛阳，而是就近安排在蒲州。唐代的蒲州就是现在山西省的永济县，《西厢记》里张生会莺莺的那个地方。蒲州从地理位置上来讲，肯定比洛阳离长安要近一些。对于这个修正，睿宗解释得很清楚，我的一母同胞中，兄弟凋零，就剩下太平公主一个妹妹了，我怎么忍心把她放到东都洛阳那么远的地方去呢？还是把她留在身边比较近的地方吧。一旦我想她了，还可以召她进宫，或者哪怕我去看看她都行啊。这个理由无人能够反驳，可以说是一个非常富有人情味的解决方式。

第二，让太子李隆基监国，六品以下官员的任免和一般轻罪的惩罚都由李隆基全权决定。这其实是实行了张说的方案。张说说过，现在有人调唆皇帝和太子的关系，为了表明态度，应该给太子更大的权力，这样才能表现对太子的信任，也能堵住小人的嘴。现在唐睿宗李旦采纳了他的意见，让太子监国。到这一步，李隆基反击太平公主的主要目的都达到了，所以，太平公主和李隆基斗法的第一回合，应该是以李隆基全面胜利而告终。

二、第二回合

可是，事情没有这么简单。睿宗的诏令刚一颁布，太平公主和李隆基斗法的第二个回合就开始了。

这一次，还是太平公主首先发难。这次太平公主可不像以前那样再搞什么迂回路线，而是直接找李隆基去了，质问他，你让你的心腹大臣去调唆皇帝，让皇帝把你的两个哥哥都赶走也罢了，你竟然还让皇帝把我赶走，你这安的是什么心？你也不想想，当年如果没有我帮忙，你能当上太子吗？现在你的翅膀刚长硬一点,居然就忘恩负义!你难道就这么容不下我吗?太平公主这么直截了当、声色俱厉地质问李隆基,一下子让李隆基感觉事态严重,他真害怕了。害怕什么呢?李隆基不仅害怕这个姑姑,他还害怕犯了众怒。太平公主毕竟是几朝元老,皇族领袖,深得睿宗李旦信任,本来就得罪不得,现在又牵扯出宋王成器和豳王守礼来,万一她和这两个有名分的哥哥联合起来怎么办?再说了,虽然父亲李旦这次是站在自己这一边,但李隆基也清楚,父亲其实一直都在猜忌自己,一旦自己惹了姑姑,再犯了众怒,就很有可能成为父亲废掉自己的理由啊!果真如此,那以前做的一切不是都白搭了吗?本来,姚元之和宋璟向睿宗提出这个一揽子方案,并非出自李隆基的策划,而是朝廷大臣做出的独立判断。当然,对于这两位大臣的提议,李隆基乐见其成,而且,父亲睿宗的反应,更让李隆基的信心大增——无论如何,睿宗还是心向儿子的。但是,他知道太平公主的厉害,也知道睿宗的动摇,他不敢掉以轻心。面对来势汹汹的姑姑,到底怎样表态合适呢?

左思右想,李隆基决定对姑姑妥协。怎么妥协呢?面对太平公主的责难,他采取死不承认的策略,对着姑姑赌咒发誓,死活不承认他跟姚元之和宋璟有什么关系。他说这两个人多管闲事,我可是一点都不知道啊!可是光赌咒发誓没有用,还得消除恶劣影响才能显示诚意。要想证明自己不是后台老板,李隆基只能用实际行动跟这两个人划清界限了。他跑到唐睿宗那里,奏上一本,说姚元之和宋璟这两个奸臣挑拨离间,企图用卑鄙的手段破坏我和我尊敬的姑姑以及亲爱的哥哥之间的关系,这真是罪大恶极的行为,请陛下对他们处以极刑!

一看李隆基为了自保,把他两个忠实的支持者姚元之和宋璟都给抛出来，睿宗其实也松了一口气。本来，姚、宋两人的方案太偏袒太子，难怪太平生气。既然太子愿意让步，睿宗也就顺水推舟，说道："既然如此，我尊重你的意见吧，不过处死这个惩罚太重了，我就把他们贬到地方做刺史吧。"马上把姚元之和宋璟都从宰相的职位贬到地方去了。没过几天，李隆基的另一个心腹——政变功臣刘幽求，也被从宰相的位置上赶了下来。这样一来，李隆基虽然在第一回合小胜一筹，可毕竟自己也损失了三员爱将，真可谓杀敌一千，自损八百，没少伤元气。

李隆基这儿已经做出这么重大的牺牲，那么，睿宗的两道诏令还执行不执行啊？这时候轮到太平公主摆出高姿态来了。她找到睿宗说，我乍一听到太子居然想要把我赶到地方去的时候，我真是太难过了，没想到太子这么猜忌我！可是现在我痛定思痛，反思自己，我觉得自己肯定也有做得不好的地方，让太子生疑。既然太子让步了，那我也让一步吧，我还是到蒲州去吧。太平公主也做了妥协。

至此，太平公主和李隆基姑侄之间的第二回合斗法也就结束了。那结果到底是谁胜了呢？很难说。一方面，太平公主离开了政治中心长安，这算是她输了一招；但是另一方面，太子的支持者也被铲除了不少，所以太子也没占多少便宜。可以说，这一局的斗法两人打了个平手。

那么，我们应该怎样评价太平公主姑侄斗法的结果呢？我想，能得出两个结论：首先，太平公主和李隆基两个人的实力都很强，所谓"棋逢对手，将遇良才"，所以他们才能这样你来我往，反复争斗。其次，尽管两者都强，但是，相比之下，还是李隆基略胜一筹。因为两局下来李隆基一胜一平，太平公主一败一平。

我们讲过，太平公主此刻已经是成熟的政治家了，而李隆基还是初出茅庐的见习生，为什么会出现李隆基稍占优势的局面呢？我想，主要有三方面的原因。

第一，睿宗李旦没有废掉李隆基的打算。通过睿宗处理太平公主和李隆基之间矛盾的方式，我们可以看出来，虽然睿宗李旦对这个儿子并不满意，而且打算利用太平公主去制衡李隆基，但是，从李唐王朝稳定发展的大局考虑，从父子天性考虑，他并没有真的打算废掉太子，只是不希望太子过于威胁自己的统治。所以，在处理二者矛盾的时候，他看起来是耳软心活，谁的话都听，但在关键时刻，他还是愿意维护太子的利益。这是李隆基能够略胜一筹的关键原因。

第二，李隆基是太子，占有名分上的优势，这就使得朝廷里的好多大臣愿意拥护他，都归心于他。这些大臣不光包括他过去的心腹，比如跟他一起搞政变的刘幽求等人，还包括一些比较正直的大臣，比如姚元之和宋璟。这些正直的大臣虽然跟李隆基没有什么私人交情，但是他们希望政局稳定，这就使得他们愿意支持有着正经太子名分、代表政局发展方向的李隆基，而不是没有名分还要干政的太平公主。这些重量级大臣对太子的支持，也是太子最后略微取胜的重要因素。

第三，李隆基的优势也就是太平公主的劣势，她虽然足智多谋，但是没有名分，还缺乏核心大臣的支持。

当然，我们也要看到，虽然太平公主略处劣势，李隆基稍占优势，但是总体来讲，两个人还是实力相当，没有谁能够占据压倒性优势，也没有谁虚弱到不堪一击。所以我们可以肯定，这个斗争还将持续下去。那么，接下来，太平公主会采取什么样的措施弥补自己的不足呢？唐睿宗李旦又会做出怎样的反应呢？

第十四章 睿宗传位

　　众所周知，中国古代的皇帝位列至尊，拥有至高无上的权力。但是，在礼节和名分上，还有一个职位比皇帝还要尊贵，那就是太上皇。秦始皇统一中国后，追尊父亲庄襄王为太上皇，这是太上皇称号的开始，但是，庄襄王当时已经去世了。真正活着做了太上皇的，汉高祖刘邦的父亲刘太公是第一位。此后的太上皇，有的是厌倦大宝，主动传位于太子，也有的是为形势所迫，不得不给儿子让位。让位的原因不同，他们的境遇也就相当悬殊，有的仍牢握权柄，操纵朝政，有的则颐养天年，优哉游哉，还有的被软禁起来，与囚徒无异。太上皇和皇帝的关系，也因此特别复杂。熟悉清史的人都知道，乾隆皇帝为了表现自己行为低调，在当了六十年的皇帝之后就主动退位，当了太上皇。不过他当太上皇的时候，还是军政大权一把抓，让接班的嘉庆皇帝很是郁闷。其实，乾隆和嘉庆这种关系，在唐朝历史上也曾经出现过。李旦就曾经当过一年太上皇，也把皇帝李隆基搞得苦不堪言。这是怎么回事呢？

一、皇帝难做

唐睿宗李旦在三儿子李隆基和妹妹太平公主的共同推戴下当了皇帝，所以，朝政也就在这两个人的把持之中。两个人都想掌握更大的权力，因此也就展开了激烈的争夺。在他们的争夺过程中，李旦一方面想借助太平公主的势力打压儿子李隆基，防止太子权力过大，冲击皇位；另一方面也会在关键时刻拉儿子一把，不让儿子跌入万劫不复的深渊，保证权力和皇位的传承不会出现太大的变动。总之，唐睿宗表现的是忽左忽右，一会儿支持这个，一会儿支持那个，在这两个人中间找平衡。他的初衷自然是希望能够好好驾驭这两个人，让他们都为自己服务。可是，辛辛苦苦走了一阵子钢丝之后，李旦发现以自己的能力和实力，根本不足以摆平这两个人；而且，由于这两个人的斗争，朝政倒是愈来愈混乱，愈来愈复杂。这期间有两件事让睿宗觉得特别窝囊，也让他倍感窝火。一件是斜封官事件，另一件是宰相集体罢免事件。

先看斜封官事件。咱们说过，任命斜封官是唐中宗李显的拿手好戏。当时不管你是什么出身，只要能够拿出三十万钱来贿赂安乐公主、上官婉儿等宫廷贵妇，她们就有本事在中宗面前给你要一个官当。这种官都是唐中宗自己写好了名字和官职，斜着封上角交给吏部任命的，所以叫作"斜封官"。斜封官都是花钱买来的，所以这些官员大多数素质低下，哪里懂得为官之道啊。在那个时期，去国家机构看看，进了御史台，问问这位御史您是什么背景啊？他可能说，过去是市场里杀猪的；走到一个县衙，问县令，您是怎么走上领导岗位的啊？人家说了，上个月还在街上卖肉呢。就是这样一些乱七八糟的斜封官在各级官府办公，搞得到处都乌烟瘴气。李旦对这个政治弊端看得很清楚，也想扭转一下政治风气。所以等他当上皇帝，自然暗下决心，必须废除斜封官，恢复贤人政治。为了实现这个理想，睿宗上台后，不仅很快就下令罢免所有的斜封官，并且，还任用武则天时期培养起来的能干大臣——忠心耿耿的姚元之和宋璟，让他们主持吏部和兵部的选官工作。这两个人上任后，不负众望，很快就出现了选贤任能、赏罚公平的局面，朝野上下秩序井然。人们都说，贞观之治又重现了。听到大臣和百姓的夸奖，睿宗本人也颇为得意，沾沾自喜。这也算是皇帝新官上任的第一把火啊，烧得不错。

可是，当时不是太平公主和李隆基互相争夺权力吗？两个人都想拉拢更多的人充实自己的阵营。现在这么多斜封官都被罢免，两个人都看出时机来了。这不正是笼络人心的好机会吗？马上争先恐后地给李旦提意见。怎么提呢？李隆基沿袭自己一贯的谨慎风格，不亲自出马，而是让自己手下的一个五品官员太子中允薛照素出来说话。薛照素说："斜封官皆先帝所除，恩命已布，姚元之等建议，一朝尽夺之，彰先帝之过，为陛下招怨。今众口沸腾，遍于海内，恐生非常之变。"这话什么意思呢？斜封官都是先帝中宗封的，陛下您现在都给罢免了，言外之意岂不是说先帝的政策有问题吗？您的皇帝位子是从中宗那里继承来的，最好不要整天说中宗的坏话。另外，这些斜封官可都是花了重金才当上的，您一旦把他们都罢免了，他们能不怨恨您吗？如果在他们的鼓动之下，天下骚动，陛下您这个皇帝还能当长久吗？对唐睿宗李旦，薛照素是晓之以理，动之以情。

太子出手收买人心了，太平公主也不能落后呀！何况有些斜封官就是她推荐给中宗的，当年收了人家诸多金银财宝，现在说罢免就罢免，怎么行呢？这也不符合潜规则啊。所以她也急急忙忙上书唐睿宗，要求他重新考虑。另外，唐朝宗教气氛很浓，对宗教职业者很看重，所以太平公主不仅自己去说，还让她手下一个名叫慧范的和尚也去跟睿宗说。这个慧范是个政治和尚，经常出入宫廷，中宗在位的时候，他就能左右逢源，深得中宗和韦皇后的信任。如今中宗和韦皇后不在了，他又摇身一变，成了太平公主的心腹。为了斜封官这件事，慧范秉承太平公主的旨意，数次进宫游说睿宗，把天上人间的好话都说尽了。这样一来，唐睿宗可太郁闷了。心想，好人都让你们做了，让我当恶人！干脆，我也别得罪人了。没过多久，睿宗把姚元之和宋璟都罢免了，斜封官也都重新任用。

可是，这样一来，不仅朝政继续紊乱，而且也没讨好谁。为什么呀？这不是朝令夕改？大家都觉得皇帝没有准主意呀！不仅耿介守正的大臣看不起他，连斜封官也丝毫不感谢他。因为他们都知道，能再次当官，不是皇帝的恩典，而是太子和太平公主的功劳。所以睿宗李旦各方面都没摆平，威望反而每况愈下。

再看宰相罢免事件。本来，睿宗上台以后，依据妥协的原则，任用了一些具有派系背景的宰相。这些宰相有的是太平公主的人，有的是李隆基的人，分属不同的阵营，工作上难免扯皮。时间长了，官越来越多，正经事却一件也办不成，简直跟唐中宗时代没什么区别。这也让李旦很不开心,他是从中宗时代过来的人,目睹了许多动荡和混乱,深知中宗一朝的问题所在。当初他当亲王的时候,长夜漫漫,也曾经扼腕叹息,如果让我当皇帝,一定要清除这些弊端,励精图治,恢复祖宗的功业!没想到自己如今真的当了皇帝,却仍然是人心涣散,朝野无序,政令不行,并没比中宗高明到哪里去。李旦内心也渴望做个雄才大略的一代明君啊,眼前这种局面,实在太伤自尊了!怎么办呢?他怨愤积累得久了,有一天终于爆发了,痛下杀手,对朝臣说,现在国家政治混乱,官员激增,仓库空虚,水旱灾害频繁,虽然我作为皇帝应该负主要责任,但是你们这些宰相既然号称辅弼之臣,也得承担相应责任吧。你们这样不作为,怎么对得起天下苍生!现任宰相一律罢免,重新任命有才之士!一下子,五个宰相都下岗了。

本来,按照李旦的本意,也是想把这些有派系背景的人拿下,换一些既听话、又能干的自己人,加强自己的力量。可是,太平公主和李隆基两个人正在激烈竞争呢,哪能容许李旦发展势力啊!一看宰相位置出现空缺,都马不停蹄地来做李旦的工作,推荐自己的亲信。这两个人当时势力很大,李旦不是每件大事都得先问太平,再问三郎吗?也不敢特别违背他们的意思,只好又放弃自我,在他们两个人中间斡旋,求取平衡。最后,争来争去,一共新任命了四个宰相,其中两个是太平公主的人——崔湜和陆象先;两个是李隆基的人——刘幽求和魏知古。这和原来又有什么区别呢!经过这番变故,睿宗李旦真是心灰意冷。思来想去,他明白了两个道理。第一,现在太平公主和李隆基势均力敌,高下难分,但是实力都比自己强。因此想要靠他们鹬蚌相争，自己坐收渔翁之利并不容易办到。换言之，自己驾驭不了他们。第二，他们这样龙争虎斗，不仅没给自己带来好处，还给国家带来了恶劣的后果，国家不能定于一尊，政局越来越混乱，大唐的国力也在削弱之中。这可不是唐睿宗李旦愿意看到的事情啊。怎么办呢？

二、让位太子

大家在日常生活中可能都有同感，面对同样一件事，不同的人会有完全不同的反应。为什么呢？因为每个人的性格和人生经历都不一样，思考问题的角度和方式也会截然不同。现在唐睿宗李旦面对着如此复杂的局面，他会怎么反应呢？我们先得分析一下他的经历和性格。

唐睿宗李旦的经历极端复杂，他曾经两度当皇帝，但是被废掉的时间远比当皇帝的时间更长。在政治旋涡之中反复沉浮，这会给他的性格造成什么影响呢？遍翻史书，我们会发现，如果要用一个字形容李旦的性格，那就是"让"。当年，他本来是皇帝，母亲武则天当太后，他觉得母亲比自己更强势，玩儿不过母亲，怎么办？他就主动把皇帝的位置让给母亲了。这是第一次退让。后来，武则天当了皇帝，让他当皇嗣，当了十好几年后，母亲的想法出现了变化，又把三哥李显从流放地接回京城。李旦一看情况不好，再让，把太子的位置又让给了三哥李显。后来李显顺理成章地当上皇帝，想要答谢他，给他一个皇太弟的名分，他还是让，坚决推辞不干，就安心当一个亲王。那么李旦这样让来让去，是不是他性格真的特别恬淡啊？倒不尽然。每次李旦推让，其实也都是人强我弱，情非得已。可是，这样一次次退让的经历，也就造成了他遇事就退的性格。一旦遇到问题，他可能会稍稍抗争一下，一看不行，"让"字马上就浮现在他的脑海之中。

此时李旦想来想去，终于觉得，要想让朝政走上正轨，只能打破目前这种鹬蚌相争的局面。换句话说，他不能再步履维艰地走钢丝了。在太平公主和太子李隆基之间，他只能而且必须选择一个人。选择谁呢？虽然软弱，但李旦还是一个负责任的皇帝，从李唐王朝的前途考虑，李旦决定，加强儿子李隆基的力量，让政治重心向太子这边倾斜！可是，怎么才能加强太子的力量呢？李旦决定，干脆传位算了！

景云二年（711年）四月的一天，也就是唐睿宗李旦当上皇帝才十个月的时候，他就召集三品以上的高官谈话，说："朕素怀淡泊，不以万乘为贵，曩为皇嗣，又为皇太弟，皆辞不处。今欲传位太子，何如？"说我素来与世无争，现在想把皇位直接传给太子，你们有意见吗？大臣听到皇帝这句话真是吓了一跳。皇帝年富力强，才五十岁，怎么会想到传位呢？该怎么回应他呢？大臣们可犯了难。如果说皇帝您做得对，您确实能力不行，别占着茅坑不拉屎，早点传位太子吧，这不是明摆着让皇帝下不来台吗？但如果说皇帝您可千万别传位，我们永远追随您一个人，那不是又把太子给得罪了吗？太子可是未来的皇帝呀！青春大好，前途无限，所以，一时间，偌大的朝堂悄无声息，只听见大臣们心跳的声音了。睿宗一看，没人理他，那就只好先退朝吧。让大臣都回家好好想想，明天再作答复。这些大臣在朝堂上虽然什么也不说，可是一退朝，马上都活跃起来，呼啦一下四散而去。到哪儿去了？各找各的主人去了。他们这些人有的是太平公主的党羽，有的是太子李隆基的心腹，赶紧给自己的主子传信去啊。于是快马加鞭，太平公主和李隆基都在第一时间得到了这个消息。这两个当事人是怎么反应的呢？李隆基哪敢表现出对权力的渴望啊！兹事敏感，弄不好会惹来杀身之祸，他立刻派了一个手下去找唐睿宗，说我坚决不敢担当大任，还请父皇以天下苍生为念，继续当皇帝。

那太平公主呢？太平公主当时并不在长安，前面不是说，她在跟李隆基互相争斗的过程中，被唐睿宗安排到蒲州去了吗？现在她知道了这个消息，也没法直接表态。而且从原则上说，睿宗传位不传位并不涉及太平公主，她也不方便直接表态。可是她不能不有所作为啊，怎么办呢？太平公主安插在朝廷里的一个亲信侍御史和逢尧替她说话了，他说："陛下春秋未高，方为四海所依仰，岂得遽尔！"这个劝说非常巧妙，不从太平公主的角度入手，而是从睿宗本人的角度入手，说皇帝您还年轻，还远远没到退休年龄呢，天下老百姓都依靠您，您怎么能随随便便说退休呢！谁不愿意听人说自己年轻，夸自己有威望，别人都仰仗自己啊？所以他这么一番恭维，一下子把睿宗的心说得暖洋洋的。也是，好不容易当上皇帝，江山如画，美女如云，自己何必主动退位呢？就这么私字一闪念，李旦传位的事情就又搁置下来了。既然不能传位，只好继续走钢丝。左右犯难的李旦，现在该如何是好呢？

李旦首先继续加强太子的权力。原来许诺人家当皇帝，现在又收回成命了，总得给人家补偿吧。本来不是已经让太子处理六品以下的官员任免和一般刑事犯罪了吗？现在规定，死刑以及五品以上官员的任免也都先跟太子商量。那太平公主呢？睿宗李旦决定，把她从蒲州召回长安。妹妹已经出去好几个月了，一日不见，如隔三秋，我这个哥哥无时不在想念着你呢，还是回到京师吧。于是，太平公主又回到权力核心了。双方再一次打了个平手。

本来，在这种情况下，双方这种势均力敌的状态还会持续相当长的一段时间，可是，眼看着太子李隆基的实际权力节节攀升，李旦又流露出撂挑子的意思，素来沉着冷静的太平公主再也沉不住气了。她做了一件事，一下子把均衡局面打破了。就在这件事之后，时局发生了一百八十度的大逆转。她到底折腾了件什么事呢？

先天元年（712年）七月，太平公主派了一个术士到睿宗李旦面前说三道四。术士说："臣仰观天象，发现大事不好啊，这两天天空里出现了一颗彗星。彗星出现可是除旧布新的象征啊，臣觉得奇怪，又看其他星星，发现帝星和象征太子的心前星最近都有变动。这样综合看来，恐怕太子要当天子了！"这是什么意思呢？很明显，太平公主是想用天象来吓唬睿宗，让他觉得太子又有新动向了，要篡夺皇权。她希望这样一来，睿宗就会防范甚至憎恨太子，没准会重新考虑一下太子的人选！那么，太平公主怎么会想到这一招呢？其实，这对她来说是故伎重施了。在太平公主刚和李隆基开始斗法的时候，她就曾经让术士在睿宗面前危言耸听，说五天之内会有大兵入宫，那次可是让睿宗大大地紧张了一把。按照太平公主的想法，既然那次能吓唬住唐睿宗，这次也能吓倒他。而且，这一次术士的预言又加码了，睿宗应该更紧张吧。到那时，她再适当地进上一言，保证能让太子吃不了兜着走！那么事情的发展是不是就像太平公主预料的那样呢？

这一次，睿宗的态度可大不一样了。他听完术士这番高论，一点都没有惊慌失措，反而呵呵一乐，干脆地说："既然天象如此，那我就顺应天意，传位太子好了！"

睿宗这么一表态，真是政坛地震，石破天惊。这是谁也没有想到的事情啊。马上，两个主要当事人就忙活起来了。太平公主是怎么反应的呢？按照《资治通鉴》的记载，太平公主和她的党羽是"力谏，以为不可"。说陛下不要太着急决定，天象这个东西太玄妙了，不是我们一般人能够解释得了的，这个术士没准说错了。再说就算天象真的有变，应对的方式也有很多，不是只有传位一条啊！可是，无论他们怎么劝，睿宗还就"咬定青山不放松"了。他说，中宗的时候，小人当道，当时天象也屡次发生变化。那时，我就劝中宗早点儿立定太子，赶快传位。可是中宗大概觉得我不怀好意吧，不但不听，还非常不高兴。我怕他猜忌，心神不宁，好几天没吃下饭，也不敢再建言了。结果中宗果然没得善终啊！现在天象又发生变化，这是上天在警告我！难道我当年劝别人的时候心中明白，轮到自己头上就要犯糊涂了吗？我绝不能重蹈哥哥的覆辙啊。传位太子，我已经考虑很久，这次是下定决心了！听完睿宗这番高论，太平公主真是肠子都悔青了，心想我怎么那么多事呢？这不是搬起石头砸自己的脚吗？

那么，李隆基又是怎么反应的呢？《资治通鉴》写道，他是"驰入见，自投于地，叩头请曰：'臣以微功，不次为嗣，惧不克堪，未审陛下遽以大位传之，何也？'"李隆基主动提到自己的劣势，说我不是嫡长子，能够当太子已经很惶恐了。陛下现在居然让我提前接班，这是为什么呀？坚决拒绝接受李旦的让位。当

202

然，李隆基这样表态我们也能理解，他和父亲隔阂很深，摸不透父亲的意思，上一次父亲就说传位给他，结果说了两天又没动静了。这一次是在试探他，还是真的想要传位啊？他拿捏不准，所以不能冒进。在局势不明朗的情况下，表现出对权力太热切、太渴望，反而会坏事，一定要谨慎低调，不然会功亏一篑。所以李隆基跪着爬着去见唐睿宗，言辞恳切，说我连太子之位都是勉力为之，现在正在努力学习如何从政呢，还很不成熟，您怎么能够放心把江山交给我呢？

那么，面对李隆基的推让，李旦是怎么表示的呢？他语重心长地告诫李隆基说："社稷所以再安，吾之所以得天下，皆汝力也。今帝座有灾，故以授汝，转祸为福，汝何疑邪！汝为孝子，何必待柩前然后即位邪！"什么意思呢？有三层意思：第一，李旦肯定李隆基有大功，这个功劳就是唐隆政变。李隆基在政变中的功劳大到什么程度呢？按照李旦的说法，国家能够安定，他能当上皇帝，全是拜李隆基所赐。当然，我们知道，事实并非完全如此。无论如何，唐隆政变也应该有太平公主和李隆基两个人的功劳，甚至太平公主的策划之功还要更大一些。可是，这时候，睿宗把太平公主的功劳一笔抹杀，把功劳都算到李隆基头上去了。按照传统观念，平天下之祸者，享天下之福，所以李隆基有资格当皇帝，这是顺人。第二，现在天象有变，所以李隆基不仅有资格当皇帝，还应该提前当皇帝，这是应天。第三层意思就是敲打李隆基了。你要是能够孝顺我的话，何必非要等我死了再接班呢？换言之，现在我排除万难把皇位让给你，希望你能够领我的情，孝顺我，具体怎么做你心中应该明白。

听李旦苦口婆心地把这番道理讲完，李隆基这时候才觉得，父亲这次不是在忽悠他，是真的想传位，心里就比较踏实了。他默默无语，"流涕而出"，自然是流着喜悦的眼泪出门去了。即位一事，他就算是默认了。

这样一来，因为太平公主急于求成，让术士威胁唐睿宗，反倒让本来不明朗的局势拨云见日了。现在，无论是睿宗让位，还是李隆基接班，似乎都已经是水到渠成，就差履行一些固定的程序了。

这个局面可让太平公主太受打击了。她左思右想，搞不明白，睿宗两次听术士汇报，为什么态度差别如此巨大呢？我想，关键是睿宗的心境变了。第一次术士进言的时候，睿宗还想利用太平公主牵制太子，自己坐收渔翁之利。因此，太平公主派术士来说，太子可能要夺位，睿宗就表现出一副害怕的样子，还大张旗鼓地跟大臣讨论对策，给太子造成压力。可是这一次，睿宗已经基本确定了扶助太子的大方向，而且已经准备让位了，那么太平公主再来说太子可能要夺位，睿宗不仅不怕，反倒将计就计，拿天象来堵太平公主的嘴。你说上天垂象，表明我应该让位，那我就让位吧，看你还说什么！事情已经到了这一步，太平公主真是哑巴吃黄连，有苦说不出。

那我们也要好奇一下，太平公主那么冰雪聪明，为什么会在关键时刻犯这种错误呢？我想主要是她对睿宗判断失误，把他想得太傻太天真了，以为自己非常了解这个哥哥，能牵着他的鼻子走。可是，李旦一辈子都在学习跟强者打交道，先是强悍的母亲武则天，再是猜忌心强烈的中宗李显，当了皇帝之后又是势力强盛的妹妹和儿子。跟强者在一起这么多年，他学得最成功的本领就是韬光养晦，装傻。因为他装得太像了，所以连聪明的太平公主都被瞒过了，还以为自己一直在牵着他的鼻子，没想到最后反被李旦把鼻子牵住了。

就这样，因为太平公主一招走错，李旦顺水推舟，李隆基不期然得到了一块天上掉下来的大馅饼。李隆基既然要当皇帝，当然睿宗李旦就要退休了，成为太上皇，颐养天年。只有二十八岁的李隆基，则要成为大唐帝国的新主。这是他梦寐以求的事情啊，他真是觉得世界空前广阔，阳光也无比灿烂。不过，他这边兴高采烈、如愿以偿了，太平公主可是陷入了无尽的苦恼之中，苦心经营都付于流水。可以说，她遇到了从政以来的最大挫折。她和李隆基斗了这么久，一旦李隆基接班，肯定和她水火不容，她的权力不就要大大缩水了吗？那么，太平公主会甘心接受这种局面吗？她是否还有机会重振雄风呢？

第十五章 太平重振

　　世事如棋。因为太平公主一招走错，睿宗决心传位，太子也默认接受。按照常规，双方再表演两次推让，走完"三让而后受之"的仪式，就可以顺利交接班了。这样一来，睿宗李旦的统治也就彻底结束，他将以太上皇的身份，安心颐养天年；而李隆基也正式接班登基，成为大权独揽的皇帝。这可是李隆基在唐隆政变之前就日思夜想的事情，现在梦想成真，李隆基当然心情超好，对父亲越看越顺眼啊。李旦呢，心里也相当满足，甚至产生了些许自豪感。虽然当年他自己当皇帝时，儿子有拥立之功，可是，如今儿子能够坐上皇帝的宝座，也是拜自己所赐啊！如果没有自己鼎力相助，儿子怎么斗得过野心勃勃的太平公主呢？儿子应该会领情吧。这样想一想，也很欣慰。总之，这父子俩的感情从来没这么好过。

可是，看到睿宗李旦和李隆基之间父慈子孝，其乐融融，太平公主心里可不是滋味了，应该说，她一辈子还没这么郁闷过呢。她无论如何也想不通，当初是她和侄子李隆基一块发动唐隆政变，一同冒风险，怎么现在到了享受胜利成果的时候，就侄子一个人得了好处，她这做姑姑的倒被晾到了一边去了！这口气怎么咽得下去呢？难道就放任事态发展下去？那可不是太平公主的性格。只要有一分希望，太平公主就要付出十分的努力。所以她还要继续努力，把她认为属于她的东西夺回来。

一、睿宗收权

怎样才能挽救如今的被动局面呢？思来想去，太平公主觉得，既然让睿宗继续当皇帝已经不可能，那只能退而求其次，劝说睿宗灵活运用一下太上皇的权力了。太上皇这个职位本来就是最有弹性的，可以什么事都不管，安心享受退休生活，像历史上的唐高祖李渊。但是，太上皇也可以借前任统治者和父亲的双重名分来向儿子施压，以保留一部分权力，后来清朝的乾隆皇帝就是这样。太平公主盘算，如果能够劝睿宗保持一部分权力的话，即使李隆基当了皇帝，也不可能唯我独尊，而只要皇权被两个人分割，那她就会有活动空间，就还能上下其手！所以，现在当务之急就是劝睿宗不要彻底放权！

怎么才能说服睿宗呢？这一次，太平公主学乖了。她看出来了，一到关键时刻，父子亲情还是比兄妹感情要深一些的。所以，不能再挑拨人家的父子关系了，相反，倒是要用父子亲情去打动李旦！她也不再劝睿宗别传位给儿子了，而是从父子亲情出发，游说睿宗："隆基毕竟还年轻，骤然接班，他心里得多紧张啊！你这个做父亲的，总得骑上马再送一程吧。在大事上还是多帮孩子把把关吧！"

睿宗一听，这话很有道理啊！俗话说，"打仗亲兄弟，上阵父子兵"，我这个做父亲的不帮他，谁帮他呀？再说了，权力好比鸦片，只要吃上了，就再难戒掉。哪个皇帝会一点儿都不迷恋权力啊？睿宗当时满打满算，才当了两年的皇帝，本来也不是很甘心退位。所以，一听妹妹的建议，马上从善如流。

中国古代讲究礼仪啊，接受禅位，一般要三让而后受之，让一次，再让一次，第三次就差不多了，不能显得太着急。正好这时候，李隆基例行公事地来做第三次推让。我们可以想象到，李隆基这次推让时，无疑是说，我还年轻，好多事情还不懂，还请父皇以天下苍生为念，接着当皇帝。谁都知道，这不过是客气话罢了，可是李隆基万万没料到，李旦笑眯眯地听完他这番套话之后，开口发话了："汝以天下事重，欲朕兼理之邪？昔舜禅禹，犹亲巡狩。朕虽传位，岂忘家国？其军国大事，当兼省之。"（《资治通鉴》卷二一〇）你是不是认为天下的事头绪太多，觉得自己管不了，所以对当皇帝有畏惧感啊？不要害怕，有老爸我给你扛着！当年舜把天下都让给禹了，不是还替他巡狩吗？我就向舜学习，退位不退休，接着给你帮忙！凡是军国大事，都交给我来处理好啦！

李旦寥寥几句话，又把大权给收回来了。李隆基一听这番话，整个人都蒙了，父皇怎么不按常理出牌啊？这不是节外生枝吗？可是，事情已经到了这一步，总不能再说我刚才那番推让只是例行公事，您老还是别多事，趁早歇着吧。所以，他只好含着眼泪接受了睿宗的"好意"，表面上还得说，爸爸您这么体贴我，我感动得都要哭了。

就这样，在先天元年（712年）的八月，李隆基即位，他就是历史上赫赫有名的唐玄宗。与此同时，睿宗李旦退位，成为太上皇。不过，李旦可不是一般的太上皇，根据他们父子俩之间的协议，李旦每五天一次在长安城的正殿太极殿上朝，自称为"朕"，他颁布的命令称为"诰"，一看就是国家最高权威。而新皇帝李隆基呢？每天只能在偏殿武德殿上朝，自称为"予"，所颁布的命令称为"制""敕"，明显比爸爸矮了一头。存在这种名分上的差别也就罢了，更要命的是，三品以上官员的任免和大刑罚都得由太上皇批准，李隆基真正能管的，只不过是一些鸡毛蒜皮的小事！中国古代讲究循名责实，有了皇帝的名头，就得有皇帝的权力。可是落实到李隆基父子这儿，就全乱套了，李旦既然"老骥伏枥，志在千里"，李隆基就只能甘当儿皇帝，处处受制于太上皇。这样一来，太平公主当然又有了弄权的空间，她的第一个目的算是达到了。

可是，仅有这么一个胜利，对太平公主来说还远远不够。我们前面也说过，为什么太平公主在和李隆基争权时总是略占下风呢？一个重要的原因就是，太平公主掌握的核心大臣还不够。现在从名分上来讲，李隆基已经是皇帝了，太平公主和他斗法就更不占优势了。堤内损失堤外补，所以，更要抓紧开展争取大臣的工作。按照太平公主的想法，如果她能够左右大臣的话，那么李隆基上有睿宗掣肘，下被群臣架空，他不就是一个光杆司令了吗？到时，就算他是皇帝，那又有什么了不起的呢？可是，怎么来做笼络大臣的工作呢？

二、男宠登场

在这当口，太平公主的男宠粉墨登场了。太平公主的男宠是些什么人啊？她的男宠可不止一人。太平公主第二次结婚后，对爱情婚姻都看淡了，私生活就开始不大检点了。武则天晚年最喜欢的"莲花六郎"张昌宗不就是太平公主推荐的吗？他本来也是太平公主的男宠。送走了张昌宗之后，太平公主身边也一直没缺人。不过，其中大部分男宠对太平公主而言，都不太重要。太平公主最看重的男宠有两个，一个叫崔湜，一个叫卢藏用。

这崔湜是何许人呢？他出身于河北高门博陵崔氏，他自己对这个出身很是得意，曾经写诗说："余本燕赵人，秉心愚且直。"（《全唐诗》卷五四）意思是说，我是燕赵子弟啊，燕赵自古就出慷慨悲歌之士，所以我也是一个忠厚老实的人。不过，诗虽然这么写，他的为人可是既不"愚"也不"直"，倒正好是"愚"和"直"的反义词，非常狡猾善变。

崔湜是进士出身，文采风流，在武则天晚年就崭露头角。当时武则天不是让两个男宠张昌宗兄弟编《三教珠英》吗？崔湜也是编者之一，在二张手下讨过生活，也算是二张党羽。可是，二张倒台之后，他马上又投靠了二张的敌人张柬之等五大臣，被他们派到武三思身边当了卧底。接近武三思以后，崔湜发现，唐中宗李显并不信任五大臣，反倒是一心抬举武三思，要跟他结盟，借助他的势力来遏制张柬之等人。一看形势如此，崔湜便又见风使舵，转投武三思，把五大臣都出卖了。而且，武三思对五大臣大开杀戒、斩草除根，就是崔湜的主意。再后来，太子李重俊发动政变，武三思被杀，崔湜又摇身一变，攀附上了才女上官婉儿。婉儿不是擅长作诗吗？崔湜也是诗人，跟她一唱一和，惺惺相惜，很快便成了婉儿宫外府邸的常客。再到后来，崔湜干脆登堂入室，从诗友变成了婉儿的情人。因为上官婉儿的提携，崔湜和韦皇后、安乐公主也颇为热络。在这些政治女强人的帮助之下，崔湜的地位扶摇直上，一直当到了宰相。可是，没想到中宗暴卒，韦皇后、安乐公主和上官婉儿也在神龙政变中纷纷毙命。崔湜因为跟他们走得太近，难免受到株连，被贬到地方当刺史去了。可是，谁也没料到，没过多久，崔湜又回到朝廷了，而且很快官复原职，又当了宰相。那他为什么能咸鱼翻身呢？因为他又拜倒在太平公主的石榴裙下，成了太平公主的男宠。

可能有人会产生疑问，像崔湜这样的人，频频"转会"，挺谁谁死，不是典型的扫帚星吗？而且他又是上官婉儿的旧情人，太平公主怎么这么没品位，捡别人的剩儿啊？其实，这倒不是太平公主没品位，相反，她太有品位了。她喜欢崔湜最重要的原因有两个。第一，因为他英俊；第二，因为他聪明。

崔湜是怎么个英俊法呢？《旧唐书·崔湜传》说他"美姿仪"，就是长相美，仪态也美。有人觉得这句话描述得也太平常了，看不出崔湜有什么惊艳的地方啊。可是别忘了，《旧唐书》是正史，正史和小说不一样，不可能像小说那样，动不动就来一段什么"闭月羞花""沉鱼落雁""貌似潘安"一类的话。正史能够特别提到一个人的容貌，这本身就已经说明这个人的容貌相当俊秀了。当年《旧唐书》评价武则天也就是一句"美容止"，和"美姿仪"基本是同一个意思，可是放在唐太宗的眼里，不就是"媚娘"了吗？

美貌当然是当男宠的必要条件，但还不是充分条件。崔湜真正打动太平公主的倒也不是他的英俊，而是他的聪明。崔湜的聪明体现在哪些方面呢？

崔湜是个少年天才，二十岁就中了进士。在唐朝，要想考中进士，可不是一件容易的事，当时号称"三十老明经，五十少进士"，即使你五十岁考中进士，别人还说你是少年得志呢。崔湜二十岁中进士，和别人相比，就整整早了三十年。他不仅在官场上起步早，而且上升得也相当快，才刚刚三十出头，就当上了兵部侍郎。吏、户、礼、兵、刑、工，这六部可是唐朝政府的重要职能部门。崔湜如此年轻就能占据高位，可谓大器早成。更妙的是，当时他的爸爸崔挹正在礼部当侍郎，父子同期担任侍郎，这在唐朝历史上也是独一份，让人羡慕不已。

崔湜在二十七岁的时候，有一天傍晚下班，骑着一匹高头大马，缓缓走出洛阳城的端门。极目远眺，只见满目春色，崔湜就在马上闲闲地说了一句："春游上林苑，花满洛阳城。"真是文采风流，出口成章。当时大诗人张说正好在旁边，看到这一情景，羡慕得眼珠子都要掉下来了，不禁慨叹："此句可效，此位可得，其年不可及也。"（《太平广记》卷四九四）要知道，张说也是少年得志，二十岁就中了制举第一名，一生三度拜相，而且五言诗成就斐然，号称"一代文宗"，是唐朝著名的才子型政治家。可是，面对崔湜，连张说都不免自叹不如。正是因为崔湜有这样的才华，太平公主既往不咎，向他抛出了绣球。崔湜自然也非常识趣，马上把太平公主当成了新主人。

另一个男宠卢藏用又是何许人呢？说起这个人，我们今天并不熟悉，但是，有一个成语"终南捷径"，是我们都耳熟能详的，这成语说的就是卢藏用的故事。卢藏用出身于范阳卢氏高门，也是年纪轻轻就考中了进士。但是，按照唐朝的规矩，考中进士并不是立刻就能当官，还要到吏部再接受挑选，等官缺。这过程不是太漫长了吗？卢藏用可等不及了，他是个聪明人，他觉得，去找朝廷要官太难，要让朝廷主动求自己当官才好。可是让朝廷去求一个人当官，这很难办到啊。怎么样才能让朝廷发现自己这个非凡人才呢？卢藏用冥思苦想，想出了一个妙招。考中进士之后，他没干别的，直接跑到终南山去隐居了。终南山的地理位置特别好，紧挨着长安城，风光秀丽，当时达官贵人都喜欢到这里搞郊区一日游。一来二去，都知道这里住着一个卢高人，很快卢藏用就声名鹊起，果然被征调到朝廷当官了。

卢藏用当官之后春风得意。有一天，一个有名的高道司马承祯即将离开长安，回到自己修行的天台山隐居。卢藏用就劝人家，说："这终南山也是个好去处啊！何必非要回天台山呢？"司马承祯笑答道："是吗？依我看来，终南山只是一条当官的捷径罢了！"把卢藏用讽刺得面红耳赤。不过卢藏用虽然工于心计，倒也是个人才，诗文作得好，飞白书法也很有成就，在当时的士人中颇具影响力。现在太平公主急于用人，卢藏用也成了座上客。

太平公主把这两个士林领袖收在自己的石榴裙下，这可是一招妙棋。一来，她可以得到两个可靠的高参给自己出谋划策；二来，崔湜和卢藏用在文人中的影响大，她也可以借助他们来招徕其他的文人官僚；三来，当时太平公主的第二任丈夫武攸暨刚刚去世，有这么两个多才多艺的男宠，不是也能在弄权之余排遣寂寞吗？

这样看来，虽然同样是包养男宠，但是太平公主和武则天的标准可绝不相同。武则天对男宠的要求是"两好"：第一，身体好；第二，相貌好。除此之外，都不重要。而太平公主的情人却一定得做到"三好"。第一，出身好；第二，才学好；第三，容貌好。母女二人在选择男宠的问题上为什么有这么大的差别呀？关键是两人的处境不同，男宠对她们的意义也就不一样。武则天养男宠时已经到晚年了，功成名就，大局已定，所以她养男宠是娱乐行为，就像养宠物一样，好玩儿就行。可是太平公主不一样，她的事业还在奋斗之中，因此，她的男宠可不能是玩物，倒更像是政治情人、工作助手，是要帮她干大事的，哪能马马虎虎随便选呢？

三、招揽才俊

不过，要想架空已经当了皇帝的李隆基，光靠男宠可远远不够。太平公主得确保她的人在宰相之中占多数才行，只有如此，她才可能左右国家的政治形势。怎么才能做到这一点呢？我们不是说过，虽然睿宗当了太上皇，但是还保留着三品以上官员的任免权吗？宰相正好是三品官啊，那就利用睿宗的这份权力好啦。

睿宗当时的心境是怎么样的呢？他能当皇帝，完全是儿子和妹妹共同推戴的结果。现在，他让儿子当皇帝，牺牲了妹妹的利益，表面虽然不说，但心里还是有点愧疚的。所以，对妹妹的请求反倒比原来更加难以拒绝了。另外，睿宗毕竟才当了两年的皇帝，现在早早退休，心里实在不甘，因此，他也愿意扶持一下妹妹的势力，让她跟儿子搞搞平衡，省得儿子不听话。睿宗有这样的心理，太平公主做工作就容易多啦，她经常给他推荐一些自己看中的人，睿宗一般也会满足她的要求。很快，就在睿宗决定传位前后，几个重要人物被太平公主提拔到宰相岗位上了。那么，太平公主抬举的都是些什么人呢？举两个例子就知道了。

第一个人是萧至忠，这也是个少年成名的人物。他年轻的时候当过洛阳县的县尉，主要负责维持治安。当时还是武则天时期，洛阳是都城，天子脚下，五方风土杂陈，老百姓都见多识广，不容易服从权威。因此，好多人一到洛阳做官就栽跟头。但萧至忠偏偏在这儿干出名了，老百姓都服他，不给他惹事。

萧至忠为什么能服人呢？一个很重要的原因是他讲信用。当年，他跟一个朋友约了在街上见面，可是，到了约定时间忽然变天了，又是刮风，又是下雪，气温一下子降到零下了。街上的人都纷纷往家里跑，可是，萧至忠偏偏反其道而行之，从办公室出来，到大街上一站，跟雕像似的。别人看见了都劝他，说变天了，你朋友也未必会来了，你还傻站在这里干什么呀？改天再约见面不是一样吗？没想到萧至忠一脸严肃地说："跟人约好的事情，怎么能失信呢？"继续在暴风骤雪中站着等，旁边的人都佩服得不得了。有人可能怀疑，就算他守信用，这跟当县尉有什么关系啊？孔夫子说得好，"自古皆有死，民无信不立"。萧至忠跟朋友交往能守信用，工作上肯定也是公正廉明，这不就能让老百姓服气吗？所以萧至忠在司法系统节节高升，很快被提拔到了御史台，当时的最高司法机构。

到了御史台后，萧至忠还是那么兢兢业业，认死理儿。有一次，他在满朝文武面前，弹劾大臣苏味道贪赃枉法。苏味道可是当时的宰相啊，一个炙手可热的人物。萧至忠居然弹劾他，这可把御史大夫李承嘉吓坏了。退朝之后，李承嘉就抱怨萧至忠，说："你毕竟是我的手下，弹劾一个高官，总得跟我说一声吧！"没想到萧至忠把脸一板，回答道："御史都是皇帝的耳目，不分官职，彼此平等，可以各自独立弹事，互相不必请示汇报。如果每个人弹事都要先向御史大夫请示，那么，请问我弹劾御史大夫您的时候，又该向谁请示呢？"说得李承嘉哑口无言。这样一来，萧至忠在御史台的名气越来越大，人们都去找他处理不好办的事情。后来在唐中宗神龙年间，不是有人告发相王李旦、太平公主都和谋反的太子李重俊有牵连吗？这是大案要案，中宗就派了萧至忠审理。结果萧至忠并没有屈从于皇帝，而是晓之以理，动之以情，说服唐中宗，让他放过了弟弟妹妹。所以，无论是李旦还是太平公主，都对萧至忠心存感激。

不过，萧至忠虽然能干，但在政治大节上却看走了眼。为了巴结韦皇后，他什么事儿都做得出。说起来，韦皇后也是个苦命人，本来有四个弟弟，当年受到李显的连累，年纪轻轻都死于非命，谁也没有结过婚。韦氏当了皇后之后，很是替死去的弟弟不平，可怜的孩子们，什么人生乐趣都没有品尝过！要不是当初自己嫁给李显，弟弟们也不至于死得这么惨。如今自己总算熬出头了，弟弟却再也不能死而复生，享受荣华富贵了！怎么表达姐姐的一番心意呢？韦皇后也没有别的办法，就张罗着要给弟弟结一门鬼亲。可是，到哪里去找鬼新娘呢？当时正好萧至忠也有一个女儿死了，听说韦皇后要给弟弟结冥婚，萧至忠也顾不得入土为安的古训了，到坟地里就把女儿的尸骨挖出来，跟韦皇后攀了这门鬼亲。可是，光结死亲家不够啊，没过多久，萧至忠又把一个活着的女儿嫁给韦皇后的表弟，成了韦皇后的"双料"亲家。在婚礼上，他的女儿由中宗李显主婚，韦皇后的表弟自然是韦皇后主婚，所以号称"天子嫁女，皇后娶妇"，很是风光了一把。

可是，风水轮流转，等到韦皇后被杀，睿宗上台，萧至忠也就作为韦皇后的党羽被贬到地方当刺史了。萧至忠虽然在政治立场上曾经站错队，但现在毕竟是用人的时候，太平公主心想，这个人才难得，而且还犯过错误，我要是能够弃瑕录用，他肯定会对我感恩戴德，以后还不得死心塌地为我服务吗？所以，太平公主马上把萧至忠提拔回朝廷，让他当了宰相。古代知识分子最讲究"士为知己者死"，太平公主如此不念旧恶，礼贤下士，萧至忠当然感激涕零，为太平公主死的心都有。

太平公主抬举的第二个人是窦怀贞。这可是我们非常熟悉的人物了。当年他不也巴结韦皇后吗？还娶了韦皇后的老奶妈，每次上书都在落款处写"皇后阿奢"，还因此被别人讥笑为"国奢"。后来，韦皇后在唐隆政变中被杀，窦怀贞赶紧手刃了老奶妈，表示划清界限，以换取在新皇帝手下继续当官的机会。这种见风使舵的伎俩，很是让人看不起。

不过，窦怀贞虽然趋炎附势，但也不乏干才。他年轻的时候就以清廉著称，为官多年，不蓄私财，这样的干部任何时候都受人尊重。武则天时期的著名宰相狄仁杰，不就是以善于发现人才著称吗？他推荐过的人才不仅有姚崇、张柬之这样青史留名的贤相，也有窦怀贞。能够入狄国老的法眼，可见这窦怀贞也不是一般的人物。现在，太平公主四海纳贤，便也把他拉到宰相的位子上来了。如此一来，窦怀贞对太平公主更是感激涕零，每天下班之后，连家都不回，直接先到太平公主家里报到。朝廷里的大事小情，都要先跟太平公主汇报一番，等于太平公主在朝廷上安了耳目。

举了这么几个例子，大家肯定看出来了，太平公主提拔的这些男宠和宰相都有什么特点呢？他们有两个最显著的特点。

第一，这几个人都非常有才干，既是当时的士林领袖，又是政治精英，具有相当的号召力和代表性。从选人方面，我们也可以看出太平公主的政治眼光和领导水平。

第二，这几个人都没有什么政治节操，太急功近利。崔湜有一句名言，说："吾之一门及出身历官，未尝不为第一。丈夫当先据要路以制人，岂能默默受制于人也！"（《旧唐书·崔湜传》）说我们家无论是出身，还是当官，都是要当第一的。大丈夫就应该占据要津来辖制别人，怎么能够默默无闻被别人辖制呢？从这句话我们可以看出来，崔湜是一个唯目的论者，他的目的就是要争第一，据高位，而且为了达到这个目的可以不择手段。

萧至忠也是这样的人。在攀附太平公主的时候，萧至忠的妹夫也劝过他，说："像舅兄你这样的才华，不愁没人赏识，以后肯定会发达的！何必现在急急忙忙去巴结太平公主呢？"可是，萧至忠根本不听妹夫的劝告，扬长而去。

如此急功近利的性格，使得他们很难抵制官位的诱惑，进而被太平公主轻而易举地招至麾下。所以说，这几个人其实都属于亦正亦邪的人物，正的一面让他们可以治理国家，成为能臣，邪的一面又让他们轻于去就，有奶就是娘，所以能成为太平公主的私党。曹操曾经有一句名言，叫作"治平尚德行，有事赏功能"。

他的《求贤诏》更是号称要把那些"负污辱之名，见笑之行，或不仁不孝，而有治国用兵之术"的人才全都网罗麾下，为我所用。想来太平公主也认同这样的选拔标准吧，事实上，武则天当年夺取权力的时候，又何尝不是如此呢！

经过这么一番提拔，太平公主的羽翼一下子就丰满起来了。丰满到什么程度呢？史书记载是"七位宰相，五出其门"，把宰相班子的成员大部分都控制起来了。这样一来，太平公主上有太上皇李旦撑腰，下有若干宰相支持，她的势力又重新伸张起来，在一定程度上扳回了不利的局面。可是，看着太平公主势力重振，李隆基刚刚开朗起来的心情又低落了不少。他本以为当了皇帝就能摆脱束缚，大显身手，没想到上有太上皇压制，下有太平公主安插的宰相约束，自己要想做点什么事情，真是难于上青天，处境比当太子的时候也没好到哪里去。那么，李隆基是否能容忍太平公主的势力继续发展下去呢？

第十六章
剑拔弩张

唐玄宗先天元年（712年）十一月，长安城忽然传出一条消息，太上皇让皇帝去巡视边疆！本来，李唐皇室祖上都是武将出身，皇帝不乏尚武精神，唐高祖和唐太宗都曾经戎马倥偬，频频亲征，皇帝出巡并不是什么稀罕事。但是，联系到当时太上皇李旦、玄宗李隆基和太平公主复杂的关系，人们不免还是猜疑，时局不稳，皇帝为什么离开京城？太上皇李旦为什么要发布这样一道诰命呢？

前面提过，李隆基虽然当了皇帝，但是，大权还掌握在太上皇李旦手中，而太平公主则控制了宰相中的大多数，他们俩对政治的影响力很大，李隆基真正能管的只是些鸡毛蒜皮的小事。李隆基不服气啊，为什么他当了皇帝，却不能大权独揽？他年轻气盛，又富有四海，贵为天子，怎么能忍受处处受制于人！怎么才能当一个真皇帝呢？李隆基觉得，要想解决这个问题，关键环节在太平公主这儿。太平公主就像强有力的反对党一样，太上皇李旦虽然已经退位，但是只要联合太平公主，他就有和李隆基叫板的资本，就能对朝政处处指手画脚。如果清除了她的势力，太上皇李旦没有了依傍，就好控制了。大臣那边更是如此，因为太平公主势力太强大了，因此，他们对皇帝没有信心，不知道他这个皇帝到底当不当得长久，所以跟李隆基离心离德。如果没有太平公主插手，他们肯定对他死心塌地。

怎样才能清除太平公主的势力呢？在李隆基当太子的时候，每次姑侄斗法，都是太平公主先发难，他被动应对；但现在李隆基已经是皇帝了，无论如何，在名分上更占优势，这种优势让李隆基不禁产生了一点飘飘然的感觉，胆子便也大了很多。就在这样的心理支配下，登基刚满一个月，李隆基和他的追随者们就迫不及待了，想要主动冲击一下太平公主。

一、谋臣现身

怎么冲击太平公主呢？当时，有几个谋臣开始在李隆基身边活跃起来了。本来，李隆基身边不乏足智多谋的大臣，姚崇、宋璟、张说，都是百里挑一的精英。可是，过去的两年之中，因为和太平公主的几轮斗法，这几个人都受到牵连，先后被贬到地方去了。可是俗话说：十室之邑，必有忠信；十步之内，必有芳草。就在这些老臣不在的时候，有一个新人崭露头角了。谁呢？此人名叫王琚。他当时也就三十岁上下，虽然年纪不大，但是说起来也是个"老革命"了，他当年参加过反对武三思的斗争。

前文讲过，唐中宗通过神龙政变当上皇帝，政变之后，他就开始提携武三思，打压以张柬之为首的五个大功臣，想要借此稳定皇权。他的所作所为自然引起了功臣集团的强烈不满。在这些功臣之中，有一个还是中宗的女婿，叫王同皎。当年，神龙政变的时候，还是太子的李显临阵掉链子，不肯出门，王同皎以女婿的身份又劝说又威胁，这才把李显哄上战马，出来领导政变。所以王同皎既是亲人，又是功臣。没想到中宗当了皇帝之后，翻脸不认人，处处压制功臣。王同皎虽然身份特殊，也未能幸免，因此特别郁闷，很想搞一个军事行动，暗杀武三思。当时，王琚正是王同皎府上的门客，因为精通天文、历算和占卜，深得王同皎的信任，也参与了谋划。没想到事情还在商议之中，就被人告密，王同皎死于非命，王琚也连夜逃跑，流落江湖。他从长安城一直向南跑，跑到了江都，也就是今天的扬州。

扬州自从隋炀帝修建大运河和江都宫以来，就成了东南地区一个重要的财富聚集之地，繁荣程度和天府之国益州齐名，号称"扬一益二"，城里住着好多富商。王琚逃到扬州之后，隐姓埋名，给一个富商当了用人，帮人家算算账，写写信，搞点文字工作。一段时间之后，富商看出王琚举止风雅，谈吐不俗，不是平常人。怎么处置这个用人呢？这个富商也很有水平，像什么你从哪儿来，到哪儿去，为什么流落我家，这些问题一概不问，直接就把自己的女儿嫁给他了，而且还大大地陪送了他一笔资产，让他过上了衣食无忧的生活。后来，睿宗即位，普天同庆，王琚觉得自己的出头之日到了。他终于跟岳父说出了自己的真实身份和过去的种种遭遇，这个富翁又再次慷慨解囊，资助他回到了长安，谋求新的前途。

回到长安之后，王琚并没有急着找睿宗摆功劳，反而拿着老岳父给他的盘缠，在长安城南出城的交通要道上住了下来，守株待兔，专心等待能让他出人头地的达官贵人。他的等待有没有结果呢？功夫不负有心人，还确实等来了一个贵人。这个人就是李隆基。

有一天，时为太子的李隆基出城打猎，王琚看着他们一队人马浩浩荡荡地往山里去了，也知道那个被簇拥着的年轻人正是当今太子。可是，他并没有上前拦住他们。等到薄暮时分，李隆基他们带着猎物回来，再走到王琚家旁边的时候，已经不是早晨那副意气风发的样子了，人困马乏，疲惫不堪，十几个人就围在一棵大树下坐着休息。这时，一身儒士打扮的王琚走过来了，极力邀请李隆基到他家里坐坐。李隆基看他举止有礼，气质不俗，也就接受了邀请。到他家一看，真是家徒四壁，除了一个面黄肌瘦的妻子，就是一头毛驴了。李隆基本想坐坐就走，可是王琚苦留吃饭。当时李隆基就奇怪了，就你这生活条件，哪有什么东西给我吃啊？可是李隆基一向有礼贤下士的好名声，也不好拒绝人家啊，只好重新坐了下来，心中暗想，一会儿拿上来什么就随便吃两口，应付一下算了。没想到过了没多久，饭菜就都端上来了，而且是大块肉大碗酒，相当丰盛。奇怪啊，这难道是天上掉下来的？不管哪儿来的，先吃吧，于是李隆基美美地饱餐了一顿。边吃边和王琚聊天，李隆基很快发现此人言辞犀利，思维敏捷，非同小可。酒逢知己千杯少，两个人倾盖如故，相见恨晚。酒足饭饱之后，李隆基告辞，王琚也不再挽留。走到门口一看，李隆基愣住了。刚才那头驴已经躺在地上，成了一堆驴肉了。原来王琚把唯一的财产——毛驴给杀了，这才给他置办的酒食。真是一片赤诚之心！李隆基不由得非常感动，再想这人确实是个人才，回到宫里就向睿宗推荐王琚。睿宗对李隆基推荐人才、发展势力一向持消极态度，但是也不便驳太子的面子，就让王琚当了一个县主簿。对于这个结果，李隆基当然不太满意，但是他也没什么办法。再说，他跟王琚不过是一面之缘，也还犯不上为他得罪父亲。这样又过了几天，李隆基也就把王琚忘了。

可是，王琚守株待兔，好不容易等到能够提携他的贵人，怎么能轻易再从李隆基的视线中淡出呢？王琚决定再努一把力。正式任命那天，王琚主动到东宫去找李隆基了，名义是感谢太子的推荐之恩。可是，到了李隆基的庭院之中，王琚却故意左顾右盼，做出一副很傲慢的样子。这时候，东宫的官员就教训他，说："你是哪儿来的野小子，不知道这是太子殿下的宅院吗？怎么如此无理？太子殿下就在帘子后面，你怎么能在这儿东看西看的呢？"没想到王琚把眉毛一挑，眼睛一横，说："当今之人只知道太平公主，谁知道什么太子啊！太子本来有大功于天下，怎么混成了这个样子，我都替他感到难过！"李隆基在里面一听，这人话里有话呀，而且口气不小，马上从屋里出来了，再一看，记得，就是当日杀驴给他吃的那个王琚。于是，亲自把他请进屋内，跟他谈目前的形势。王琚说："韦庶人见识浅薄，而且谋杀亲夫，人心不服，所以殿下要消灭她，真是一呼百应，非常容易。如今太平公主可不一样了，她是武则天的女儿，本来就诡计多端，现在自恃有功，又有大臣支持，实力相当可观啊！当今天子又是她亲哥哥，对她百般容忍。一旦她发难，我很为太子您担忧呢。"李隆基一听这话正中要害，马上把他拉到身边说，你说得很有道理啊，但是，父亲的同胞兄妹中，现在只有太平公主一个人了，父皇那么重感情，我要是消灭她，让父亲伤心，岂不是大不孝吗？王琚应声答道："殿下讲的是一般的孝道，天子的孝道和一般人可不一样啊！一个天子，不能只想着让父母高兴，更要想着整个国家，让国家安定下来，这才是利国利民的大孝呢。太子殿下现在要是在小节上斤斤计较，不敢有所作为，万一哪天太平公主发难，殿下父子都要吃亏，那时候可就大节小节都顾不到了！"

李隆基一听王琚分析时局如此透彻，大为高兴，心想王琚兵来将挡，水来土掩，我问什么问题都难不倒他，是一个辩才呢！于是就正色对王琚说，你别去当什么主簿了，就留在我身边吧。你有什么特长没有？我根据你的特长给你安排一个职位。王琚听了微微一笑，说，我没什么特别的长处，但是会炼丹，也会讲笑话，而且都达到了很专业的水平。您就给我安排一个弄臣的职位好啦，这样也好掩人耳目。就这样，王琚留在了太子府，成为太子的幕僚，算是人才储备。

没过多久，李隆基就发现，这个王琚真是个难得的人才，又有见识又风趣幽默，自己简直离不开他了，于是遇事经常向他问询，两个人好得形影不离。等到李隆基当了皇帝，终于有了三品以下官员的任免权，马上把王琚提拔起来，让他当了四品的中书侍郎。现在，李隆基想要对太平公主发难，当然要征求王琚的意见。王琚说，我人微言轻，帮不上陛下什么大忙，现在的宰相之中，刘幽求可是心向陛下，对您忠心耿耿，陛下为什么不去问问他呢？

二、政变流产

　　谁知还没等李隆基发问，刘幽求已经产生发动政变的想法了。刘幽求为什么想要发动政变呢？事情还是从刘幽求没当上理想的官开始的。刘幽求是李隆基的心腹，也是唐隆政变的功臣，李隆基当了皇帝之后，他满以为以自己的功劳、才干以及跟皇帝的关系，肯定能当个首席宰相。没想到李隆基这个皇帝并没有什么真正的用人权，宰相的位子都被太平公主的党羽占去了，像什么窦怀贞啊，崔湜啊，都当了宰相。而他虽然立了大功，却在宰相中一直居于下位，这可让刘幽求太郁闷了。照他的想法，这些人原来都是韦皇后一党，政变没有杀死他们已经够便宜他们的了，现在他们居然在他的头上耀武扬威，凭什么啊？不就因为他们是太平公主的党羽吗？正因为有太平公主，他这个皇帝的跟班才会没有地位！所以，一定要把太平公主除掉！刘幽求是靠政变起家的，所以脑子里有一个固定的政变思维，这时候自然又想搞一场政变了。

　　刘幽求知道，政变一定要有军队的支持。恰好这时候有一个羽林将军，跟玄宗李隆基的私交非同寻常。这个人叫作张暐，他本来是潞州的一个县令，家境富裕，为人豪爽，喜欢结交各路豪杰英雄，有点像当年武则天的父亲武士彟。武士彟当年高瞻远瞩地结交上大唐开国皇帝李渊，张暐也不含糊，跟李隆基打得火热。李隆基不是当过潞州别驾吗？张暐也是倾心结交他，除了陪吃饭、陪打猎这些应酬娱乐活动之外，还特别关心他的私生活。年轻的李隆基一表人才，风流成性，在潞州爱上了一个歌女。他想把歌女带到自己的府里，又怕影响不好，所以，他就把她悄悄安置在张暐家里,隔三差五地来张暐家和她幽会。这个歌女运气非常好,一年不到就给李隆基生了一个儿子。她后来被封为赵丽妃,很受宠爱。孩子毕竟是在张暐家生下的,所以李隆基对张暐也颇为感激,平时也对他没少照顾。当了皇帝之后,也不忘旧情,马上把他提拔为羽林将军。让自己的故人亲信管理禁军,自己不但放心,还可以牢牢控制军队以遏制太平公主的势力。

现在,刘幽求找到张暐,对他说,太平公主弄权,处处压制咱们这些皇帝的人,我心里真是不爽,不如我们再搞一场政变,把太平公主除掉算了!你手里有兵,跟皇帝私交又好,不如哪天你去游说一下皇帝吧。张暐是个粗人,头脑简单,想也没想,马上答应下来。于是,先天元年(712年)的八月,也就是李隆基当皇帝的第二个月,张暐就去找李隆基了,他说:"宰相中有崔湜、岑羲,俱是太平公主进用,见作方计,其事不轻。殿下若不早谋,必成大患。一朝事出意外,太上皇何以得安?古人云:'当断不断,反受其乱。'唯请急杀此贼。刘幽求已共臣作定谋计讫,愿以身正此事,赴死如归。臣既职典禁兵,若奉殿下命,当即除剪。"这话是什么意思呢?第一,他说太平公主党羽众多,几个宰相都是她提拔的,他们常常聚会,也不知是不是在一起搞阴谋,恐怕日后生变,不如尽早除掉。第二,刘幽求和我一文一武,都是您的铁杆忠臣,都愿意追随陛下您。刘幽求有谋,我手里有兵,只要您下令,我们为您赴汤蹈火,万死不辞。李隆基听到这番话是由衷地高兴啊,其实,政变的事情他也是日思夜想的,只不过觉得时机还不成熟,不能轻易动手。现在有人主动请缨,真是想君主之所想,急君主之所急,当然要予以鼓励。于是,李隆基慰劳了张暐一番,又再三叮嘱他:这可是要掉脑袋的事情，你千万不要泄露给别人。如此反复交代，才放心地让他离开了。

可是，张暐不是豪爽吗？朋友多，三教九流的都有。他是个心里盛不下事的人。没过几天，他和一个朋友喝酒，酒过三巡，他就开始吹牛了，说我可是个有本事的人，我正要跟皇帝干一件惊天动地的大事呢，将来可是要载入史册的！说着说着，整个计划都给人家兜了底。酒醒之后，张暐回过神来，天哪，自己都说了些什么！这下可犯大错了，后果要多严重有多严重，不知多少人会受到牵连呢。怎么办呢？赶紧找李隆基认错吧，一见到皇帝，他就磕头如捣蒜，原原本本地把整件事情都招认了，求他快想办法。李隆基一听，吓得脸都绿了，这可如何是好！八字没一撇的事情，居然走漏了风声。虽然不知道张暐的这个酒友是不是已经把他们告发了，但是凡事不可寄希望于侥幸啊！没办法，只能是丢卒保帅了！于是他跟张暐说："张将军啊，我还特地嘱咐你做好保密工作，可是你辜负了我的希望啊。既然你辜负我在先，我也只能对不起你了！"

怎么才能消除影响呢？李隆基写了一纸奏书，说刘幽求和张暐两个人怂恿他提防太平公主。这不是挑拨自己和姑姑的关系吗？所以，他主动揭发两个人的罪行，请求太上皇裁决！那么，李隆基怎么这么不地道啊？这不是出卖朋友吗？事情不能这么想。其实，李隆基这一招是很精明的。首先，既然张暐已经把这件事泄露出去了，再等待下去，凶多吉少，自己招供总比别人揭发要好一些，这叫争取主动。另外，自己招供，解释权在自己，凡事也可以往有利的方面去说。就拿这件事来说，本来是皇帝和大臣一起搞阴谋，想要谋害既是功臣、又是自己亲姑姑的太平公主，这样的事情，从皇帝和功臣这个角度讲叫作不义，从侄子和姑姑这个角度讲叫作不孝，可是到李隆基的奏章里就成了大臣对皇帝挑拨离间，这就是大事化小。所以综合起来考虑，李隆基这样处理，既是丢卒保帅，给自己开脱罪责，同时也可以给他们俩减轻罪行。

不过李旦也是个老谋深算之人，一听这事情的来龙去脉，马上就明白了儿子这点鬼把戏。知子莫若父嘛，再说，这么多年的饭不是白吃的。要不是儿子野心勃勃，想要除去障碍，大权独揽，这两个大臣怎么敢轻易议论皇家的事？还不是他首先容不下太平公主，想要把她的权力夺过来？为什么想要夺取太平公主的权力啊？那还不是为了把她控制住之后，再来逼迫我这个太上皇彻底交权吗？本来他就是因为摆不平太平公主和李隆基两个人的关系才被迫退位的，没想到自己都已经退位了，儿子还不善罢甘休，自己刚刚传位给他一个月，他就想搞这样的动作，这小子也太不地道了。看罢奏书，李旦重重地哼了一声。太上皇很生气，后果很严重。

怎么办呢？当然不好法办皇帝，不过总得敲打敲打他。既然李隆基说是刘幽求、张暐这两个人挑拨，那就拿他们开刀吧。李旦马上派人把这两个人抓起来了，让法官严格审理。法官当然看太上皇的脸色行事，立刻给刘幽求和张暐判了一个"以疏间亲罪"，这在讲究宗法的古代可是大罪，一审判决两人死刑，立即执行！这下李隆基可傻眼了。本来自己能够控制的官员就有限，现在姚崇走了，宋璟走了，张说走了，再损失两员爱将，自己不是更被动了吗？赶紧替他们求情。说两个人好歹也是功臣，还是从轻发落吧。既然皇帝都求情了，那李旦也不好太不给面子，只好改判流放，把他们两人都打发到南方边疆去了。

三、形势陡转

到此为止，这场筹划中的政变就算流产了，非但没有能够清除太平公主，反倒给李隆基惹了无穷无尽的麻烦。仔细算起来，这次事件给李隆基至少带来了三方面的恶果。

第一，李隆基的势力更弱了。我们前文提过，因为和太平公主斗法，李隆基最为倚重的两个大臣——姚崇和宋璟已经被贬到地方去了，对李隆基来说这无异于失去了左膀右臂；这次，李隆基又损失了文臣刘幽求和武将张暐，身边出谋划策的人日益减少，对军队的控制力度也减弱了，这对他当然是大大的不利。

第二，这个事件一出来，太平公主可就占了舆论上的优势了。太平公主素在朝臣中有威望，这样一来，同情她的人就更多了。本来，李隆基一方总说太平公主身为臣子，却图谋不轨，整天觊觎权位，搞小动作，但是此案一出，舆论哗然。搞小动作的并不是太平公主，而是皇帝李隆基本人啊！以后太平公主再发展势力可就不叫搞小动作了，应该改叫正当防卫了！另外，既然李隆基都想用非常手段来对付太平公主了，他和太平公主也就算彻底撕破脸皮，表面文章也不用做了。此后，太平公主对他的防范当然就更强了。以前，太平公主主要致力于搞定宰相，控制政府；现在，既然李隆基都打算动用军队了，那么太平公主当然不会善罢甘休，也开始向军队插手了。我们知道，唐朝任何一次宫廷政变都要动用北衙禁军的力量，而北衙禁军因为唐隆政变，跟唐玄宗李隆基和太平公主都有交情，本来并没有确定到底该支持谁，可是现在情况很清楚了。羽林将军张晊跟着李隆基混，结果混得很惨，不是被流放到穷山恶水的南方了吗？这些禁军将领觉得，从眼前的情势来看，皇帝的权威确实不行，还是跟着太平公主，前途可能更光明一些。就在这种情况下，有两个羽林将军又投靠了太平公主。此时的太平公主在朝廷中，文有宰相，武有将军，实力更强了。

第三，李旦和李隆基的关系也发生了很大变化。本来，睿宗传位李隆基，说明他还是希望李唐王朝平稳地向前发展的，因此虽然儿子对他的权力威胁更大，但是，在儿子和妹妹斗法的情况下，他还是毅然决然地支持了儿子，主动退位，让李隆基当了皇帝。可是，现在儿子刚刚即位还没有一个月就想搞政变，这让他觉得不寒而栗。虽说政变针对的是太平公主，但是他也知道，唇亡齿寒，一旦太平公主被消灭，自己也就要受制于儿子了。在这种情况下，李旦一下子又和太平公主站在一条战线上了。

这样看来，唐隆政变以后，太平公主和李隆基各犯了一个错误。太平公主的错误是急于求成，让术士威胁睿宗，结果聪明反被聪明误，促成睿宗传位，李隆基提前当了皇帝。而李隆基也犯了一个错误，就是在自己羽翼尚未丰满的情况下，就迫不及待想打破僵局，消除太平公主的势力，结果谋事不密，反倒让太平公主和李旦抓住了把柄，自己处于被动局面。

那么，重新联合在一起的李旦和太平公主怎么对付李隆基呢？先天元年（712年）十一月，也就是李隆基策划政变三个月之后，在太平公主的怂恿之下，太上皇李旦忽然抛出一条诰命：让皇帝做好准备，巡行边疆！巡行范围西自河、陇（今天的甘肃一带），东及燕、蓟（今天的北京地区），基本就是整个北部边疆。

这道诰命一出，对李隆基来说可是晴天霹雳！因为以当时的情况，一旦他离开京城，恐怕政局更加变幻莫测，他便面临着被废的风险！虽然诰命并没有确定哪一天出发，但是，正因为如此，它才更像一把高悬在头顶的利剑，随时都可能落下来，斩断他的性命，也斩断他的皇帝生涯。那么，在这种情况下，李隆基会采取什么措施呢？太平公主又会面临怎样的结局呢？

第十七章

太平之死

先天元年（712年）六月，李隆基忽然收到了老部下张说从洛阳给他捎来的一件礼物。礼物装在一个长匣子里，打开礼品盒一看，里头不是别的，竟然是一把寒光凛凛的仪刀！李隆基看着这把刀，先是吃了一惊，马上他就醒悟过来了，冲着这把利刃又是点头又是摇头。那么，张说为什么要千里迢迢给李隆基送来一把刀呢？李隆基从这把刀里头又悟到了什么呢？

前文提过，李隆基和谋臣谋划铲除太平公主的势力，结果事情败露，引起了太上皇李旦的不满。先天元年（712年）十一月，李旦发布诰命，让李隆基离开首都长安，出巡北部边疆。这条诰命一出来，就等于发布了一个信号，太上皇心目中的皇帝人选，有可能发生变化！换言之，李隆基前脚出门，后脚李旦可能就要立新皇帝了！这个诰命一出来，对于李隆基和太平公主，都产生了强烈的影响。李隆基是什么反应啊？他急得像热锅上的蚂蚁一样团团转。太平公主呢？当然是前所未有的开心了，自从李隆基当上太子，她就一直跟这个侄子斗法，斗得也是心力交瘁，现在终于天遂人愿，李隆基的好日子快到头了！但是姑侄两人不管是高兴的还是担忧的，都在惴惴不安地等待着巡边的具体日期，两个人都想看一看，自己的命运哪一天揭晓。可是，谁也没有料到，没过多久，李旦忽然又发布了一个诰命，说皇帝巡边改期了，到明年八月再说。

李旦为什么要宣布巡边改期啊？他又犹豫了。换皇帝这可是一件大事，鲁莽不得，他得考虑清楚，换皇帝利在哪儿，弊在哪儿。如果真的把李隆基拿掉，换一个新人当皇帝的话，有什么好处啊？好处是这个新皇帝是自己所立，肯定听话，好摆布。那么坏处在哪儿呢？首先，自己让李隆基巡边去了，人家前脚一出城，自己后脚就换皇帝，万一李隆基狗急跳墙，带着军队杀回来怎么办？自己能不能抵挡住啊？这个要想清楚。另外，李旦心里也明白，自己并不是一个强有力的人物，如果再立一个比自己还要软弱的皇帝，那岂不是爷俩儿都要受制于太平公主，这也是他不愿意看到的。所以他左思右想，觉得巡边之事还是推迟一下吧，作决策要慎重才好。李旦这么一犹豫，对于两个当事人来说，又是一个重大转折。李隆基稍微松了一口气，心里重新升起了希望；太平公主可郁闷了，心想我这个哥哥怎么一辈子就从来没有一个准主意呢？现在又到底怎么想的啊？他是不是又要让我空欢喜一场啊？

一、构陷太平

面对这个局势，太平公主采取了什么措施呢？按照两《唐书》和《资治通鉴》等史书的记载，太平公主开始搞阴谋了，而且还搞了两个阴谋，都是想要不借助李旦，自己干掉李隆基。干掉李隆基之后呢？史书记载，太平公主想自己当皇帝。

第一个阴谋是派宫女投毒，毒死李隆基。当时，李隆基每天都吃一种补药，叫作赤箭粉，其实就是天麻苗磨的粉，据说常吃可以强身健体。我们原来也提到过，太平公主跟李隆基斗法的时候，安排了好多美女特务到李隆基身边，盯着李隆基的私生活。负责照顾李隆基进补的宫女姓元，就是太平公主的内线。干脆，就请这位元姑娘在赤箭粉里投点毒，把李隆基毒死算了！这是第一个阴谋。

第二个阴谋是直接搞一场政变。根据《资治通鉴》的记载，太平公主决定在先天二年（713年）七月四日这天发难。这一天，太平公主将要兵分两路。第一路是由她控制的两个羽林将军带兵杀进皇帝日常办公的武德殿，杀死李隆基；第二路是由崔湜、窦怀贞等太平公主的死党在南衙响应，占领中央机构，控制政府。两路人马同时进行，各司其职，同时互相配合，确保政变成功。

这两个阴谋中，任何一个成功都是足以改天换地的。因为太平公主如果毒死或者杀死皇帝，那么接下来她当皇帝也就是必然的事情了，神州大地就要再次出现一个女皇帝，李唐王朝的法统也会再次被斩断，中国历史又将被改写。可是，太平公主当时真的有这样的计划吗？

尽管史书言之凿凿，李旦推迟让李隆基巡边对太平公主也是个很大的打击，但是，我还是认为，说太平公主计划搞阴谋直接干掉李隆基的说法并不可靠，是胜利者编出来的故事。为什么这么说呢？因为这里面有两大疑点。

第一，太平公主没有必要在八月之前谋害李隆基。无论如何，杀死皇帝是一件极端冒险的事情，没有十足的把握，谁也不会轻易尝试。那么，太平公主当时是不是非要在七月杀死李隆基呢？她并没有这个必要。李旦决定推迟李隆基巡边的时间确实让太平公主失望，但是，失望并不是绝望。因为当时局势的发展至少存在两种可能。第一种，到八月，李旦坚定了废掉李隆基的决心，让他去巡边，调虎离山，另立皇帝。第二种，李旦经过深思熟虑，又放弃了这个想法，还让李隆基继续当皇帝。应该说，两种可能性各占百分之五十。如果发生第一种情况，那么不用太平公主动手，李旦就把李隆基废掉了，太平公主不需要自己去冒险。就算发生第二种情况，太平公主到时候再发动政变也不迟，也不必提前一个月冒险。

第二，所谓太平公主的两个政变计划都没对太上皇李旦做出安排。事实上，太平公主如果想当皇帝，她需要干掉的就不仅是一个李隆基，还应该有当时的太上皇李旦。因为在李旦的心目中，他自己当皇帝可以，他儿子当皇帝也可以，但是李旦绝对不会说妹妹当皇帝也可以。如果太平公主不控制李旦，只杀死李隆基的话，李旦一定会出来组织反击，不可能让太平公主夺权而自己却无动于衷。所以，如果太平公主搞政变，那么第一，她需要干掉李隆基，第二，她还要同时控制住李旦，只有这样，政变才能够成功。可是，我们现在看到的两个政变计划中，根本没有考虑李旦的问题，太平公主是搞政变的老手了，以心思缜密著称，怎么可能犯这样幼稚的错误呢?

综合这两点理由,我觉得,说太平公主想在七月毒死或者杀死李隆基是假的,是有意栽赃。谁栽赃啊?当然是李隆基。那么,李隆基为什么要栽赃太平公主呢?因为李隆基自己想在七月搞政变,他得给政变找个理由。

二、先天政变

李隆基这时候为什么要搞政变啊?如果我们说太平公主在七月政变没有必要的话,那李隆基这时候政变可就太有必要了。因为太上皇让他巡边的时间就暂定在八月份,一旦真的出去可就是凶多吉少了。要想保住性命,保住皇位,只能是在八月以前直接夺权了!这个想法不仅仅是他李隆基的想法,其实也是整个李隆基集团的一个共识。当时,李隆基有三个谋臣都敦促过他,让他快点动手。

第一个是王琚。咱们前面说过,当时,李隆基身边的大部分谋臣都已经被贬到地方去了,在身边的就只有一个王琚。先天二年(713年)六月,王琚首先找到李隆基,跟他说:"还有两个月,就到太上皇安排的巡边日期了,形势紧急,再不动手,就来不及了!"

那么第二个敦促李隆基早点动手的谋臣是谁呢?就是张说。也就是我们在本章开头所提到的那一幕,张说千里迢迢从洛阳捎给了李隆基一把佩刀。这把刀是什么意思?大家都说快刀斩乱麻,刀当然代表着割断、了断啦。张说送刀,是想让李隆基赶紧了断这件事。因为刀本身就是武力的象征，送刀，也是劝李隆基动用武力。

第三个谋臣是崔日用，此人我们前文提到过。他本来是韦皇后一党，唐隆政变前临时反水，在关键时刻给太平公主和李隆基报信，立了大功。政变之后不久，他就到地方当长史去了。先天二年（713年）六月，崔日用因为汇报工作的机会回到长安，见面就对李隆基说："太平公主图谋不轨已经不是一天两天的事了，陛下和她迟早要有一拼。当年您是太子，如果想要清除太平公主，还需要费一番心思，如今已经当了皇帝了，还有什么可怕的！只要公开下一道制书讨伐她，谁还敢不听呢？现在陛下不做决断，以后后悔就来不及了！"李隆基心想，哪有这么简单啊。不过，他没这么说，皇帝不能先给自己泄气啊，他只是把孝道提出来，说："我何尝不知道呢，就是怕惊动了太上皇，让太上皇不安。"这样的伦理道德问题可是一点都难不倒崔日用。崔日用马上说："天子的孝和一般人可不一样，一般人的孝是色养父母，让父母高兴、开心就行，可是天子，一定要让国家安定下来才是大孝呢。如果现在陛下不早动手，万一太平公主先行一步，那么整个国家都不复存在了，还怎么讲孝啊。所以，请陛下先搞定禁军，再把太平公主和她的党羽一网打尽，这样也不会惊动太上皇了。"

粗看起来，这番话是老生常谈，之前王琚也说过相似的话。不过仔细分析，崔日用的这番谋划还是很有见地的，他其实谈到了三方面的内容。哪三方面呢？第一，要充分利用皇帝这个名分上的优势，这也是李隆基最大的优势。第二，要先控制军队，再打击太平公主党羽，安排好斗争次序，要把军队放在一个非常重要的位置上。第三，政变一定要把太上皇这个因素考虑进去，不要惊动太上皇。这三个闪光点包含在老生常谈之中，一般人听不出来，可是李隆基是个有雄才大略的人，他听出来了，也很动心。想来现在拖着也不是办法，万一哪一天太平公主发作或者是太上皇发作怎么办？干脆铤而走险吧，搞一场政变，把太平公主的势力端掉，同时控制住太上皇，让他彻底放权！这样，李隆基在六月时就渐渐地坚定了政变的决心。

可是，说到政变，李隆基和太平公主，到底谁占优势呢？其实，李隆基当时并不占优势。他在哪方面不占优势呢？首先，李隆基在谋臣方面不占优势。其次，他在军队方面也不占优势。

先看谋臣。太平公主一方号称"七位宰相，五出其门"，帮她出主意的都是宰相级别的人物，国家最高智囊。可是，李隆基一直没有掌握四品以上官僚的任免权，因此，能够调动的官员有限，而且好多亲信还被贬到地方去了。这时候在身边的谋臣就是王琚和崔日用两个，都是四品官，级别低，经验也有限。

再看军队。唐朝政变用的军队都是北衙禁军。李隆基本来跟禁军关系不错，可是，太平公主已经把两个羽林将军都收入自己麾下了，李隆基不敢去碰这支军队。怎么办呢？幸好，李隆基身边还有一个牛人——王毛仲。我们曾经在前文提过这个人。他是李隆基的官奴隶，跟禁军中的万骑将士是发小，私交不错，在帮助李隆基沟通万骑方面发挥了很大的作用。虽然他在唐隆政变当天溜之大吉，但是，政变之后，李隆基不念旧恶，还是给他升了官，让他专门管理万骑军队使用的马匹，当了"弼马温"。万骑都是骑兵，和战马密不可分，有了这么一层工作关系，王毛仲在万骑之中就更有人缘了。现在，李隆基不敢公开去鼓动军队，只好委派王毛仲暗暗地策反他熟悉的弟兄。而王毛仲自从犯过上次的错误，心里老觉得对不住李隆基，急于立功图报，因此工作更加尽心。就这样，经过王毛仲的一番努力，大概有三百名士兵答应帮李隆基举事。不过，即使是这样，相对于太平公主一方来说，实力也显得相当弱小。

既然在谋臣和兵力方面都不占优势，是不是这个政变就暂时不要搞呢？那可不行，时间不等人啊。眼看八月临近，李隆基决定，不管怎么样，冒险试试看吧。只要能发动一场突然袭击，太平公主再有实力，也可能会防备不足，只要打她个措手不及，这场政变就是有希望成功的。不过，怎样才能让太平公主一点防备也没有呢？李隆基使了一个手段。

就在先天二年（713年）七月二日这一天，李隆基把崔湜找来了，跟他苦口婆心地讲，让他弃暗投明，不要再追随太平公主了。大家可能奇怪，崔湜是太平公主的情夫，跟太平公主最铁了，李隆基怎么跟他有交往呢？很简单，因为崔湜的弟弟崔涤是李隆基的死党，李隆基平时跟崔湜也有不少来往。这就像三国时期，诸葛亮是蜀汉的谋士，他的哥哥诸葛瑾却在东吴当官一样。一家兄弟分属几个阵营，也是乱世的常态。这样不管哪一方取胜，这一家都不至于遭到灭顶之灾。崔家是大族，当然更愿意狡兔三窟。反正，通过崔涤的关系，李隆基把崔湜请到了府中。

那么李隆基这时候为什么要策反崔湜呢？我觉得，至少有两个目的。第一个目的，刺探情报。按照李隆基的想法，崔湜既然是太平公主的男宠，太平公主的事他肯定知道得最清楚，而且，崔湜这个人又没有什么政治节操，万一说动了他，让他反水，不就可以知道太平公主的动向了吗？这是从正面考虑。第二个目的，放烟雾弹。这就是从反方向考虑了。就算崔湜誓死忠于太平公主，不肯反水，这个时候策反他，也可以让他觉得皇帝这边还很平静，还在做争取大臣这样的常规工作，没有什么特别举动，从而使太平公主放松警惕。这样一来，无论出现哪一种情况，李隆基都有收获。

那么，最后出现的到底是哪一种情况呢？出现的是第二种情况，崔湜是个好情人，坚决不肯辜负太平公主，无论李隆基怎么循循善诱，他就是不愿投向李隆基这边，也不透露半点有用的信息。可是，他虽然没被策反，却中了李隆基的第二计。回到太平公主府上，崔湜还跟太平公主说，今天皇帝居然找我去了，想让我离开您到他那儿去混事儿，我怎么能做这样对不起公主的事情呢？不过也可以看出来，皇帝现在真是黔驴技穷了，连我他都想拉，他想得美，我怎么会背叛公主您呢！两个人高高兴兴地嘲笑了李隆基一通，没有任何警惕。

可是，他们万万没有想到，就在第二天，也就是先天二年（713年）七月三日清晨，李隆基突然宣布：根据可靠情报，太平公主即将在明天也就是七月四日发动政变，为了挫败她的阴谋，拯救国家，我们今天必须提前行动！那么，究竟怎么行动呢？这可是李隆基和他的谋臣早就安排好的事情了。李隆基和王毛仲、王琚等人率领着三百名万骑骑兵大大方方地走出了平时办公的武德殿，召见追随太平公主的两个羽林将军。这两人不知有变，再说又是皇帝召见，哪敢不来呀！马上进见。可是，两人刚刚来到李隆基面前，只见寒光一闪，两个将军的脑袋就滚落在地了。解决了两个禁军将领，李隆基马上率领人马来到朝堂。当时，萧至忠等几个太平公主的党羽正等着上朝呢，眼看皇帝来了，身边还跟着那么多士兵，还没等他们回过神来，万骑骑兵一拥而上，几个宰相当场毙命。

李隆基这么从北到南地一路厮杀过来，早有人哭喊着给太上皇李旦报信去了。李旦一听，吓得魂飞魄散，他心里真是后悔啊，都怪自己当断不断，早知道是这样的结局，还不如早让李隆基巡边去呢。现在怎么办呢？既然李隆基从北边过来，那就赶紧往南逃吧，正慌不择路地跑呢，一个将军过来了。谁呢？兵部尚书郭元振。他说，太上皇啊，我来保护您了。李旦一看有将军来帮忙，真是感激涕零，君臣两个再加上一些宦官侍从，连滚带爬登上承天门的城楼，闭门固守。这时候，李隆基已经带兵杀过来，把承天门团团围住了。李旦虽然在城门楼上，占据高度优势，可是身边的人太少了，眼看防守不了多久，李旦急得泪如雨下，问郭元振，郭爱卿啊，咱们君臣是不是今天就要交待在这儿啦？没想到，郭元振忽然脸色一变，说，皇帝是奉您的命令诛杀逆臣窦怀贞等人，您不用害怕！李旦一听这话，真是既放心又死心。放心什么呀？放心的是李隆基原来不是来杀他的，只是要权力，这就好办了。那怎么又死心了呢？他原来以为郭元振真的是来保护他的，没想到也是李隆基的党羽。事情到了这个地步，李旦没什么可说的了，也不再抵抗，让李隆基上城楼，对他说，三郎啊，以后的事情你看着办吧，一切听凭你的安排。第二天，太上皇李旦下诰："自今军国政刑，一皆取皇帝处分。朕方无为养志，以遂素心。"彻底退休放权。

李隆基的政变计划针对性很强。首先解决了太平公主手下的文武大臣，又软禁了太上皇李旦，一下子就控制住了局势，太平公主的势力基本就被瓦解了。对太平公主本人，李隆基又是怎么处理的呢？说来奇怪，李隆基没有特别管她，就在李隆基还在宫里厮杀的时候，太平公主逃跑了。可是，李隆基的最大敌人不是太平公主吗？怎么不先控制她，反倒让她逃跑了呢？其实，大家想，这时候太平公主还重要不重要了？已经不重要了。太平公主之所以势力强盛，咄咄逼人，关键是上有太上皇李旦的支持，下有文武大臣们的帮扶。现在，太上皇已经被逼彻底退休了，手下的得力干将都被李隆基一网打尽，她也就不再是声威赫赫的镇国太平公主，而是一个半老徐娘、孤家寡人了。因此，李隆基根本就不需要特意去抓她，她再有本事，也逃不出李隆基的手掌心了。

那太平公主到底逃到哪里去了呢？她逃到终南山上的一座寺庙里去了。在寺庙里整整待了三天。可是，就在这三天里，太平公主也彻底想明白了，她的时代已经结束了，她终究没能斗过自己的侄子。既然大势已去，待在荒凉的寺庙里还有什么意义呢？太平公主骨子里还是个英雄，活着就得像雄鹰一样，展翅高飞，自由翱翔，怎么能够像麻雀一样躲在山寺里苟且偷安呢？所以虽然没人来抓她，三天之后太平公主还是自动下山，回到了家里。李隆基早就派人等着她了，一看见她回来，马上送上三尺白绫。事已至此，太平公主也只能是长叹一声，悬梁自尽，结束了自己叱咤风云的一生，享年不到五十岁。随着太平公主自尽，她的几十个党羽也都被一网打尽。

人性的光辉和丑陋总是在任何时候都能闪现，死到临头了，太平公主的这些党羽又会是怎样的嘴脸呢？看看崔湜吧，太平公主的铁杆男宠，这家伙是怎么死的呢？本来，他不过是个文人，李隆基根本没想要他死，只是把他流放到南方去了，而且和太平公主的另外一个男宠卢藏用一块儿流放。按照李隆基的想法，两个男宠身份一样，就让他们结伴走吧。可是，结伴走了一段之后，崔湜忽然跟卢藏用说，哥们儿啊，我觉得咱俩情况不一样，你跟皇帝是素不交往，皇帝不会饶了你，可是我弟弟，他就在皇帝手下做事，我觉得皇帝可能会网开一面，提前放了我，所以咱俩别一块儿走，你就赶紧去吧，我得慢慢地溜达着走。为什么啊？因为万一皇帝哪天发布大赦令，又赦免我，让我回长安的话，我走得越远，回去不就越费劲吗？

卢藏用一听这个话真泄气啊，谁让自己没有未雨绸缪巴结皇帝呢？现在只好自己先走了。崔湜也不着急，沿路看着风景，慢慢地溜达着走。有一天到了荆州，睡在一个驿站之中，睡了没多久他就做了一个梦，梦见自己在照镜子。梦醒之后，崔湜一回味，高兴得跳了起来。梦见照镜子是什么意思？镜子不就是明镜高悬吗？这说明皇帝明白了我的冤屈，可能马上就要赦免我了。但是他自己毕竟不是专业人士啊，虽然是这么猜测，但也不敢肯定，还得找一个专业人士问一问。于是就到大街上找了一个算命的，告诉人家自己是一个什么样的人，犯了什么样的政治错误，现在是什么处境，等等，把背景交代清楚了，又说，我昨天晚上做了一个梦，梦见镜子了，你说是不是皇帝要赦免我啊？这个算命的一听，不由得摇头不止，说，我觉得，这恐怕不是吉兆。为什么呢？他说，你看镜子的"镜"是怎么写的啊？拆开来写那是"立""见""金"，左边是金属的"金"，右边上面一个"立"，下面一个"见"，"立见金"是什么意思？刀属金啊，我觉得，今天可能刀就要架在你脖子上了。

那么到底是崔湜本人猜得对，还是这算命的猜得对呢？算命的猜对了，当天李隆基就派了一个使者追上崔湜，跟他讲，据我们掌握的情报，你曾经和太平公主谋划毒死皇帝，而且你还曾经和太平公主谋划要在七月四日这天发动政变，因此奉皇帝敕，今天就在这里结束你的性命！

我为什么非要讲崔湜的事情呢？倒不是单为讲笑话，也不仅仅是为了嘲笑一下崔湜的虚妄，其实我是想反证一下，太平公主并没有真的打算毒死皇帝或者是发动政变。试想，如果崔湜真的和太平公主一块儿谋划过不利于皇帝的阴谋诡计，那就是十恶不赦的罪行了。他怎么还能指望皇帝因为他弟弟的关系就饶了他呢？他之所以指望皇帝赦免他，本身就说明他问心无愧，所亏的只有小节。可是问心无愧又有什么用呢？现在只要是太平公主的党羽，就难逃皇帝的法网，这就叫作"欲加之罪，何患无辞"。

干掉了崔湜，其实太平公主的其他党羽也都一网打尽了，那接下来太平公主还有什么势力啊？太平公主还有四个儿子呢。这些儿子当年因为母亲的功劳，都被封为王，享尽荣华富贵，现在母亲失败，他们的功名也一下子全成了过眼云烟。在太平公主的四个儿子之中，有三个被李隆基处死，只有一个活了下来。这个活下来的儿子叫薛崇简，当年唐隆政变的时候，曾经当过母亲和李隆基之间的联络员，跟李隆基交情不错。后来太平公主和李隆基斗法，他一直站在李隆基一边，劝母亲见好就收，不要揽权过度，为此还经常挨母亲的打，浑身伤痕累累。现在，这些伤痕成了他的免罪符，李隆基对他网开一面，免除一死，保留官职，并且赐他姓李，算是让他和原来的家庭断绝关系了。所有和太平公主站在同一条战线上的儿子都死了，唯一活下来的儿子恰恰是因为和自己对着干才保全了性命，这恐怕也是太平公主作为母亲最大的悲哀吧。

至此，先天政变顺利结束。政变开始之前，李隆基并不占优势，为什么政变又会进行得如此完满、如此顺利呢？太平公主从武则天晚年开始参政，叱咤风云二十年，为什么她的结局会如此凄凉？随着她的死，唐朝历史上这段女性政治人物大放异彩的红妆时代也就彻底结束了，那么，唐朝的历史又会向何处去呢？

第十八章

走向开元

　　中国有两个成语特别有意思，一个叫作"红颜祸水"，一个叫作"哲妇倾城"。前者是说漂亮的女人是祸害，后者则是说聪明的女人是祸害。本书先后出场的几位女性，无论是韦皇后、安乐公主、上官婉儿，还是主人公太平公主，其实都是既聪明又漂亮的女子。她们倒是没有把李唐王朝给颠覆掉，但是围绕她们，确实发生了五场政变，换了五个皇帝，所以说她们差一点倾国倾城并不为过。令人叹息的是，这四个风华绝代的女子，最后无一例外都死于非命，死的时候，年纪最大的是太平公主，但是也没有超过五十岁。真可谓天妒桃李，红颜薄命。

　　在这些薄命的红颜之中，太平公主从政时间最长，政治天分也最高，可以算作她们整体的代表，本书所讲的这个时代，也是以她为线索展开的。现在，整个故事即将收尾，我们可以一起回顾一下本书开篇的时候曾经提出过的三大问题：第一，太平公主出身高于其母，才华不逊其母，为什么没有像她的母亲武则天一样登上权力的顶峰？第二，同样是政治人物，为什么武则天在中国历史上有如恒星永远闪耀，而太平公主虽然一度光华璀璨，但只能像流星划过夜空？第三，所谓红妆时代，也是有唐历史上一段著名的乱世，红妆时代结束之际，恰恰就是开元盛世开篇之时，这是历史的偶然，还是时代的必然选择？

一、无缘女皇

先看第一个问题。太平公主为什么没能像武则天一样登上权力的巅峰呢？我觉得，至少有三个原因。

第一，太平公主的身份不如武则天。可能有人要奇怪了，太平公主是大唐公主，父亲是皇帝，母亲是皇帝，三个哥哥都是皇帝，翻遍中国历史，也找不出比这更高贵的出身了，而武则天出身文水小姓，她的父亲也不过是个暴发户型的官员，怎么能说太平公主的身份不如武则天呢？确实，论原始出身，太平公主比武则天高贵，但是要论起这两个人在李唐皇室中的身份，太平公主就不如武则天了。对李唐皇室而言，武则天是媳妇，而太平公主是女儿。媳妇和女儿哪一个更重要呢？中国古代讲"女生外向"，在父权制的传统下，女儿在娘家只是客人，而媳妇才是家里的主人。人们可以允许一个妻子替丈夫持家，也可以允许一个母亲替儿子持家，但是，却很难想象女儿替父亲持家，妹妹替哥哥持家。

武则天能够掌握权力，关键是她在李唐皇室拥有妻子和母亲的身份。正因为她是唐高宗李治的妻子，所以她才能够在李治生病的情况下名正言顺地辅政，也正因为她是儿子的母亲，所以她才能够在唐高宗去世之后替儿子把持家政，甚至最后把儿子一脚踢开，自己当皇帝了，人们也还可以理解为这是一个寡妇，面对不争气的儿子无计可施，只好干脆替他把家业挑起来。只要最后她能把这份家业、这片江山还给他的儿子，人们就可以容忍这种行为，也可以接受她。

　　但是，太平公主就不一样了。太平公主是女皇武则天的女儿，是中宗李显和睿宗李旦的妹妹，是玄宗李隆基的姑姑。而无论是女儿、妹妹还是姑姑，女生外向，一旦出嫁，对娘家的发言权就有限了。这样一来，太平公主就不可避免地陷入了先天的巨大矛盾之中：她之所以有势力，是因为她是大唐的公主，但是，正因为她只是大唐的公主，她就没有对大唐王朝指手画脚的真正权力。在这一点上，她不仅不如武则天，而且连韦皇后也不如。

　　第二，太平公主的政治实力不如武则天。武则天在当皇帝之前，已经当了二十八年的皇后和五年的太后。她一生一直致力于培养官员，所以从中央到地方，从军队到政府，到处都是她安插的人手，她把这个帝国控制得很稳。而且因为她长期参政执政，用人得法，惠民有方，所以在官民之中已经树立了牢不可破的威信，人们很习惯她的统治，也很认同她的统治。

　　太平公主就不同了。她虽然从武则天晚年就开始参政，此后势力节节攀升，直到在睿宗一朝达到巅峰，但是，睿宗当皇帝的时间只有两年，再加上当太上皇继续掌权的一年，也不过三年时间。在这三年之中，太平公主虽然势力强盛，号称"七位宰相，五出其门"，但是她所能控制的官员其实很有限，仅仅限于最高层，缺乏真正的社会基础，这样的控制是不稳定的。因此，当李隆基发动先天政变，消灭了追随太平公主的宰相和将军后，她也就再无还手之力了。

第三，太平公主的对手远比武则天的对手强大。武则天当皇帝的对手是她的两个儿子，在他们面前，武则天有名分上的优势。中国古代讲究孝道，强调"百善孝为先"，母亲对儿子拥有莫大的权威。母亲控制儿子是顺，儿子反抗母亲就是逆。以顺取逆，焉有不成之理？但是太平公主就不一样了。她最终的政敌是侄子李隆基。姑姑虽然也是长辈，但对侄子并没有母亲对儿子那么大的权威。即使我们承认侄子对姑姑也要讲孝道，那也是因为姑姑是父亲的妹妹，爱屋及乌。所以，李隆基在政变之前反复跟谋臣探讨，杀死太平公主是不是就意味着对父亲不孝？谋臣都说绝非如此，你干掉太平公主，恰恰是安定你父亲的位置，这才是真正意义上的孝顺父亲呢。这么一解释，李隆基的伦理困扰没有了，心理压力也就没有了。换言之，传统伦理决定了武则天对儿子有绝对的权威，而太平公主对侄子则没有这样名分上的优势。

再看实力。武则天称帝的两个对手，无论是李显还是李旦，从他们一生的表现来看，都只能说是庸才，政治能力远逊于武则天。武则天对付起这两个儿子来并不费力。但是，李隆基就不同了。李隆基不仅在李唐王朝，就是在整个中国的历史上也是难得的英主，政治能力远比父亲睿宗和伯父中宗强。实力不如母亲的太平公主对付实力强于李显、李旦的李隆基，当然结果也就可想而知了。

正因为如此，太平公主虽然有政治抱负和政治能力，但是，她离皇帝的目标始终非常遥远。直到生命即将结束时，她还只是在废强立弱，在更换一个更好控制的人当皇帝这一步上下功夫，就算这一步走成了，她离皇帝的目标仍然有距离，何况连这一步都没有实现呢！

二、政坛流星

再来看第二个问题，太平公主的评价问题。作为政治人物，太平公主是一个什么样的人呢？

首先，我们要肯定，太平公主是一个为维护李唐王朝立了大功的人。这从她的履历可以看得清清楚楚。武则天晚年，政局不明朗，太平公主参与神龙政变，拥立中宗，确保了武周政权向李唐的回归。中宗暴薨，她又策划了唐隆政变，消灭了妄图改朝换代的韦皇后，拥立唐睿宗李旦。可以说，太平公主的两次出手确保了皇位在李唐皇室中的继承，大唐王朝能够薪火相传，绵延近三百年，有太平公主的功劳。

其次，太平公主是一个有政治才华的人。孔子讲过，为政之本在于"先有司、赦小过、举贤才"。从此，贤人政治成为中国传统政治的不二追求，选贤任能也成为统治者的一个使命。用这条标准来衡量太平公主，她又是一个怎样的政治人物呢？客观说来，她的用人眼光，远胜于两个哥哥唐中宗和唐睿宗，堪比一代女皇武则天。史载太平公主仗义疏财，经常接济士人，因此士人都称赞她，愿意追随她。那么太平公主招纳的人才到底水平如何呢？我们还举萧至忠的例子。萧至忠是太平公主提拔的宰相，最后也作为太平公主的死党被杀。但是，他死之后十多年，唐玄宗李隆基还对他念念不忘。有一次，一个名叫源乾曜的中级官员面见唐玄宗奏事，奏事完毕之后也就走了，自己并没有太当一回事。可是很快，玄宗就亲自点名，把他提拔为户部侍郎，没过多久又提拔为宰相。许多人都非常奇怪，说源乾曜有什么本事呀？怎么皇帝就看上他了呢？虽然议论纷纷，但是都不得要领。后来，玄宗跟他最信任的宦官高力士解释了。他说："尔知吾拔用乾曜之速乎？"高力士说："不知也。"李隆基说："吾以其容貌、言语类萧至忠，故用之。"我为什么这么快就提拔源乾曜呢？因为他的言谈举止太像萧至忠了！高力士听了大惑不解，就问道，萧至忠不是谋逆辜负了陛下吗？您怎么还会挑选跟他一样的人当宰相呢？李隆基长叹一声说，萧至忠是晚年走错了一步，不该跟太平公主，否则不也是个贤相吗？

从这个故事就可以看出来，萧至忠的确是个人才，即使在政敌眼中、心中，他也是个人才。他这样的人才能够心甘情愿地为太平公主而死，就可以证明，太平公主在用人方面确实是有一套的。在这方面她深得母亲武则天的真传，是一个有本事的政治人物。

既然都具备了政治家的素质，那么，在中国的历史天空上，为什么武则天像恒星始终闪耀，而太平公主仅仅像流星划过夜空呢？为什么她没有得到像武则天那样的评价？有两个原因。

首先，太平公主始终没有得到在政治前台表现的机会。武则天当了十五年皇帝，在此之前，她已经当了五年的摄政皇太后和二十多年的参政皇后。她有充足的时间和空间去展现自己的政治才华，也有充足的时间和空间，为中国历史的发展作出贡献。但是太平公主就不一样了。作为一个公主，她的权力是不公开的，虽然在唐睿宗时期，号称每一件事都要先问"与太平议否"，但是，我们完全不知道到底哪件事经过了太平公主的决策，也就无从评价她的政绩。

另外，因为太平公主至死都处于争权夺利的道路上，远没有到达最终的目的地，所以，她的政治才华大多数也就展现在夺权而不是治国上。换言之，因为武则天已经是皇帝，而太平公主仅仅是想当皇帝，两个人谋划的侧重点就不一样。对于武则天来说，权谋只是政治生活的辅助手段，而对太平公主来说，权谋差不多就是她政治生活的全部了。只搞权谋的人，怎么能够真正为历史的发展作出贡献，又怎么可能成为一个真正的政治家呢？

其次，太平公主的个人综合素质和武则天相比也还有较大的差距。我们只要看看这两个人对财富的不同态度，就可以知道。武则天在她一生的大部分时间里，都是非常俭朴的，最著名的例子就是她为了节省衣料，只穿七个褶子的裙子。但是太平公主可不一样了，她以爱财著称。作为武则天唯一活着的女儿，她的生活待遇一向优越。自从武则天末年开始，太平公主频繁参与政变，屡立大功，经济实力更加膨胀。到睿宗时期，太平公主不仅享受一万户的实封，而且还广置田产。据《旧唐书·公主传》记载："（太平公主）田园遍于近甸膏腴，而市易造作器物，吴、蜀、岭南供送，相属于路。绮疏宝帐，音乐舆乘，同于宫掖。侍儿披罗绮，常数百人，苍头监妪，必盈千数。外州供狗马玩好滋味，不可纪极。"什么意思呢？太平公主的田产太大了，凡是长安城周围的好地，都被她占据了。她的生活用品从哪儿来啊？那都是外地给她输送来的精品，从江南的丝绸到四川的锦绣，再到岭南的珍异水果，给她输送各地特产的人络绎不绝，在道路上互相都可以看见。她举凡吃、喝、玩、用，都是同于宫掖，和皇帝一个规格。连服侍她的人都非比寻常，穿着绮罗服装的高级侍女有好几百个，一般的奴隶、老妈子就更多了，甚至达到数千人。

太平公主的财富多了，也就逐渐成了传说，甚至一直到她死后一百多年，还让人羡慕不已。唐朝中后期大文豪韩愈曾经写诗说："公主当年欲占春，故将台榭压城闉。欲知前面花多少，直到南山不属人。"太平公主当年想要占尽春光，她修建的亭台楼阁甚至把皇帝的宫阙都遮在了阴影之中。你想知道太平公主的田产到底有多大，她的花园到底走多远才是尽头吗？那你就往南看吧，从长安城一直走到终南山，都根本找不到一块属于别人的产业。长安城到终南山，到底有多远呢？五十里，这么远的距离，都是太平公主一个人的产业，那是不折不扣一个地产大鳄啊。这样一个富婆，是不是应该做点慈善事业啊？多行善事才能够收买人心嘛。可是太平公主不是这样干的。她刚刚到长安的时候，不就跟人家寺院里的和尚去争那个磨面用的水碾了吗？虽然我们曾经说过那是她韬光养晦的手段，但是，这样的事情做多了，毕竟有损政治形象，长安城的老百姓不买她的账。

太平公主死后，玄宗李隆基抄了她的家，结果发现"财货山积，珍物侔于御府，厩牧羊马、田园息钱，收之数年不尽"。熟悉清史的朋友知道，乾隆皇帝有一个宠臣叫和珅，也是大肆敛财，到嘉庆皇帝即位后被抄家，结果抄出来的财物折合白银八亿两，相当于朝廷十年的总收入。所以当时有一个说法叫作："和珅跌倒，嘉庆吃饱。"其实太平公主跟李隆基的关系也是一样，李隆基在那儿打扫打扫太平公主的家底，就够维持一阵子国库的开销了。太平公主这样广蓄私财，她这财产是从哪儿来的呢？还不都是从老百姓手里搜刮来的？她置国家和百姓于不顾，又怎么能够受到人们的爱戴和认同呢？

正因为如此，虽然太平公主为李唐王朝的传承作出了重要贡献，但是，她没有能够从真正意义上影响中国历史，也没有能够从真正意义上赢得人心。虽然一时权势逼人，富贵无比，但是一旦在政治上失败，影响也就烟消云散，就像流星划过夜空一样。

三、红颜绝唱

第三个问题，唐朝历史上这段女性政治人物空前活跃的红妆时代，同时也是一段著名的乱世，红妆时代结束之际，也恰恰就是开元盛世开篇之时，这是历史的偶然，还是时代的必然选择？我想，虽然在当今，女权的伸张程度已经成为衡量社会发展水平的标准之一，虽然以太平公主为首的这些政坛女性，其政治能力并不比同时代的男子差，但是，我还是觉得，红妆时代的结束是时代的必然选择，只有女性干政的历史结束了，才可能有开元盛世的到来。为什么呢？有三个理由。

第一，只有红妆时代结束，才能真正结束武氏势力的影响。武则天晚年做的一个重要的工作，就是撮合李、武两家，使两家合为一家。武则天这个工作做得非常成功，成功到什么程度呢？我们提到的几位政坛女性，全部和武氏势力有着千丝万缕的联系。上官婉儿是武三思的情人，韦皇后算是武三思的政治情人，安乐公主嫁给武三思的儿子武崇训，后来武三思父子被杀，安乐公主又嫁武三思的堂侄武延秀。正因为这些关系，她们才能挟武家势力以自重。安乐公主不正是因为武三思在背后撑腰才敢要求当皇太女的吗？同样，武家势力也利用她们借尸还魂。当年武延秀娶了安乐公主后，每天沾沾自喜，有一个术士就来巴结他，说现在天下百姓，还是非常怀念武则天、怀念大周王朝的，所以现在就有一个谶语，说"黑衣神孙披天裳"。所谓"神孙"就是指圣母神皇的孙子，"披天裳"当然是指再得天命，重掌江山。通篇解释起来，就是穿着黑衣服的武家孙子以后还会当皇帝。驸马武延秀不就是圣母神皇武则天的孙子吗？所以这个术士就跟武延秀说，您现在娶了安乐公主，又是武则天的孙子辈，您为什么不穿上一件黑衣服来应一应这个谶语呢？武延秀是个傻瓜，他想是啊，天命难测，我要是披上一件黑衣服应一应谶，说不定真有政治前程呢，因此每天都穿一件黑袄子坐在那儿，幻想有一天能当皇帝。这件事当然表现了武延秀这个人的愚蠢，但是它也说明一个问题，那就是当时武家人还是非常想要借助这些宫廷女性重振雄风的。

那么太平公主和武家势力有没有关系呢？不要忘了，太平公主也是武家的媳妇，她的丈夫武攸暨就是武则天的堂侄。虽然武攸暨本人不问政治，但是，唐睿宗时，太平公主还是替他请求抬高武则天的政治规格，要求"则天皇后父母坟仍旧为昊陵、顺陵，量置官属"，按照帝王规格对待。这说明在太平公主的心目中，武家势力仍然是她的一个资本。

中国古代讲究家天下，每一个封建王朝都是一家一姓的政权。那么，武家势力借助几个政坛女性长期延续会有什么影响呢？这意味着权力不能定于一尊，李唐王朝的统治不能真正稳定下来。这对一个王朝的发展当然是不利的。

第二，只有结束红妆时代，才能够结束女性对政治的不正常干扰。这种说法可能有人不认同，怎么女性参政，就叫作对政治的不正常干扰呢？中国古代讲究男主外，女主内。女性如果有政治才能，也只能充当贤内助，像唐太宗的长孙皇后那样，才是人们心目中的女性典范。但是，在武则天榜样的鼓舞下，太平公主等宫廷贵妇都想要冲破性别界限，出现在政治前台。这种要求，我们今天看来是合情合理的，但是在当时却和传统的儒家伦理以及政治结构格格不入，女性参政既然不被传统文化认可，当然很多正统的大臣就对她们敬而远之了。但是，她们需要人支持啊，怎么办呢？

有三类人物在这一时期特别活跃。第一类是神鬼僧道、左道之人。当年韦皇后当权，特别宠信一个鬼婆阿来，所谓的鬼婆就是女巫，阿来则是一个姓"来"的女人，韦皇后经常找她到宫里算命，替自己决定政治上的事情。韦皇后不仅信任女巫，也信任和尚，当时，有一个叫作慧范的和尚频频出入宫廷，成了韦皇后的政治高参。后来韦皇后被太平公主他们剿灭了，这些左道之人是不是就偃旗息鼓了呢？还是没有，慧范虽然是和尚，但是六根不净，又跟太平公主的奶妈通奸，通过老奶妈的关系，重新得到太平公主的信任，太平公主还保举他当了三品的御史大夫，给他赏赐无数。到太平公主死后，党羽也都被抄家时才发现，慧范的财产仅次于太平公主，太平公主是全国头号富婆，他是全国头号富翁。

第二类是外戚。女性干政经常会引发外戚势力的膨胀，韦皇后当政，韦氏一门马上飞黄腾达，太平公主和安乐公主势力膨胀，他们的夫家也都因此沾光不少。这些外戚本身并没有本事，却靠着女性的石榴裙进入朝廷，他们掌握政权，怎么可能不对政治造成巨大的危害呢？

第三类是所谓的斜封官。斜封官既是宫廷贵妇权势熏天的标志，同时也是她们的统治难以持久的一个重要原因。她们不能够掌控正常的选官途径，就大肆提拔斜封官，斜封官除了经济实力外，再没有任何选拔标准，当然对于政治也是不小的破坏。

第三，只有结束红妆时代，才能够从根本上扭转小人当道、世风败坏的局面。因为有武家的势力影响和女性干政现象的长期存在，所以从武则天晚年开始，政坛特别动荡。皇帝像走马灯一样换来换去，大臣也就无所适从。在这样动荡的局面下，节操成了奢侈品，朝秦暮楚、左右逢源反倒成了官僚的常态。

举个例子。在太平公主和李隆基斗法的时候，崔湜自己当了太平公主的男宠，他的弟弟则追随李隆基。其实，这还远不是崔湜的全部故事。崔湜是个美男子，太太也特别漂亮，女儿得两边的优秀基因，当然就更娇媚动人了。崔湜自己当了太平公主的男宠，那太太和女儿呢？都孝敬给李隆基了。这才叫一家之内，左右逢源。所以当时人嘲笑崔湜"托庸才于主第，进艳妇于春宫"。千万不要以为只有太平公主的党羽如此，李隆基那边的人也没高明到哪里去。李隆基的著名谋臣崔日用就是典型。他不是先依附安乐公主和韦皇后，后来又投靠李隆基和太平公主吗？等到太平公主和李隆基争权，他又帮助李隆基干掉了太平公主。他到了晚年的时候，曾经说过一句话："吾平生所事，皆适时制变，不专始谋。然每一反思，若芒刺在背。"什么意思呢？意思是我平生不管做什么事，还是侍奉什么人，从来就没有从一而终过，总是根据需要随时改变，所以我现在混得还不错。可是，我每次回忆起早年的行为，都觉得芒刺在背，坐立难安啊。所谓芒刺在背，都已经是晚年的反省了，但在早年真正干事的时候，他可完全没有政治立场，有奶就是娘。明末清初时的大思想家顾炎武曾经说过："士大夫无耻，是谓国耻。"任何一个民族、任何一个国家，要想获得发展，都必须有足够坚强的精神支撑。但在那个时候，由一群没有精神、没有气节的人充当官员，他们怎么能够缔造一个有为的政府，怎么能够缔造一个有为的国家呢？

这样看来，虽然我们支持女权，我们也知道，即使在古代，一些妇女的政治才干也不逊须眉，但是我们还是不得不承认，唐朝其实并不具备女性参政的社会条件，因此向男权政治回归，也就成为一种必然。

武则天去世之后，留下了一个充满生机的社会，但是同时也留下了一个李、武两大势力并重，宫廷女性空前活跃的复杂局面。正是外姓和女性，成了阻碍李唐王朝向前发展的两大障碍。在红妆时代里，正是通过一次又一次血腥的宫廷政变，最后终于清除了外姓和女性的势力，武则天时代社会改革的成果才能显露出来。也只有在这种情况下，大唐王朝才终于走出了历史发展的瓶颈，迎来了锦天绣地、满目俊才的开元盛世。开元盛世的到来，正是以红妆时代的结束为代价的，这种历史前进途中的遗憾与牺牲，可能也是历史留给我们的启示吧。

附　录

一代才女上官婉儿

2013年，上官婉儿墓被发掘，蒙曼老师应中央电视台"文明之旅"节目之邀，做了一期关于上官婉儿的访谈节目。下面是节目内容的精选。

刘芳菲：“文明之旅”，文化之旅。最近在中国西安咸阳机场附近，发掘了一座唐代墓葬。经考古学家认定，这座墓葬的主人是中国唐代的一代女政治家、著名才女上官婉儿的墓。关于上官婉儿，可能很多人了解她都是从影视剧当中，那么真实历史当中的上官婉儿究竟是怎样的一个人，她又有着怎样的人生故事？今天我们请来了中央民族大学历史系的蒙曼教授，让她为大家带来一个真实的上官婉儿。

旁　白：上官婉儿是中国唐朝著名女政治家和诗人。她曾担任武则天的"贴身秘书"和唐中宗时期的"昭容"。因为其杰出的政治和文学才华，上官婉儿被后人称为"巾帼宰相"。2013年9月，陕西省考古研究院人员在西安咸阳机场附近发现上官婉儿的墓，一时间集才情、谋略、智慧与美貌于一身的上官婉儿，再次成为人们关注的热点。那么，上官婉儿墓的发掘能为我们解开哪些历史谜团呢？

刘芳菲：我们看到的是几个天井，这也是唐代墓葬的一个规制的体现。那么蒙曼教授，从这样一个墓葬的规制当中，我们能解读出什么样的信息呢？

蒙　曼：这个人身份不低，因为从画面可以看出来，她（的墓）是五个天井，五个天井在唐朝初年上官婉儿所属的这个时代是什么概念呢？最高级别比方说我们现在挖掘的懿德太子墓，按皇帝礼仪来葬的人是七个天井。很多官员可能是三个天井，乃至只有一个天井，而她（的墓）是五个天井，应该说完全符合她二品昭容这个身份。

刘芳菲：经过考古发现，上官婉儿的墓是一座空墓，这有点像曹操大墓一样，这空墓给我们以巨大的遐想空间。有人说呢，也可能是被盗墓贼盗过。

蒙　曼：从我们现在挖掘出来的墓来看，比方说懿德太子墓、永泰公主墓，也有被盗的，有的留下了壁画，有的留下了随葬品，有的则是壁画、随葬品、棺椁全都留下了，只有上官婉儿这个什么都没有留下，而且又没有盗洞。

旁　白：一些学者认为，普通的盗墓，很少会盗取墓葬主人的尸体。上官婉儿的墓葬内空空如也，而且也没有发现有盗洞，所以就更接近另一种说法，那就是官方毁墓。所谓官方毁墓一般是指历史上朝廷有组织地毁坏"罪臣"的墓穴。一般会"斫棺毁尸"，也就是砸坏棺椁，毁掉尸体，让后人无法凭吊。因为上官婉儿就是被李隆基处死的，以上这些迹象，似乎都在证明着她的墓穴为官方所毁。然而，这个看似准确的说法，却也存在着一个巨大的疑点。这个疑点是什么呢？

蒙　曼：我对官方毁墓一说还是持有疑虑，为什么呢？因为我们看到的墓志太完整了。墓志是干什么的？古代中国人死去之后，有一墓志放在墓道里，其实就是盖棺定论，是对这个人一生的评价。如果说官方毁墓，要把这个人一生都给抹去，为什么不顺手来一榔头呢？简单得很。

刘芳菲：毁墓，要把壁画都拿走，这是一个挺浩大的工程，相当于把四面墙都给挖掉了。

蒙　曼：对，把棺材也拿走了，唯独最重要的，标志这个人身份的东西，就完完整整地放在这儿了。所以我个人认为，有一方墓志出土便很蹊跷，当然也让我们平添了对这个人的很多猜测。

　　　　这是墓志盖，"大唐故昭容上官氏铭"。把墓志盖翻开，下边那个才是墓志。

刘芳菲："昭容"是她的一个地位，是一个妃嫔的等级，对吗？

蒙　曼：对，二品。

刘芳菲：二品的妃嫔。

蒙　曼：二品相当于什么位置？当时在皇后之下应该有妃位，妃位下边应该有嫔位，昭容是嫔这个等级的，理论上讲，她上边还有妃子。可事实上在唐中宗那个时候，韦皇后以下没有妃，就直接到嫔，所以她是皇后之下第一人，就是这样一个位置。

刘芳菲：那像武则天当年是昭仪，这昭仪和昭容是平级的吗？

蒙　曼：平级的，它们（品级）都属于嫔这个系统。

武则天也曾干过类似上官婉儿的差事。只不过她们俩可真不一样，武则天是一个真实的妃子，是皇帝的伴侣，而上官婉儿是皇帝的秘书，这个二品昭容只是给她的名分。意思是你都做了这么大的事了，总要给你一个品阶。可是因为女性不能纳入官员系统，如果纳入女官系统，最高品级才是五品，怎么补偿她呢？于是就给她一个二品的位置。但实际上她并不是皇帝真实意义上的妃子。

刘芳菲：据说在现场出土了一些尸骨的骨渣，已经送到实验室里进行化学分析了，不知道是不是上官婉儿本人的。

蒙　曼：这个我想完全无从知晓，因为首先要区别是人骨还是兽骨。即使是人骨，我们现在不掌握上官婉儿生前的任何DNA记录，也不能证明就是她的骨头，这很遗憾，非常遗憾。

刘芳菲：如果这个墓没有被盗过，按照唐代上官婉儿所在时期的墓葬制度，应当出土些什么？

蒙　曼：应该出土的，我们最期待的第一个是壁画，壁画里头内容非常丰富。比方说刚才提到的懿德太子，以及章怀太子，还有万泉县主的墓。这是章怀太子壁画的内侍图，一个宦官，手里拿着一只鹦鹉。这个图其实还不是特别上档次，更上档次的图是什么呢？有阙楼图，有起戟图，三品以上的高官，才有列戟图。还有侍女图等。我们现在唐墓壁画的精品都在陕西历史博物馆展出着。没有盗扰过的墓，应该有什么？壁画是我们首先期待的东西。

刘芳菲：壁画会真实地反映墓主人生前的生活面貌。

蒙　　曼：对。像万泉县主薛氏的墓，它是五个起戟，这五个起戟是从单面看的，实则应该有十个戟。这就反映出她的级别。三品以上才有戟，一直到二十四个戟，那是皇帝的规格。如果上官婉儿的墓里也有这样的起戟图，我们就会知道，她当时被认定为什么样的品级，会有什么样的规格。除了真实反映社会生活的壁画，还会有什么呢？还会有大量精美的随葬品。

刘芳菲：金银财宝吗？

蒙　　曼：没错，金银财宝。因为我们都知道，唐朝是一个物质文明高度发展，东西文化交流特别蓬勃的时期，所以我们很渴望能看到一些东西交流的物品，比如波斯的金币、中亚的犀角杯。

刘芳菲：琉璃。

蒙　　曼：太对了，就是这些，比金银财宝更加值钱。还有什么可能会出现呢？那就是椁，棺椁，棺是普通老百姓都有的，而椁不是每一个人都有资格拥有的。以上官婉儿的级别，她是可以有椁的，二品以上可以有椁。椁就是棺材外头套着棺材的东西，像什么呢？像一个房子。就好像这个人虽然已经离去，但还正常地生活在房屋之中，像生前那样活着。椁上一般都有特别精美的石雕画，前一段时间武惠妃的椁不是从香港运回来，引起很大反响吗？我们也期待出现这样的东西。

当然如果还有尸骨存在，那就更不得了了，我们可以看看唐朝妇女长什么样，是1米64，还是1米55。

观　众：这么重要的坟墓突然就发掘了，（事先）怎么会不知道（这是谁的墓）呢？

蒙　曼：我想那是因为中国的名人太多了，中国的历史太长了。就像陕西，我们有一个说法叫作"陕西的黄土埋皇上"，埋了多少皇上都数不清了。何况级别更低的，文武百官也好，妃嫔也好，或者才子佳人们，都有很多。现在能够挖掘出来的其实是少之又少。在挖掘出来的墓葬里头，没有经过盗扰的更是少之又少。上官婉儿所在的那个时代，皇帝的实录没有留下来，也就是说，我们对皇帝的生活知道得远远不是那么细腻的。要真是出土一个好的墓葬，我们对那段历史的了解就能大大推进一步。

观　众：上官婉儿的墓葬是怎么发现的？在咸阳机场这么繁华的地方，发现这么大规模的一个墓葬，是怎么回事？

蒙　曼：是，我也在想，它是有计划地挖掘还是因为基建而发掘。

刘芳菲：不是（有计划地挖掘），这是在一个建筑物的建设过程当中挖出来的。

蒙　曼：那就是现在的常态了。在建设过程中，发现了这个墓葬，而事实上这个地方只要搞建设一定还会发现更多的墓葬。因为这里在古代叫洪渎原，洪渎原是当时的风水宝地，大人物、有本事的人物都往这埋。

观　众：发现这个墓葬，对我们有什么价值？

蒙　曼：首先就是补史，正史。因为我们的史书，历史传统典籍当中，对上官婉儿也好，对唐朝社会也好，是有很多记载的。但是这个记载永远是不完全的，如果有墓葬出土的话，肯定能丰富我们对历史的认识。另外，如果能把它做进当地的文物保护计划之中，让大家学习一些考古学的知识，我觉得也是一个不错的选择。

刘芳菲：对于上官婉儿额头上的红梅妆是如何而来的，各种版本说法不一，您能讲讲吗？

蒙　曼：先讲一个最正统的版本。在两《唐书》里讲到，上官婉儿有一次触怒了武则天，然后武则天就黥其面，在她的脸上刺了这么一个犯罪的标志。至于这个印记在哪儿，是不是就在眉中间，还是像宋江他们在额头这儿，并没有讲到，史书记载就是这样了。

刘芳菲：我还看过另外一个版本，说是唐中宗和武则天在密谋什么事，上官婉儿躲在一旁偷听记录，结果被中宗发现了，是中宗给她刺了这一下。

蒙　曼：你这记忆有点不确切，这也是笔记小说的一个记录，是讲武则天和宰相在沟通，当时上官婉儿不是女秘书吗，她是按照惯例躲在帘子后面听。听的过程中她不小心把头伸出来，或者她有意显示自己的存在感了，武则天很恼怒，在她脸上刺了一个什么东西，但是肯定不是梅花。所以最正统的记录就是她脸上有痕迹，最浪漫的说法则是她把这个痕迹变成了一朵花。

刘芳菲：一件史事有很多的演绎，说到上官婉儿，上官他们家可以说是成也武后，败也武后。按理说武则天和上官一家有家仇。

蒙　曼：杀父之仇，杀祖之仇。

刘芳菲：当年郑氏就没有教导她要报仇雪恨吗？她怎么后来又会辅佐武则天呢？

蒙　曼：第一点，郑氏要敢那样教导的话，除非不想活了，掖庭的环境没有我们想的那么单纯，大家住在一起，你整天教唆女儿杀皇帝，是没有人敢这么做的。第二点，武则天是上官婉儿的杀父仇人，但是她也是提拔上官婉儿的恩人。唐朝宫廷非常地开放，比后来明清要好得多，上官婉儿在掖庭里长到十四岁，是学文化的。小婉儿肯定是继承了她爷爷的诗人基因，学习非常好，名声在外，武则天在她十四岁那年召见她，让她起草一份诏书。这就等于是考试，试一试她，结果婉儿是文不加点，有如宿构，不用思考就写下来，就好像已经构思了一晚上一样。武则天大为赏识，从此就让她在自己身边当秘书。当秘书之后，开始让她参决朝政，然后婉儿的身份才扶摇直上，成为武则天晚年身边的第一红人。这对于她来讲又是知遇之恩。

刘芳菲：难道武则天对她就没有戒备之心吗？

蒙　曼：其实，武则天知道什么东西最有力量，权力最有力量。权力可以让人死，也可以让人生；可以让人败落，也可以让人发迹。她就利用权力来吸引所有的人，不光是这个小女孩，还有天下那些士大夫呢。那些人中受她的诱惑，忘记自己的杀父之仇、夺妻之恨，继续给她服务的也有的是，何况她一个小小的弱女子呢？所以我觉得武则天在这方面的心理是非常强大的。

刘芳菲：上官婉儿是全心全意地服侍她的主子吗？

蒙　曼：全心全意，直到有一天她发现武则天可能要过时了。

刘芳菲：过时了？

蒙　曼：对，就是武则天晚年生病了，之后政治上暗流汹涌，有拥护武则天的，有反对武则天的。婉儿是一个很机敏的人，在武则天手下练就了一双锐利的眼睛。她看到反武则天的人可能要成事，所以她应该是早早地就投向后来的唐中宗这一方了。

刘芳菲：唐中宗实际上是武则天的亲生儿子。

蒙　曼：对，第三个儿子。

刘芳菲：他的夫人就是韦后。

蒙　曼：对，也就是这一对夫妻和一些大臣搞了一场政变，把武则天给打倒了，然后他们才当上了唐中宗，当上了韦皇后。上官婉儿在他们当上了皇帝、皇后之后，身份不仅没有下降，反而扶摇直上，由此我们就可以推测婉儿应该是在此之前已经投向他们了。否则，当时大内森严，如果只是在外面发动政变的话，其实是很难真正把皇帝一下子给打倒的。

刘芳菲：武则天她能够容忍自己的心腹、机要秘书投靠中宗那一派吗？

蒙　曼：她糊涂了，人到最后打败不了的是什么？是年龄，是衰老。武则天可以打败一切，打败她丈夫，打败她儿子，打败那么多大臣，文臣武将都打败了，她最后被自己的年龄打倒了，她当时已经83岁了，躺在床上一个月都不能见人。所以在这种情况下，她再想有更多的举动，像过去那样明察秋毫可能已经办不到了。

刘芳菲：就是已经式微。

蒙　曼：没错，所以你说婉儿忠心不忠心，在皇帝有权势的时候她很忠心，她是忠心的时候给你办事最得力的一方，但是她也是背叛得最快，而且背叛时捅了你最狠那一刀的一方。

刘芳菲：她不忠于人，她忠于权力。

蒙　曼：没错，没错，因为她从小受到的教育就是权力主宰一切。

观　众：她对当时的历史有多大的影响？当时她掌握多少权力？

蒙　曼：上官婉儿是除了皇帝或摄政皇后之外的女性里，掌握权力最大的。在中国政治历史上，女皇帝有武则天，摄政皇后有慈禧、吕后等。在所有的这一类女性之外，她是权力最大的女性。为什么呢？因为她是内宰相，内宰相是什么概念？她替武则天和后来的唐中宗起草内诏，起草内诏是什么意思？皇帝从内廷里发出的全部文件，都是她来起草的。而且大臣递给皇帝的所有的奏议，都是她来评判的。

刘芳菲：内诏和诏书是同等效力？

蒙　曼：对，皇权至上，她的祖父上官仪是宰相，也曾经给皇帝起草过内诏，只不过当时不是上官仪一个人，而是上官仪和其他若干人组成的一个秘书班子，在起草内诏。我们熟知的中国历史上的一些名人，比方说魏徵，也曾经给皇帝起草过诏书。那时候都是一个秘书班子在起草。而到上官婉儿的时候，是以一人之力取代像北门学士那样的秘书班子来替皇帝草诏。这个权力是无与伦比的。

观　众：她是中国历史上唯一的女宰相。是吧？

蒙　曼：没错。

观　众：上官婉儿的官位到底高不高啊？

蒙　曼：关于职位，上官婉儿肯定没有进入过外廷，就是没有进入过真正的政府班子。但是政府班子的最高成员，就是宰相级别，在唐朝是几品呢？是三品，叫作同中书门下三品。而她的职位是二品，如果这样比较的话，她的品级不比宰相低。另外她处理的都是皇帝交给她的一些最私密的、最有重大意义的事情，而这个权力也不比外廷的宰相小。

刘芳菲：上官婉儿这么有才华，应当是左右逢源，八面玲珑，这么会处理人际关系的一个女宰相，怎么就没处理好自己和李隆基之间的关系，怎么就死于李隆基的刀下了呢？

蒙　曼：确实是很有趣，上官婉儿一生成和败都跟最伟大的人绑在一起了。她的成是和伟大的女皇武则天联系在一起的，她的败是和伟大的开元盛世的缔造者李隆基联系在一起的。李隆基为什么要杀她，是因为当时李隆基正在运作一个政变，这个政变是反对韦皇后的。上官婉儿是起草内诏的，皇帝的遗嘱是由她来起草的。这时候就出现了要怎样给皇帝写遗嘱这个问题了。

刘芳菲：就是怎么写别人都不知道了，死无对证了？

蒙　曼：没错，这时候有两方面的势力都在拉拢她，一方面是韦皇后，说你写遗嘱要把我写进去，就说皇帝遗言是让我来辅政的。另一方面是李隆基的姑姑，即大名鼎鼎的太平公主，她也找到上官婉儿，说这事儿你不能由着韦皇后的性子来做，你要把我们李家写进去。李家的代表人物是谁呢？就是李隆基的爸爸相王李旦，他是唐中宗的亲弟弟，此前也当过皇帝，把他推上去是最顺理成章的。

两方势力都在拉拢她，考验上官婉儿智慧的时候到了。她在诏书中写道：由温王李重茂继位，那是一个小傀儡，谁都知道；由韦皇后来垂帘听政；最重要的是她又写上了一笔，请相王辅政。

刘芳菲：是让李旦辅政吗？

蒙　曼：对。也就是说两头都不得罪。但实际上，两头都没有得到自己真正想要的东西。

那时候谁更有权力呢？肯定是小皇帝的母亲，就是唐中宗的妻子韦皇后。所以韦皇后其实是把她起草的这份遗诏给废了。她说我不按你这个遗诏办，只有我垂帘听政就可以了，相王不必辅政。这件事彻底惹恼了相王一派，后来相王肯定被监控起来了，因此才有他的儿子，就是后来的唐玄宗李隆基和相王的妹妹，大名鼎鼎的太平公主，一块发动政变，去杀韦皇后和安乐公主。

而且他们还就杀成了。他们冲进宫里，上官婉儿这个时候带领着宫女从她的内室走出来了。

刘芳菲：这就是秉烛迎接他们来了。

276

蒙　曼：秉烛迎接义军，拿什么来迎接义军？拿她最初起草后来没有被执行的那份遗嘱来迎接义军。她说你们看，我可是向着你们的，在那么大的压力之下，我还写上了一笔，由你李隆基的父亲相王李旦来辅政，而且这事儿我是跟太平公主沟通过的。等于说她以为这是一个护身符，拿给李隆基看了。于是李隆基手下的人也赶紧请示李隆基，她有这么重大的立功表现，是不是可以不杀？结果李隆基大手一挥说，不行，斩于旗下。士兵就把她给杀死了。

刘芳菲：那么下令杀死她的人李隆基，反倒又在她死后整理她的诗集，又是很尊敬她的一个人。李隆基是一种什么样的心态？

蒙　曼：李隆基是一个才子，上官婉儿是一个才女。刚才我们一直大讲特讲政治，其实上官婉儿在中国历史上留下最大影响力的不是她的政治行为，而是她文学上的才华。可以看一下她的《彩书怨》。

　　《彩书怨》是上官婉儿流传下来的代表诗作之一。"叶下洞庭初，思君万里余。露浓香被冷，月落锦屏虚。欲奏江南曲，贪封蓟北书。书中无别意，惟怅久离居。"

蒙　曼：两《唐书》里都记载了这个故事。说上官婉儿还没有出生的时候，她妈妈郑夫人就梦见神人授给她一杆大秤，说你生下来的孩子呀，以后要称量天下。她妈妈充满期待，称量天下的是什么人啊？是宰相啊，以为要生个儿子以后当宰相，结果一生下来是个小姑娘。她妈妈说，你真的能称量天下吗？结果这个小女孩呀呀作声，就好像在说是啊是啊。当时所有人都觉得这只不过是一个笑话。

刘芳菲：是传说吧。

蒙　曼：没错，可是后来，人家真的称量天下了。不仅称量政治，还称量诗人。怎么称量天下诗人？武则天晚年比较重视文学，文学风气比较盛。上官婉儿帮唐中宗建立了一个昭文馆，来网罗更多的诗人。唐中宗说，诗人要经常进行比赛，才能排出名次来嘛。比赛的时候，就是上官婉儿来评定。这是一部笔记小说记载的事情，说上官婉儿有一次跟唐中宗、韦皇后还有一群大臣，在昆明池旁边写诗。唐中宗和韦皇后先写了——其实也是上官婉儿代笔的——然后唐中宗跟大臣们说，你们谁来和我这首诗？和得最好的那首，我们要谱成曲子，在宫里传唱。所有的大臣都在那儿埋头写，写一首往上送一首，上官婉儿往下扔一首，被扔下诗稿的那些人，就捡起自己的诗，灰溜溜地揣在怀里了。

后来只有两首诗还留在上官婉儿手里。一首是沈佺期的，一首是宋之问的。而恰好这两个人也是当时最重量级的两个才子。上官婉儿又看了一会儿，把沈佺期的诗给扔下来了。上官婉儿是这样解释的，这两首诗看前半部分，写得一样好，难分伯仲，但是最后一句分出胜负来了。沈佺期那首诗最后一句是"微臣衰朽质，羞睹豫章材"。我这个人真是没有本事，今天我看到这么多的英雄人物，我非常惭愧。而宋之问的诗，结尾写的是什么？"不愁明月尽，自有夜珠来。"明月虽然走了，但各种各样的明珠却在那熠熠生辉。所以上官婉儿讲，沈佺期写到最后才力已尽，而宋之问写到最后，一个更加广阔的天地出现了。这叫文气，所以宋之问第一，沈佺期第二。

据说当时不光是这两个人心服口服，下面也掌声雷动。大家都认为上官婉儿的评价非常到位。所以这是一代才女。

那时候皇帝也好，皇后也好，都想写诗。可是无论唐中宗、韦皇后，还是安乐、长宁这些公主，没有一个人真正会作诗。怎么办？全是上官婉儿代笔，上官婉儿同时要替五个人写诗，而且要符合他们各自的情趣、年龄、地位，还要辞彩华丽。所以当时人觉得这位女宰相非常了得。

其实唐玄宗也是一个诗人。唐玄宗写诗的水平如何？《唐诗三百首》里选了一首唐玄宗的诗。这是唯一一首选入《唐诗三百首》的帝王写的诗歌。

刘芳菲：因此我们也就明白了为什么玄宗那么尊崇李白。

蒙　曼：这叫惺惺相惜。所以，唐玄宗后来给上官婉儿整理了诗集，这诗集有20卷，而且还是宰相张说作的序。张说说上官婉儿"一日万机，两朝专美"。什么意思？一日万机，我们都知道只有宰相才说是日理万机的。两朝专美，什么意思？两朝，武则天一朝，唐中宗一朝，她都能把自己的才华发挥到极致。所以，这个评价是相当高的。

刘芳菲：那您个人如何评价上官婉儿？

蒙　曼：其实我觉得没有哪一个评价比唐朝后期一个叫作吕温的诗人给她的评价更合适的了，吕温的评价是："自言才艺是天真，不服丈夫胜妇人。"意思是说，上天给我这样的禀赋，我不能服气男人就比我们女子强，我要崭露出我的全部才华来。其实我想这也不光是上官婉儿一个人的想法。那个时候从武则天开始，到太平公主，到韦皇后，到安乐公主，其实都有点这个意思。就是物不平则鸣，这是中国古代有才艺的女性的一个浩叹。有些人说上官婉儿对自己的一生感到很遗憾，我一直在想，她真的遗憾吗？她真的认为相夫教子，做一个乖乖的主妇才是最完美的生活吗？

后记

从小学习历史，面对的基本是一个又一个的"是什么"。比如，武则天是中国历史上独一无二的女皇帝，唐玄宗是开元盛世的开创者，等等。长大之后，忝列历史研究者的行列，解决的基本是一个又一个的"为什么"。比如，武则天为什么能够当皇帝？唐玄宗为什么能够把唐朝拉回"正轨"？然而，作为一个有着好奇心的普通人，在年年寻章摘句，时时钩沉发微之际，脑子里不时冒出来的，却是一个又一个的"若是什么，又会怎样"。

若是继武则天之后，韦皇后又一次成为女皇，会怎样？没有亲生儿子的她，会把皇位传给爱女安乐公主吗？若是安乐公主真的如愿成为皇太女，会怎样？她接班之后，会继续传承来自列祖列宗的大唐王朝，还是依据在家从父、出嫁从夫的原则，把江山交给姓武的丈夫，从而让武周再一次取代李唐？而且，在她遴选接班人的时候，会不会再一次面临武则天的困境——是选择和自己同样姓李，但血缘更远的侄子，还是选择随夫姓武，但母子连心的儿子？抑或会有更令人意想不到的第三种选择，比如，她会不会早已随母姓韦，因而要确保韦氏王朝后继有人呢？还有，若是韦皇后荣登大宝，安乐公主位列储君，那么，已经获得了宫内上班、宫外居住权力的上官婉儿又会怎样？她，以及和她相似的那些头顶妃嫔名衔，却担当着大臣职责的宫廷贵妇，是否会慢慢摘掉妃嫔的帽子，走入真正的官员序列？抑或，她们有没有可能恢复北魏传统，再发展出一套从一品到九品的女官体系，和男性朝官分庭抗礼，共襄国政？如果这一切都实现了，那么，会不会反过来倒逼中国父权社会做出让步？身份也罢，姓氏也罢，是否会有母子、母女传承的可能？还有，面对这种种异端，同样身为女性的太平公主又会如何应对？她对李氏家族的拼命维护，更多的是基于对父系传承制度的认可，还是对自身利害的关心？若是她在跟侄子李隆基的斗法中取胜，她是会满足于做一个掌权的公主，还是也会产生对最高权力不可遏制的觊觎之心？她在和上官婉儿一次次的密切配合之中，是否设想过建立有如唐太宗与房玄龄那样辅车相依的君臣关系？

当然，这一切的"若是"都没有发生。但是，就像我们小时候演算数学方程式那样，结果的谬误并不意味着满盘皆输。我们每算对一步，就会得到一步的分数，因为，在这个复杂的方程式中，虽然每一步都为最终结果服务，但是，每一步也都有自己的独特意义。社会不也是如此吗？虽然第二个女皇、皇太女和女大臣都并未出现，但是，她们为此走出的每一步，无论正邪成败，都已经烙下印记。继之而起的唐玄宗也罢，大唐王朝也罢，都只能在她们的脚印上起步，在她们的终点处抉择。

13亿年前，宇宙深处，一个黑洞和另一个黑洞相互吸引，碰撞，融合。这番挣扎掀起的滔天巨浪，在漫长的时空穿梭中，逐渐弱化为一朵浪花，一圈涟漪，乃至一段至为微弱的信号。不要小瞧这段信号，因为它让我们得以聆听宇宙的历史，找到自己最初的来历。同样，一千三百多年前，宫廷深处，一支被武则天的成功激起斗志的女性政治力量和另一支具有悠久传统的男性政治力量相互吸引，碰撞，融合。他们激荡出的血雨腥风，在漫长的时空穿梭中，也逐渐弱化为几篇纪传，几段碑碣。然而，同样不要忽视这记载失败者故事的残篇断简，因为它让我们得以回味自身的历史，从而知道更多的方向和可能。